Superar la
ansiedad
y el **estrés**

Superar la
ansiedad
y el estrés

Miriam Martínez Fernández

LIBSA

Este libro está dedicado a todas las personas que en algún momento se han visto sobrepasadas por sus emociones y no encuentran salida. Siempre hay un camino por el que transitar en paz, se trata de encontrarlo.

© 2025, Editorial LIBSA
C/ Puerto de Navacerrada, 88
28935 Móstoles (Madrid)
Tel.: (34) 91 657 25 80
e-mail: libsa@libsa.es
www.libsa.es

Ilustración: Archivo LIBSA, Shutterstock images
Textos: Miriam Martínez Fernández
Maquetación: Javier García Pastor

ISBN: 978-84-662-4430-5

DL: M-19191-2024

CONTENIDO

PARTE 1

MARCO TEÓRICO

PRÓLOGO

Los términos y conceptos de *ansiedad* y *estrés* han pasado a formar parte de la sociedad actual, de nuestra vida cotidiana. Hoy en día es normal escuchar a alguien decir «estoy muy estresado» o «padezco ansiedad», y cada vez somos más conscientes de todo lo que ello implica. Sin embargo, no siempre se emplean estos términos con propiedad, y tampoco es tan habitual que nosotros mismos seamos capaces de usarlos bien, y, lo que es más importante, de identificar los síntomas reales de trastornos reales por un estrés y una ansiedad descontrolados. Por ello, la intención de este libro es aprender a distinguir la ansiedad y el estrés en cierto modo positivos, los que nos ayudan a enfrentar los retos de la vida, de aquellas patologías que llegan a convertirse en un trastorno. De este modo podremos diferenciar este estrés positivo y funcional de aquel que puede derivar en problemas o trastornos del espectro ansioso.

Para ello, en la primera parte describiremos científicamente, pero de un modo sencillo y asequible para cualquier lector, la sintomatología tanto del estrés como de la ansiedad y veremos cómo podemos diferenciarlos de otros trastornos como son el pánico y la angustia. A su vez, veremos cómo se relacionan e interactúan con otros, como por ejemplo el trastorno obsesivo compulsivo y la depresión.

Además, exploraremos los trastornos catalogados como trastornos de ansiedad y los trastornos relacionados con traumas y con distintos factores de estrés, dentro de la amplia tipología que actualmente distinguen los expertos. Para poder entenderlos mejor, empezaremos analizando las bases de cómo percibimos y cómo sentimos los estímulos que recibimos.

Posteriormente, la segunda parte del libro se divide en varias secciones que corresponden a las etapas por las que atraviesa el ser humano como son la niñez, la adolescencia, la adultez y la adultez tardía. En cada etapa iremos analizando cuáles son los síntomas más característicos de estos dos problemas, cuáles son los estímulos que los provocan y cómo podemos ayudar a la persona que los padece.

Al final del libro, en la tercera parte, se incluyen diversos ejercicios prácticos orientados al aprendizaje del manejo de la ansiedad y el estrés, a fin de que estos no nos sobrepasen. Los ejercicios nos ayudarán a poder manejar los pensamientos, los sentimientos y las sensaciones, obteniendo un conocimiento pleno del trastorno y practicando un aprendizaje acerca de cómo poder relajarnos en las situaciones donde estos se manifiestan de manera intensa. Para concluir, el libro también aporta algunas pautas concretas de actuación en el caso de la recaída, para así saber cómo afrontarla y superarla con éxito. Es importante, a este respecto, tener presente que sufrir una recaída no significa en absoluto volver a recorrer el mismo camino desde el punto en que comenzamos a tener ansiedad, sino que se trata de hacer dicho sendero en un punto más avanzado.

La finalidad de este libro es ofrecer una guía a mano y que sea útil para entender mejor la ansiedad y el estrés, añadiendo las herramientas necesarias con el propósito de poder afrontarlos sin miedo ni inseguridad, con la mirada puesta en un presente y un futuro mucho más saludables, serenos y plenos.

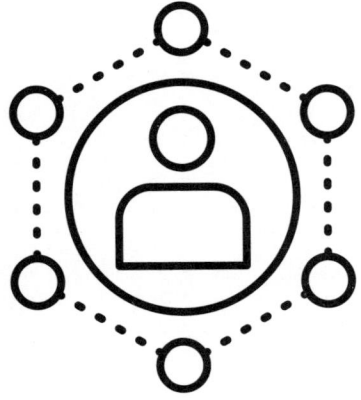

ENTENDER LAS SENSACIONES Y PERCEPCIONES

Sensaciones internas

Cuando vivimos cualquier hecho, podemos experimentar diversas sensaciones y percepciones, y estas harán que reaccionemos de diferentes maneras a las vivencias. Pero antes de seguir explicando qué es lo que nos lleva a estas reacciones, es importante que comprendamos la **diferencia entre sensación y percepción.**

Las **sensaciones** son algo que experimentamos a través de los sentidos y nos ayudan a tener una representación más o menos veraz del mundo que nos rodea. Las sensaciones van a entrar **a través de los sentidos** y van a ser codificadas mediante impulsos nerviosos en el cerebro. Cada persona les va a asignar unas determinadas características basadas en el umbral que posee cada uno. Es decir, habrá estímulos que nos llamen la atención si son importantes para nosotros, así como estímulos que pasarán completamente desapercibidos.

Las sensaciones constan de varias **fases:**

- **Fase física.** Se activa un órgano sensorial.

- **Fase fisiológica.** Se produce una reacción en el organismo, activándose las neuronas y el sistema nervioso.

- **Fase psicológica.** La persona es consciente de la sensación que está experimentando y se provoca una reacción o respuesta. Aquí es donde entra la percepción.

Ejemplo: si estamos en el trabajo y nuestro jefe nos dice que hagamos un informe, recibimos ese mensaje a través del oído; si este mensaje nos hubiese llegado por escrito, lo estaríamos recibiendo a través de la vista. Esta es la primera toma de contacto que tenemos con un evento externo.

Las sensaciones aparecen con **los estímulos,** y un estímulo no es otra cosa que una señal, un factor interno o externo, que puede causar una reacción; cuando aparece, nos pone en peligro o ayuda a la supervivencia, lo percibimos de forma innata y a lo largo del día pueden ser muchos diferentes. Los órganos específicos encargados de que seamos conscientes de ellos son los sentidos y sus receptores. Estos receptores son los encargados de captar la información, tanto interna como externa, que llega del medio. Si un estímulo concreto no es relevante para una persona, pasará desapercibido. De manera que, estando en la oficina, puedo distinguir si mi jefe está emitiendo un mensaje si este va dirigido a mí o no.

Clasificación de los receptores:

- **Los receptores externos** se denominan **exteroceptores** y están en el organismo captando los estímulos del medio ambiente. Toda la información que nos llega a través de esos sensores se combina y procesa por diferentes regiones del cerebro, formando nuestra percepción de la realidad. Son lo que conocemos como *sentidos,* fruto de la combinación de dos elementos, el órgano sensor y el procesamiento cerebral necesario:

  - **Sentido del gusto.** Al probar algo, se activan en la boca las células receptoras del gusto que están situadas en las papilas gustativas de la cavidad bucal. Se pueden distinguir varios sabores: dulce, salado, ácido, amargo y umami.

- **Sentido del olfato.** Se perciben olores y aromas. Cualquier fragancia que sea agradable o desagradable activa los receptores de las fosas nasales y manda la señal al bulbo olfatorio, situado en el cerebro. El olfato permite que distingamos peligros, alimentos que están en mal estado, el olor de otras personas, etc., y está integrado con el sentido del gusto.

- **Sentido del tacto.** Este sentido nos permite identificar qué características tiene un objeto. Podremos detectar si es suave, áspero, frío, rugoso, si está frío o caliente a través de los corpúsculos. Cuando tocamos un objeto, los receptores sensoriales llevan la información correspondiente al cerebro y allí activamos sus características.

- **Sentido de la vista.** Está situado en los ojos, y se pone en marcha cuando miramos algo. Podemos activar diversas sensaciones como las cromáticas (referentes al color) o acromáticas (como son las que genera la claridad del ambiente). Los receptores encargados de ellos son los conos y bastones del ojo.

- **Sentido del oído.** Nos permite detectar sonidos en forma de vibraciones. Las sensaciones serán diferentes según el tono, frecuencia, intensidad y complejidad de las ondas del sonido. Se detectan a través de los receptores auditivos del oído y se conocen como *cilios* o *células ciliadas*.

- **Otros receptores sensoriales** se hallan en el interior del organismo en los aparatos respiratorio y digestivo, además de en las vísceras. Gracias a ellos sabemos si tenemos hambre, sed o sensación de bienestar.

- Otro grupo de receptores de estímulos son los **propioceptores,** que se encuentran en músculos, tendones y articulaciones. Mediante ellos percibimos la posición del cuerpo. Es el sentido kinestésico.

  - **Sentido kinestésico o propiocepción.** Es la que hace referencia a la posición de los músculos o la postura en nuestro cuerpo. Este sentido nos permite dar respuestas motoras y mantener el equilibrio.

- Un último grupo estaría constituido por los **nociceptores,** que están en todo el organismo y retransmiten las sensaciones de dolor.

La percepción

La percepción es el procesamiento de la realidad que nos rodea (Friedman, 2013). Nos permite seleccionar, organizar y codificar la información procedente de los órganos de los sentidos y la completa con información que ya tenemos en el cerebro. Por lo que, volviendo al ejemplo anterior, si tuviese que **organizar la información** procedente del estímulo del mensaje, mi cerebro, en el momento que viese el mensaje de mi jefe, sabría que otras veces que me ha pedido ese informe quiere que lo haga rápido. También sé que, cada vez que recibo ese mensaje, tengo que hacer el informe de una determinada manera y que he de hacerlo por escrito. Mi cerebro le concede la importancia que tiene para mí. Si no fuese dirigido a mí, distinguiría hacia quién va dirigido y no me movilizaría.

No todos los estímulos inician la percepción. Para que esta se ponga en marcha también hay que tener en cuenta las experiencias de cada uno. La percepción **es selectiva,** es una imagen mental que tiene una persona a partir de una experiencia. Esta experiencia está condicionada por cómo se organiza la persona, la cultura en la que vive y las necesidades que tiene. En la percepción influye la sensación externa que recibe la persona, es decir, un olor, un sonido, una imagen, un sabor… y el medio interno, o sea, el modo en que se interpreta este estímulo, que depende de cada individuo. De esta manera, la percepción **tiene un carácter subjetivo**, ya que, según cada persona, se seleccionará de manera inconsciente o consciente la percepción de un determinado estímulo y será **temporal,** dado que tendrá una duración determinada.

Podemos distinguir **tres etapas** en el proceso de la percepción (Equipo editorial Etecé, 2021)

- **La selección.** Solo percibimos una parte de los estímulos a los que estamos expuestos. Para que se produzca esta selección influirán los intereses, necesidades y valores de cada persona. Por ejemplo, si varias personas están realizando un viaje, un monumento captará su atención de diferentes maneras en  cada uno de ellos, dependiendo del interés en la cultura, si es llamativo para cada persona, si les gusta. El estímulo podrá contar con determinadas características como el tamaño, el color, la luz, la forma, el movimiento la intensidad; todo esto formará parte de la naturaleza del estímulo y podrá llamar su atención de diferentes maneras. Del mismo modo, habrá otras características como los aspectos internos del estímulo que les harán seleccionar uno u otro estímulo. Aquí podemos hablar de las expectativas, que serían, en el caso anterior, si esperaban encontrar algo tal y como se lo habían imaginado o deseaban. También influiría en la selección del sujeto los motivos, es decir, si es algo que necesitan ver o desean.

- **La organización.** Cuando se ha seleccionado algo, se clasifica y se le asigna un significado. Según los estudios de la Escuela Gestalt, los estímulos se pueden organizar distinguiendo entre figura y fondo, también según la proximidad, o completando y cerrando las figuras para mantener un equilibrio, o agrupándolos si son semejantes.

- **La interpretación.** Se trata de dar forma a los estímulos que se han seleccionado, en función de los intereses de la persona, de su experiencia previa, etc.

La percepción no es algo inmediato, requiere de tiempo para ir perfeccionándose, ya que se va realizando un aprendizaje a través de la experiencia. El aprendizaje implica ir adquiriendo determinadas conductas ante situaciones que pueden ser parecidas. Estas conductas podrán ser modificadas o mejoradas.

Percepción y emociones

Unidas a la percepción, se encuentran las emociones. Las emociones son el resultado de la evaluación de las situaciones que rodean al organismo. Tienen reacciones corporales asociadas y son mecanismos que utilizamos para regularnos. Emociones y percepciones **se influyen mutuamente.** Las dos representan una manera de responder al medio que nos rodea. Los estudios clásicos nos enseñan que, cuando percibimos un estímulo que es procesado por la percepción, se despierta una emoción en el individuo y esto hace que responda de una manera determinada. Sin embargo, también hay otras investigaciones que dicen que esto opera de manera contraria: el estímulo provocaría la respuesta y después aparecería la emoción.

Las emociones pueden hacer que pongamos el foco en unos determinados estímulos. Por ejemplo, una persona que tiene miedo a los insectos va a percibirlos antes, por cuanto que, cuando estos estén cerca de él, pondrá toda su atención en ellos y fijará la vista en el insecto que se halle cerca, o, si se le posa alguno, va a percibirlo a través del tacto de manera inmediata.

Podemos decir que los estímulos pueden provocar estados emocionales, que son las **respuestas fisiológicas** que ocurren cuando se detecta un estímulo del entorno (Damasio, 2004). Las respuestas aparecen en el cerebro y en el conjunto del cuerpo. En el cerebro pueden provocar cambios en la actividad cerebral, en funciones como la atención y la memoria y en la toma de decisiones, y en el cuerpo provocan respuestas endocrinas y musculoesqueléticas. Estos cambios significan ponerle un nombre emocional a lo que nos sucede. Somos conscientes de lo que nos sucede uniendo las sensaciones corporales a nuestra experiencia emocional. Podemos atribuirnos emociones y atribuírselas a los demás a través de sus gestos o expresiones y le damos una valencia, de modo que algo puede ser visto como negativo o positivo, agradable o desagradable. Podemos enmarcar si lo que nos llega a través de los receptores sensitivos nos provoca miedo o nos da asco y, de igual manera, podemos decidir si queremos ese estímulo cerca o lejos de nosotros. Así pues, en el tema que nos ocupa en el presente libro podemos experimentar si un estímulo nos provoca nerviosismo, dificultad para respirar o si queremos salir corriendo.

Cómo surgen la ansiedad y el estrés

Una de las primeras dudas se suscita a la hora de aprender a diferenciar ansiedad y estrés. Estos términos se confunden muchas veces, ya que su sintomatología es parecida. Vamos a ver cómo surgen una y otro.

A veces la ansiedad puede surgir de una **situación estresante** y en otras ocasiones puede desarrollarse por sí sola. Cuando surge de una situación en la que estamos sometidos a un estrés constante, podemos decir que tenemos identificado **el estímulo que la causa.** Los estímulos pueden ser externos o internos. Son estímulos externos los que nos rodean y se perciben por los sentidos, mientras que los estímulos internos son aquellos que están en nuestro interior, como un dolor de tripa, la sensación de nervios, etc. En una situación en la que estamos en clase y tenemos que hablar en público, podría darse el caso de que la simple mirada de esos compañeros observándonos causase nuestro miedo. En este caso hablaríamos de que la causa es un elemento externo, y el estímulo externo serían los compañeros. Asimismo, podría ser que, cada vez que tuviera que hablar en público, apareciese un mareo. En tal caso estaríamos hablando de un estímulo interno.

El siguiente paso sería **identificar la percepción** que esto causa en nosotros. Dependiendo de cómo percibamos los estímulos que nos rodean, podemos tener una **respuesta desadaptativa.** Las respuestas que damos a los estímulos constituyen la ansiedad o el estrés. Nuestro cuerpo, ante la presencia de los estímulos, puede liberar hormonas como el cortisol o la adrenalina, y va a hacer que nuestro ritmo cardiaco aumente, lo cual nos llevará a un estado de alerta. Cuando experimentamos estos cambios, también aparece una sensación de amenaza y miedo. En estos momentos nuestra atención está plenamente centrada en identificar cualquier señal de alarma que podamos identificar.

Existen varios **componentes** en los procesos de ansiedad y estrés.

- **Pensamientos negativos** tales como «me va a pasar algo malo», «no puedo soportar el miedo» o «me va a dar algo». Con estos pensamientos podemos sobregeneralizar usando frases con palabras como *todo, siempre, nadie* o *nunca*. También podemos catastrofizar, percibiendo todo como un desastre, o podemos ignorar lo positivo que hay a nuestro alrededor.

- **Malas sensaciones** como son el ahogo, los nervios, la tensión muscular, la respiración agitada, taquicardia, palidez, vértigos, sudores, náuseas, temblores, etc.

- **La emoción de miedo;** se da porque sentimos que estamos en peligro y algo nos amenaza.

- **El componente motor.** Podemos huir, quedarnos paralizados o luchar contra la amenaza.

Emociones y reacciones

De acuerdo con el estudio del Gobierno de México (2022), las emociones son la forma en la que reaccionamos a los estímulos. Hemos de tener en cuenta que no todos reaccionamos de igual manera a los acontecimientos. El mismo hecho puede causar **diferentes reacciones** en la persona según el estado anímico en el que nos encontremos, y un mismo hecho puede provocar reacciones diferentes en las personas. Imaginemos que tengo que preparar un viaje: si me encuentro en un estado anímico triste, no tendré ganas de buscar información; sin embargo, si estoy alegre, podré tener muchas ganas de ver qué sitios visitar y planificar qué cosas me interesa más ver.

Tal y como comentábamos antes, un mismo acontecimiento puede hacer que las personas reaccionen de manera diferente según cómo se encuentre cada una de ellas. Un simple día de verano en algunas personas puede hacer que no quieran salir de casa debido a que el calor les provoca enfado o, por el contrario, puede ocasionar que queramos ir a la playa porque el calor nos gusta y nos provoca un estado de euforia.

Es importante saber **identificar cómo nos sentimos** y así poder gestionar mejor lo que nos está ocurriendo. Si la persona nota que está enfadada en la situación anterior, porque el calor le agobia, puede tratar de refrescarse poniendo el aire acondicionado y mejorando su estado anímico.

Ekman (1973) identificó **seis emociones básicas** que se pueden presentar en todas las culturas. Estas emociones son las siguientes:

- **Miedo.** Es una de las emociones más fuertes. Aparece ante la percepción de un peligro pasado, presente o futuro. Cuando experimentamos miedo, este nos lleva a enfrentarnos a lo que causa el temor o a huir de lo que lo provoca; nos lleva a sentir desconfianza y podemos pensar que  va a suceder algo malo. Gracias al miedo, el cuerpo se puede preparar para la acción o puede evitar que ocurra algo malo. Nos ayuda a protegernos física y psicológicamente. Nos puede hacer sentir estrés y ansiedad, y su máxima expresión sería el terror.

- **Asco.** Es una emoción por la que experimentamos desagrado y disgusto hacia algo: pueden ser alimentos, olores, excrementos, materia orgánica que está en proceso de descomposición... Esta emoción va a hacer que nos alejemos de lo que la causa por el rechazo o desagrado que podemos sentir. La misión del asco es protegernos de los 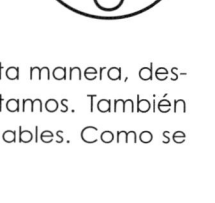 peligros que nos amenazan; nos ayuda a sobrevivir, de esta manera, desde que nacemos, si algo supone una amenaza, lo vomitamos. También se puede sentir asco por situaciones o personas desagradables. Como se puede ver, su rango es muy amplio.

- **Tristeza**. Es una emoción que todos podemos experimentar en algunos momentos. Está relacionada con las pérdidas, con las desilusiones, con no conseguir las metas y sentirnos fracasados. Pueden ser situaciones como perder a un ser querido, sentirse solo, decepcionado... Se suele  manifestar con el llanto, con el estado anímico decaído. Su función es protegernos, dándonos tiempo para asimilar lo que ocurre.

- **Ira.** Es una emoción relacionada con el hecho de que se está cometiendo una injusticia, o que algo que está ocurriendo nos molesta. Aparece cuando algo nos puede afectar negativamente o cuando no conseguimos lo que nos hemos propuesto. Puede ser un mecanismo de defen-  sa que nos ayuda a protegernos de aquello que no nos gusta, nos sentimos molestos y nos ayuda a encontrar una solución a lo que nos hace sentirnos mal.

- **Alegría.** Es la emoción que experimentamos cuando nos encontramos positivos, cuando algo nos llena de satisfacción y nos causa felicidad. Normalmente se produce ante un estímulo favorable, y nos hace sonreír, tener buen hu-  mor y tener ganas de hacer cosas. Su función es hacernos sentir bien y fomentar los vínculos sociales. Produce una actitud abierta y curiosa a todo lo que nos rodea.

- **Sorpresa.** Es una emoción a través de la cual se experimenta una alteración cuando aparece ante la persona algo que no espera o que es extraño. Produce asombro e impacto. Nos prepara para afrontar acontecimientos inesperados o nuevos que aparecen de forma súbita y que rompen el estado en el que nos encontramos. Es la más breve de todas las emociones, puesto que dura solo unos segundos.

EMOCIÓN	EJEMPLO	REACCIÓN
MIEDO	Encontrarse con un animal salvaje	Luchar Escapar Esconderse Estar alerta
ASCO	Ver restos en descomposición	Vomitar Tener náuseas Tos Sentir rechazo
TRISTEZA	Una ruptura amorosa traumática	Llorar Evitación Aislamiento
IRA	Un enfado en un atasco de tráfico	Calor Reacciones físicas Presión alta
ALEGRÍA	Que te toque la lotería	Sonreír Estar motivado Saltar
SORPRESA	Una visita querida inesperada	Se manifiesta corporalmente saltando o alejándose según la situación

Las emociones preparan al organismo para realizar la conducta que una vivencia provoca, hacen que se mueva la energía necesaria y dirigen la conducta a un objetivo. Así, si una persona siente miedo ante un posible cambio de residencia, puede quedarse paralizada y no saber cómo encajar la noticia o puede quedarse paralizada esperando que ocurra algo. Las emociones desempeñan un papel que va a influir en que una persona se sienta bien o mal psicológicamente. **Una emoción puede invadir a una persona** y provocar un estado de estrés o ansiedad. Si una persona experimenta miedo o tristeza, se liberan hormonas que van a hacer que sintamos estrés o ansiedad.

Las emociones se pueden localizar en diferentes partes del cuerpo. Según dónde las sintamos vamos a tener el impulso de huir, luchar o permanecer inmóviles. Podemos ver qué zonas del cuerpo se activan más en función de las emociones. El poder identificar **dónde sentimos las emociones** nos puede ayudar a conocernos y saber hallar las mejores estrategias para afrontar lo que estamos sintiendo (Nummenmaa *et al.*, 2014).

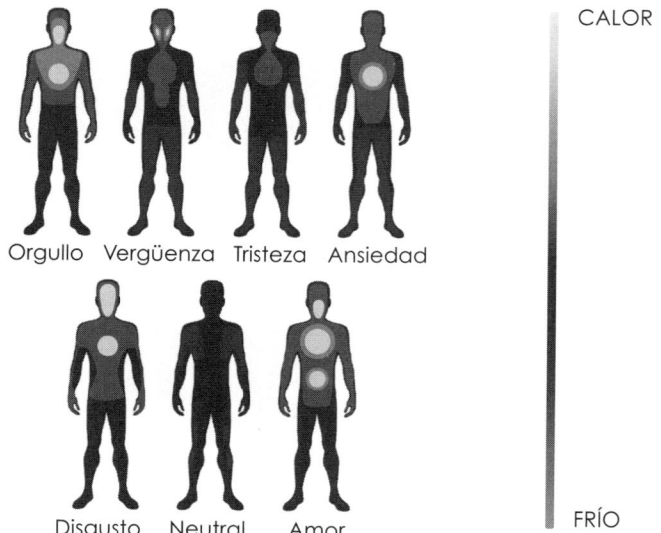

Orgullo Vergüenza Tristeza Ansiedad

Disgusto Neutral Amor

CALOR

FRÍO

Diferenciar estrés, ansiedad, angustia y ataque de pánico

Según la reacción corporal que nuestro cerebro impulsa ante un estímulo, pueden darse unos u otros. Veámoslo en profundidad.

CEREBRO Y REACCIONES FÍSICAS ANTE SITUACIONES DE AMENAZA O PELIGRO

Siguiendo tanto los estudios de Sierra *et al.* (2003) como de Resnik (2016) y otros autores, en este apartado vamos a explicar cómo se pone el organismo en marcha y todo se coordina, para lo cual es necesario entender en primer lugar cuáles son las diferentes partes del cerebro y para qué sirven.

El cerebro es la parte que nos ayuda a coordinar y controlar el organismo. Está en la cabeza y puede definirse como una masa que está protegida por los huesos del cráneo y las membranas denominadas *meninges*. El cerebro es el encargado de procesar la información y la memoriza continuamente. Está constituido por los hemisferios cerebrales, el tronco del encéfalo y el cerebelo y la medula espinal. Se encuentra recubierto por las meninges, que se encargan de protegerlo, al igual que a la médula espinal. Todo este conjunto se denomina *sistema nervioso central*. Este controla la memoria, la inteligencia, las emociones, los sentidos, y las funciones del organismo (Arráez *et al.*, 2003). Observemos en el esquema las aprtes que vamos a destacar y estudiar con más profundidad.

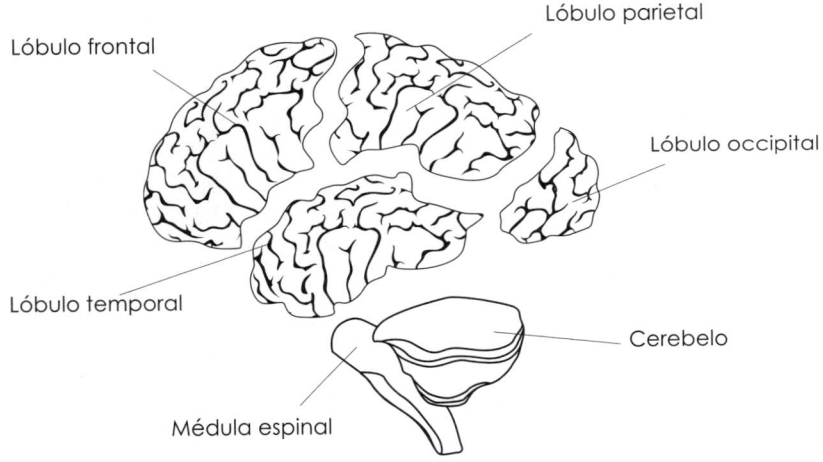

- **Lóbulo frontal.** Nos ayuda a pensar y razonar, sentir, planear, hablar, tomar decisiones; además, controla las emociones y parte de los movimientos.

- **Lóbulo parietal.** Se encarga de la sensibilidad y la percepción de las sensaciones del contacto, el dolor, la temperatura y algunas partes del habla. Da sentido a todo lo que nos rodea. El sistema atencional perceptivo se localiza aquí y en esta parte se integra la información de los estímulos.

- **Lóbulo occipital.** Se encarga de dar sentido a todo lo que vemos.

- **Lóbulo temporal.** Da sentido a todo lo que oímos, controla la memoria y partes del habla, procesa los recuerdos y los integra con las sensaciones. En su parte interior está localizada la amígdala, que es la parte donde aparecen las emociones.

- **El cerebelo.** Es la parte trasera del cerebro y es la encargada de la coordinación y el equilibrio.

EVOLUCIÓN DEL CEREBRO

Neocórtex. Proceso cognitivo e intelectual.

Cerebro límbico o mamífero. Rige nuestras sensaciones, sentimientos y necesidades.

Cerebro reptiliano. Instinto. Asegura la supervivencia. Regula el equilibrio.

Desde el principio de los tiempos, el ser humano ha conservado aquellas características que le han ayudado a resolver y afrontar los problemas. Nuestro cerebro cuenta con una **parte reptiliana,** primitiva, dominada por el tronco encefálico, diencéfalo, ganglios basales, y es la parte del cerebro que nos ha ayudado a sobrevivir. El cerebro reptiliano funciona en automático, nos lleva a sobrevivir y es el que lleva asociado el miedo (MacLean, 1990). Estas partes del cerebro controlan los músculos y el equilibrio. El cerebro cuenta con conexiones neuronales diversas que nos ayudan a identificar cuando experimentamos alguna amenaza o un peligro, aunque no sea de manera real, solo imaginándolo. El cerebro límbico formado por la amígdala, el hipocampo y el hipotálamo, es donde aparecen las emociones y estas son reguladas. Por último, se puede distinguir el neocórtex, que se encarga del lenguaje y el razonamiento y es donde se encuentra el conocimiento. Los últimos avances en la investigación del funcionamiento del cerebro indican que el cerebro es un lugar donde se entrelazan todas estas funciones de diversas maneras, la interacción entre el cerebro límbico y el neocórtex puede estar relacionada con la motivación, el control de impulsos y la toma de decisiones. El cerebro recibe los estímulos a través del sistema nervioso autónomo, el cual funciona de manera independiente, sin tener en cuenta nuestra voluntad. Este sistema se divide a su vez en el sistema nervioso simpático y el parasimpático, y son estos los que nos ayudan a movernos o, por el contrario, quedarnos inmóviles.

Cuando percibimos el peligro o amenaza, podemos tener varias reacciones automáticas sin planteárnoslo: huir, luchar o quedarnos paralizados. El **sistema simpático** va a liberar adrenalina y noradrenalina y poner en marcha la respuesta de huida o lucha, y su actividad tiene un tiempo limitado. Cuando el cuerpo considera que ha alcanzado su límite, se activa **el sistema nervioso parasimpático,** que hace que nos quedemos paralizados o devuelve el cuerpo a su estado normal.

Podemos percibir que, cuando sentimos cualquier sintomatología, esta no va a durar para siempre. Es importante poder ser conscientes de esto para darnos cuenta de lo que nos ocurre y saber cómo reaccionará el cuerpo. Cuando sufrimos ansiedad o un ataque de pánico, podemos seguir sintiendo la sintomatología de manera más leve durante un tiempo, a causa de que las sustancias de la adrenalina y la noradrenalina tardarán un tiempo en desaparecer.

Uno de los síntomas que se pueden identificar cuando tenemos estrés, ansiedad o un ataque de pánico es la **aceleración de los latidos del corazón.** Esto es debido a que el cuerpo está preparándose para luchar o huir y respiramos más rápido, produciéndose mayor oxigenación en el cuerpo, lo que nos ayudará a movilizar los músculos. Dependiendo del grupo muscular, se activarán ciertas partes del cuerpo para estar preparados para huir o luchar, y esta activación puede provocar **temblores y sacudidas musculares.** El metabolismo corporal puede liberar calor cuando se produce la energía. Al mismo tiempo, la sangre transportará las sustancias que los músculos necesitan para moverse y, a su vez, se desvía a los lugares donde es necesaria, por lo que su concentración será menor en sitios donde no es tan necesaria, como la piel o los dedos. Supongamos que sufrimos un ataque y resultamos heridos. Si el corte es al nivel de la piel, se sangrará menos, lo cual también será de ayuda para que el organismo no se desangre. Según lo que acabamos de explicar, cuando tenemos estrés o ansiedad, nos podemos ver **más pálidos,** o podemos notar los **pies y manos fríos** y, al haber menos circulación, podemos notar **hormigueos** en ellos.

En el cerebro ocurre que el flujo sanguíneo del mismo se ve disminuido y experimenta **mareos, visión borrosa o sensación de irrealidad.** El cerebro actúa como un conjunto de piezas que encajan entre sí, procesan la información y emiten una respuesta.

Experimentar **sensación de ahogo** no significa que no vayamos a tener aire o que nos vayamos a desmayar, ya que esto no sería útil. **La respiración se acelera** para poder tener más oxígeno que transportar, y la sensación puede ser de falta de aire; además, se puede percibir presión en el pecho. El cuerpo no quiere ahogarnos, quiere estar preparado para poder huir o luchar.

Al igual que se acelera el pulso con una finalidad y respiramos de manera más agitada, la piel necesita estar resbaladiza para que, si hubiese un atacante, no nos pudiese agredir, y también se elimina el calor para que el cuerpo no se sobrecaliente.

La vista también participa en el enfrentamiento de una amenaza o peligro. **Las pupilas se dilatan** y así entra más luz, lo que puede provocar visión borrosa o manchas y sombras.

El sistema digestivo es otro órgano que se verá afectado. La salivación disminuye y el sistema digestivo ve cómo su actividad se reduce. Pueden aparecer síntomas como **náuseas** y sensación de **pesadez en el estómago.**

Entender los procesos nos ayuda a comprender la sintomatología que estamos experimentando.

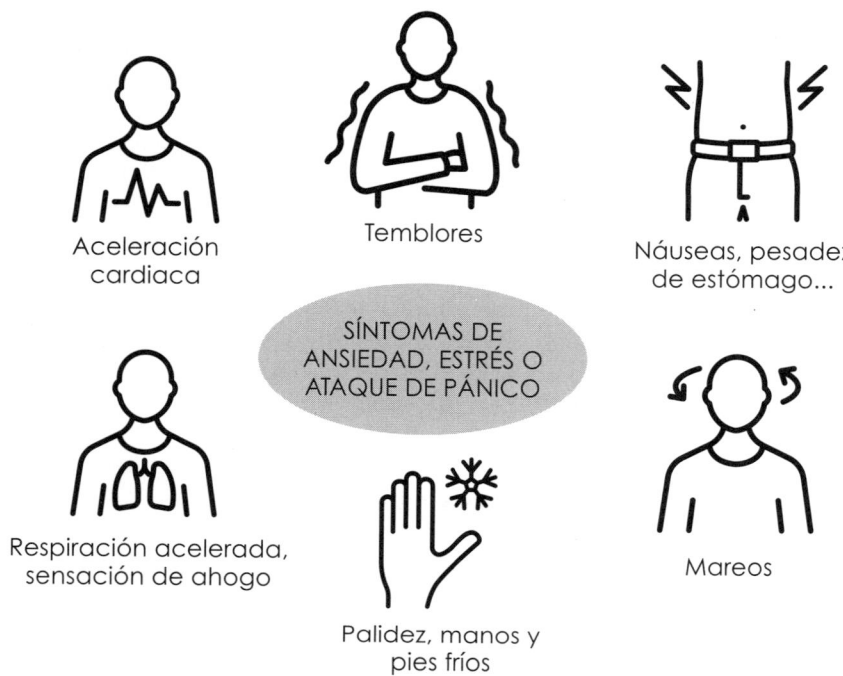

La ansiedad y el estrés provocan unos procesos neurobiológicos en el cerebro. Si vemos **las partes que se ven involucradas,** podemos distinguir las siguientes (McEwen, 2007):

- **La amígdala.** Se encuentra en el centro del cerebro. Es una parte involucrada en el procesamiento emocional. Ahí es donde se producen las emociones asociadas a los eventos que experimentamos. Cuando percibimos una situación preocupante, de amenaza o peligro, se activa la amígdala y aparece el miedo.

- **Hipotálamo.** El hipotálamo es la parte del cerebro que libera hormonas asociadas a las situaciones de estrés y ansiedad como cortisol y adrenalina. Estás sustancias preparan el cuerpo para afrontar la situación.

- **Corteza prefrontal.** Aquí se genera el pensamiento consciente, la toma de decisiones, el control de los impulsos y la regulación emocional. En los casos en los que existe estrés o ansiedad, la corteza prefrontal disminuye su actividad y no puede realizar sus funciones normalmente, por lo que no se pueden evaluar las situaciones ni regular las emociones.

- **Sistema nervioso autónomo.** Esta parte es la encargada de que los pulmones, la respiración o el aparato digestivo funcionen adecuadamente.

Cuando experimentamos estrés o ansiedad, el sistema nervioso autónomo se activa y aparecen las respuestas de huida, lucha y paralización, y se producen los síntomas como la respiración agitada, la elevación de la frecuencia cardiaca, etc.

- **Sistema límbico.** Engloba estructuras como la amígdala y el hipotálamo. Este sistema juega un papel fundamental, dado que genera las respuestas emocionales.

- **Eje hipotálamo-hipófisis-suprarrenal (HPA).** El hipotálamo detecta la amenaza y libera la hormona corticotropina. Esta, a su vez, estimula la glándula pituitaria y se libera otra hormona llamada adrenocorticotrópica (ACTH), que viaja a las glándulas suprarrenales situadas sobre los riñones y se estimula la liberación de hormonas como el cortisol y la adrenalina.

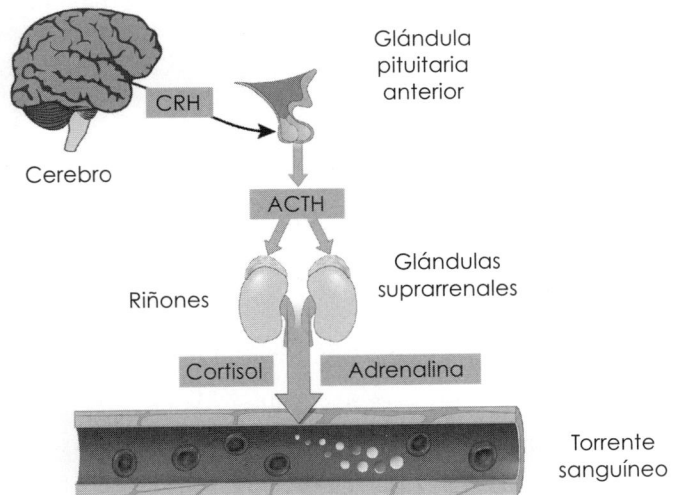

De acuerdo con Cortés *et al.* (2018), Dinse *et al.* (2017), Ramya *et al.* (2023) y Shriyan *et al.* (2023), los procesos fisiológicos y psicológicos se relacionan mutuamente, de manera que la liberación de cualquier hormona produce cambios y puede provocar estrés. Las hormonas que participan en el estrés y se liberan por el cerebro, como respuesta a situaciones de amenaza, peligro y preocupación, provocan **cambios físicos**. Las más importantes en situaciones de estrés son:

- **El cortisol.** Es producido para poder responder a las situaciones de peligro. Una vez que aparece, se libera glucosa en la sangre y aumenta la presión arterial, que da energía a los músculos para que estos puedan responder. Si la situación se prolonga durante mucho tiempo, causa irritabilidad, hipertensión, dolor muscular, palpitaciones...

- **La adrenalina.** Se produce en las glándulas suprarrenales y es responsable de las reacciones instantáneas ante las situaciones de peligro. El ritmo cardiaco aumenta, así como la presión arterial y el suministro de energía.

- **La prolactina.** Es segregada por la glándula pituitaria. Se relaciona con procesos de reproducción, y, cuando sube su nivel por estrés, puede provocar efectos en la periodicidad de la menstruación o falta de ovulación.

DIFERENCIAS ENTRE ESTRÉS Y ANSIEDAD

Muchas personas confunden estrés y ansiedad. Ambas son reacciones humanas y forman parte de la respuesta de lucha o huida que va a ayudarnos a encontrarnos seguros ante las situaciones de amenaza o preocupación. La ansiedad ocurre cuando el estrés se agudiza y genera una serie de síntomas psicofísicos. El estrés es una reacción del cuerpo ante una amenaza, mientras que la ansiedad es la reacción que presenta el cuerpo ante él. Tienen síntomas similares y puede ser difícil diferenciar uno y otro (Barrell, 2020).

PRINCIPALES DIFERENCIAS	
ESTRÉS	ANSIEDAD
Ocurre a corto plazo	Puede permanecer
	Mayor intensidad psicológica y emocional
Respuesta a una amenaza reconocida	Puede no tener un desencadenante identificable
Desaparece cuando la persona encuentra estrategias para controlarlo o cuando desaparece el estímulo que lo causa	Existe, aunque el estímulo no esté presente
Genera respuesta de lucha y huida	Evitación de situaciones temidas y respuesta paralizante

Como vemos en el recuadro, las diferencias principales se dan en el **lapso temporal.** El estrés ocurre a corto plazo, mientras que la ansiedad puede permanecer un tiempo prolongado.

También, la ansiedad presenta mayor **intensidad** psicológica y emocional que el estrés. Es decir, los síntomas pueden percibirse de una manera más fuerte.

Por otra parte, el estrés desaparece cuando la persona encuentra estrategias para controlarlo o cuando desaparece el estímulo que lo está causando.

La ansiedad puede existir incluso aunque el estímulo no esté presente. Pensemos una situación en la que una persona puede experimentar sensaciones de pulso acelerado, miedo, querer salir corriendo de un sitio y no saber qué le lleva a querer salir de allí.

La causa u origen es otra gran diferencia: el estrés es la respuesta a una amenaza que podemos reconocer. Aparece cuando creemos que no tenemos estrategias para enfrentar los estímulos. Lo causan factores externos. La ansiedad puede no tener un desencadenante que sea identificable, surge tras la sensación de miedo. Lo provocan factores internos.

El estrés surge impulsado por las creencias que la persona tiene sobre si puede con algo, y la ansiedad surge del punto de vista que tenemos del mundo. Por ejemplo, una persona que cree que puede hacer todo en el trabajo y no sabe cómo manejarlo tiene estrés, y una persona que cree que puede controlar todo puede desarrollar ansiedad. Uno es un **hecho puntual,** el otro es algo que le acompaña en **su punto de vista** del mundo (Martin y Dahlen, 2005).

El estrés provoca mal humor, enfado, irritabilidad, mareos, náuseas, pensamientos de ansiedad, infelicidad, sensación de agobio, trastornos del sueño, cansancio, agotamiento y toda una serie de emociones negativas, y puede afectar a la memoria y toma de decisiones.

La ansiedad puede provocar intranquilidad, tensión, sudoración, nerviosismo, sensación de temor e intranquilidad, aislamiento social, depresión, dolor de cabeza, tensión muscular, así como problemas de autoestima y de autoconfianza.

Los dos **tienen en común** síntomas psicofísicos como el ritmo cardiaco acelerado, respiración rápida, diarrea o estreñimiento.

DIFERENCIAS ENTRE ATAQUE DE ANSIEDAD Y ATAQUE DE PÁNICO
Veamos este aspecto siguiendo para ello a Vandergriendt (2022). En primer lugar, el ataque de ansiedad:

- Puede tener un **estímulo que lo desencadena,** como puede ser una enfermedad o una infidelidad.
- Se desarrolla de manera **gradual.**
- Tiene **síntomas físicos** como el ritmo cardiaco elevado o sensación de tener un nudo en el estómago,

preocupación, intranquilidad, cambios en la frecuencia cardiaca, bajo estado de ánimo, irritabilidad, insomnio o miedo.

- La persona **puede reconocer** que está teniendo un ataque de ansiedad.

Por su parte, el ataque de pánico:

- **No tiene un estímulo** que lo dispare.
- Presenta **varios síntomas** como son miedo, mareos, taquicardia, dolor en el pecho, desrealización y despersonalización.
- Puede suceder tanto si una persona está tranquila como si se encuentra ansiosa.
- La persona piensa que **puede morir** de manera inmediata.
- Ocurre sin que la persona lo espere y **dura varios minutos.**

Los síntomas pueden ser parecidos a la ansiedad, pero más graves que en esta, ya que la persona llega a sentir terror y tiene miedo de que le vuelva a dar.

Para ambos ataques existen **factores de riesgo** similares, como pueden ser:

- Haber experimentado eventos traumáticos o estresantes.
- Tener una enfermedad.
- Padecer otro trastorno mental.
- Tener familiares que también tengan trastornos de ansiedad o pánico.
- Consumo de sustancias tóxicas.

EL ESTRÉS

Es estrés es el hecho más común de todos los que vamos a diferenciar. Cualquier persona, en mayor o menor medida, lo ha sentido alguna vez. Cualquier cambio en la vida de una persona puede llevarle a experimentar estrés. Hablamos de estrés cuando sentimos que **no tenemos control sobre algo.** Pueden ser situaciones negativas en las que nos vemos con mucho trabajo o cuando tenemos que hacer muchas cosas en poco tiempo, y pueden ser situaciones positivas en las que tenemos que cambiar de vivienda, preparar una boda... Cuando tenemos estrés, nos sentimos presionados, frustrados, aburridos...

El origen de la palabra *estrés* data del siglo XIV. Proviene de la voz latina *Stringere* («tensar» o «estirar»). En inglés evolucionó hacia *strain*, que significa «tensión» (Moscoso, 1998). A partir de entonces se usó como *stress, stresse, strest, straisse* o *estrés.*

El Doctor **Hans Selye** fue el padre del estudio del estrés, que lo definió como la respuesta adaptativa que tiene el cuerpo ante los estímulos estresores.

El estrés surge cuando no podemos manejar la situación que tenemos ante nosotros. Está relacionado con un momento presente. El estrés no es una emoción, es una relación entre la persona y su entorno, donde se pierde la sensación de bienestar, y la persona no cuenta con recursos para resolver la situación que se le presenta (Lazarus y Folkman, 1984). La emoción predominante es la **preocupación.** Hay personas que lo describen como algo que les incapacita y los puede llevar a sentir malestar y otros que, por el contrario, lo describen como una experiencia que les ayuda a estar más activos y tener más energía.

Los pensamientos pueden ser del tipo: «no puedo con todo lo que me pasa», «estoy agotado» o «no puedo más».

LA ANSIEDAD

La ansiedad es un término que se ha generalizado, de modo que es muy fácil oír decir a alguien que tiene ansiedad. Este término, a pesar de poder suponer una sensación habitual en el ser humano, no siempre se utiliza de la manera correcta, por lo que es importante saber diferenciar qué es la ansiedad en términos científicos. El término procede del latín *Anxietas* y hace referencia a sentir agitación, inquietud o perturbación en el estado de ánimo.

La ansiedad supone una respuesta adaptativa en el ser humano que en niveles bajos puede llevar a un correcto manejo de las situaciones, pero, cuando sobrepasa cierto umbral, **se puede convertir en un trastorno.** La ansiedad tiene un componente de miedo en el que los peligros que se perciben no son reales, y puede llevar a estados de pánico si se manifiesta en altos niveles. La ansiedad constituye un temor a peligros futuros que no se pueden prever (Marks y Tobeña, 1986). Es un **mecanismo de protección** y puede formar parte de los rasgos de una persona, es decir, que podemos hablar de que una persona tiene una tendencia ansiosa. La persona muestra agitación o inquietud cuando anticipa que el peligro está cercano. La persona trata de buscar solución a lo que le está ocurriendo y es consciente plenamente del estado emocional que está atravesando. Tiene una mezcla de componentes físicos y psíquicos como son sensación de nervios, temblores, respiración agitada, taquicardia y, al mismo tiempo, siente un miedo intenso. La persona ve todo negativo e imagina que van a ocurrir desgracias. Los pensamientos pueden ser del tipo: «me va a ocurrir algo malo», «no puedo soportarlo», etc.

LA ANGUSTIA

Es una emoción muy frecuente en el ser humano que puede paralizar y hacer que nos sintamos sobrecogidos. Se trata de una emoción desagradable que aparece cuando una persona siente una amenaza por algo (Ayuso, 1988).

31

El término procede de la palabra alemana *angst*, y hace referencia a algo estrecho, a malestar y apuro.

La angustia aparece ante **situaciones de desesperación** en las que la persona no es capaz de llevar a cabo sus actos. Cuando la persona siente angustia, lo más característico es la paralización. Puede ser adaptativa o no, dependiendo de su intensidad. La persona no es capaz de realizar ningún acto para librarse de las sensaciones que esta provoca.

Se pueden experimentar síntomas de dolor torácico, dificultad respiratoria, mareos, náuseas, impotencia o llanto incontrolado.

A veces empleamos los términos de *angustia* y *ansiedad* indistintamente. La diferencia principal es que la ansiedad está más vinculada con la agitación, mientras que la angustia paraliza.

EL PÁNICO

Todos podemos sentir pánico si nos van a atracar, si está ocurriendo un terremoto, si hemos de enfrentarnos a una situación muy difícil. Sin embargo, sabemos que estas situaciones pueden pasar muy deprisa. Cuando una persona siente que estos miedos duran más tiempo, lo puede llamar *ataque de pánico*. El ataque de pánico y el pánico normal se diferencian en que las sensaciones parece que llegan de repente y **no se encuentra relación con nada.** Además, estas sensaciones son muy intensas y pueden ocurrir en cualquier momento. La persona tiene miedo ante la posibilidad de que lo pueda experimentar otra vez.

El trastorno de pánico es un tipo de ansiedad extrema que se presenta de manera repentina y que puede causar **pensamientos o conductas irracionales.** Un ataque de pánico puede provocar mucho miedo, la persona siente que pierde el control, que está teniendo un ataque al corazón o que puede morir. Se desconoce qué lo puede causar, y se cree que los genes tienen un papel importante.

No se puede predecir cuando va a ocurrir. El ataque de pánico comienza de manera repentina y puede alcanzar su punto más alto a los 15 o 20 minutos, pudiendo durar una hora o más. Los síntomas más característicos son falta de aire, pulso rápido, dificultad para respirar, náuseas, hormigueo en manos o pies, palpitaciones, sudoración, escalofríos, temblores, miedo a morir (Enciclopedia Médica ADAM, s. f.).

Los pensamientos más frecuentes son: «No sé qué me está pasando», «Tengo miedo, puedo morir», «Estoy perdiendo el control», etc.

Ansiedad y estrés en pandemia: cómo pueden influir situaciones extremas de ansiedad y estrés

Merece una especial atención comprender qué ha supuesto un hecho tan grave como la reciente pandemia, que ha afectado a toda la población mundial al mismo tiempo. La llegada de la COVID-19 supuso un cambio en las dinámicas de la sociedad a nivel mundial. Actividades como ir al trabajo, el transporte, las actividades culturales y deportivas y el hecho de ir al colegio se vieron afectadas y se llegaron a suspender.

NIÑOS Y JÓVENES

Aproximadamente 168 millones de niños en todo el mundo dejaron de asistir a clase. Estos **cambios de rutinas** debidos al confinamiento supusieron un cambio a nivel económico, social, físico y mental. La cotidianidad mundial cambió drástica y totalmente. La incertidumbre, la preocupación y el desconcierto se apoderaron de muchas personas.

Esto supuso que existiesen numerosos **generadores de estrés.** Aparecieron **cuatro perfiles** predominantes entre niños y adolescentes (Amorós *et al.*, 2023; Orgilés *et al.*, 2021):

- El perfil de los que vivieron el **contagio de seres queridos** o de ellos mismos.

- El perfil en el que apareció la **pérdida de trabajo** de alguno de los padres y las consecuencias económicas que conllevaba.

- La **reducción del contacto social.** Este fue el perfil más frecuente.

- Los que sufrieron **reducción del contacto social con padres estresados.** Estos presentaron mayores problemas cognitivos, de conducta y de ansiedad. El estrés de los progenitores afectó de manera negativa al bienestar de los hijos, al no poder contar con herramientas de regulación emocional.

Las investigaciones han demostrado que, durante la pandemia de COVID, el 20 % de jóvenes reportó que habían experimentado síntomas de ansiedad (Racine *et al.*, 2021). Existen algunas razones que pueden incidir sobre esto.

A lo largo de la pandemia, la población de niños y jóvenes enfrentó retos como los cambios que hubo con respecto a poder asistir a clase. En aquel mo-

mento las clases se hicieron en línea, por lo que el contacto personal desapareció, solo se realizaba a través de las pantallas, pese a que, como hemos comentado, en esta etapa vital es fundamental poder relacionarse con los compañeros y amigos. El uso de ordenadores también provocó ansiedad cuando los hogares no contaban con equipos tecnológicos para todos los miembros de la familia o cuando no se contaba con las habilidades necesarias para poder realizar las tareas de manera adecuada. Desaparecieron los eventos sociales: poder pasar tiempo con otros, poder intercambiar opiniones cara a cara, etc.

Los niños que ya sufrían de ansiedad, en contacto con sus familiares o ellos mismos, vieron cómo esta incrementaba durante este periodo (Terin *et al.*, 2023).

El **uso frecuente de internet** también se relacionó con la ansiedad, con síntomas como:

- Mareos.
- Sensación de estar desorientado o paralizado.
- Aturdimiento.

Las personas adolescentes pertenecientes al **colectivo LGTBIQ+** sufrieron de ansiedad también en algunos países, al ver cómo la discriminación aumentaba y se sentían inseguros (Andrasik *et al.*, 2022). También vieron cómo el acceso a tener soporte social desaparecía.

Igualmente, algunos **niños y jóvenes** vieron cómo el **acceso a la salud mental**, a los servicios sociales, la comida o el hogar se habían deteriorado o perdido, lo que hizo que aumentase su preocupación en un círculo vicioso que cada vez les generaba más estrés y ansiedad.

La pérdida de algún ser querido durante la pandemia podía provocar síntomas de ansiedad. No se podía hacer **el duelo** de una manera adecuada, y esto provocaba también ansiedad por separación y miedo a que muriesen más seres queridos, así como pesadillas, mal humor, tristeza extrema, problemas para poder conciliar el sueño, apatía, aislamiento y un largo etcétera.

Los **niños con necesidades especiales** también se vieron afectados, ya que no podían asistir a los centros donde se les brindaban recursos o no podían hacer los ejercicios fisioterapéuticos de la manera correcta, sin la ayuda de un especialista en su casa. Por ejemplo, los niños que padecían trastorno de espectro autista podían tener igualmente sintomatología ansiosa debido a que sus rutinas desaparecían.

Durante el primer año de COVID, la ansiedad y la depresión se incrementaron un 25 %, según cifras manejadas por la Organización Mundial de la Salud (OMS, 2023). Los factores inusuales de estrés a los que la población se vio sometida hicieron que muchas personas se vieran afectadas a nivel psicológico. La pandemia afectó principalmente a la salud mental de gente joven y aumentó los riesgos de suicidio y conductas autolesivas. Las mujeres sufrieron mayor impacto que los hombres, y las personas que tenían antecedentes de enfermedades mentales y físicas vieron cómo su impacto fue mayor en ellos.

PERSONAS CON TOC

Merece especial atención la incidencia que tuvo la COVID en las personas que padecían **TOC.** Según el *Manual Diagnóstico y Estadístico de los Trastornos Mentales* (DSM-5), las personas que padecen TOC muestran una preocupación generalizada por el orden, porque todo esté perfecto y por el control. Todo esto interfiere en la realización de las tareas cotidianas. De esta manera, el TOC involucra pensamientos o asociaciones, comportamientos o compulsiones que se producen **de manera repetida** y pueden interferir en el día a día de la persona. Estas personas encuentran una gran dificultad para detenerlos.

Las **obsesiones** son ideas, pensamientos, imágenes o impulsos repetitivos y que suceden de manera incesante. El paciente los percibe como sin sentido y sabe que surgen de sus pensamientos y le generan ansiedad por ser indeseables o inaceptables, por lo que trata de ignorarlos o suprimirlos.

Los temas obsesivos en estas personas suelen ser hipocondrías y contaminación, así como dudas sobre si está haciendo las cosas correctamente. La persona necesita que exista un **orden y simetría,** tiene miedo a dañar a los demás y surgen temas relacionados con lo moral (National Institute of Mental Health [NIH], 2020). La persona realiza los comportamientos mentales o motores cuando siente la necesidad de protegerse de las obsesiones, sabe que son conductas absurdas y trata de resistirse a su realización, por lo que aumenta la tensión interna, que solo disminuirá cuando se complete la compulsión.

Este trastorno suele iniciarse durante el periodo de la adolescencia y se desconoce su causa; factores genéticos, biológicos y químicos del cerebro, así como el entorno, pueden influir. Se vio que la ansiedad y el estrés percibidos durante la pandemia afectaron a los síntomas y la calidad de vida de las personas que padecían TOC (Homayuni, 2023). Las personas que padecían TOC entonces se vieron afectadas, ya que **aumentó la gravedad de los síntomas** y mostraron un incremento de los pensamientos. Las personas que tenían TOC de limpieza son las que más aumentaron la frecuencia de las compulsiones de lavarse las manos, se desarrollaron nuevas obsesiones y los pensamientos intrusivos fueron más angustiosos (Abba-Aji *et al.*, 2020). Las mujeres, en general, sufren más síntomas obsesivo-compulsivos que los hombres, por lo que el estrés y la ansiedad son mucho mayores en estas (Labad *et al.*, 2008).

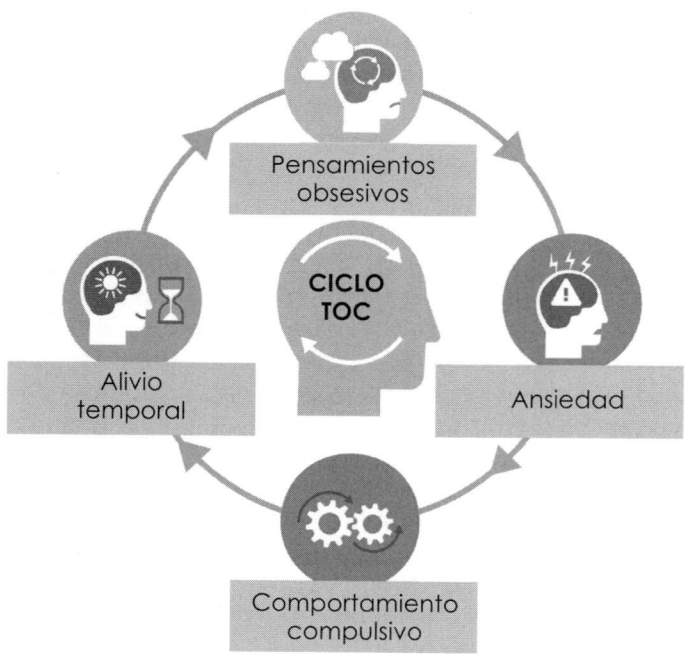

ADULTEZ TARDÍA

También hay que resaltar los efectos que tuvo la pandemia en las personas que pertenecen a la **adultez tardía.** Estos efectos, más allá de la salud física, tuvieron una repercusión en la salud psíquica de las personas. El aislamiento supuso la pérdida de contactos familiares, la vivencia de soledad y desamparo y la pérdida de realización de actividades. Se tuvo el sentimiento de no poder acceder a los servicios médicos, lo cual provocó síntomas ansiosos y depresivos en esta población. Además, a esto hay que sumar el mensaje que se dio de que la población más afectada eran los mayores de 65 años. Asimismo, aparecieron síntomas de **deterioro cognitivo** en pacientes que antes no los habían presentado y el agravamiento de algunos cuadros.

Como **factores de riesgo** (Pauls *et al.*, 2014) para que surgieran el estrés y la ansiedad, hay que tener en cuenta:

- La historia familiar y que alguien lo haya padecido.
- La estructura y el funcionamiento del cerebro.
- El trauma infantil que haya podido existir anteriormente.

CONSECUENCIAS

Podemos afirmar que, a nivel mundial, la pandemia produjo un aumento general en el nivel de estrés y ansiedad, fue un fenómeno que fracturó a todas las sociedades con consecuencias más negativas para los grupos emocionalmente más vulnerables. La pandemia también afectó a la productividad en el trabajo, al rendimiento escolar y a mantenerse físicamente saludable. La forma de vivir, trabajar y aprender varió con hechos como el aumento del **teletrabajo,** las videoconferencias o las nuevas tecnologías en colegios. La salud mental se vio gravemente afectada. Actualmente, los niveles apuntan hacia una mejoría, aunque los casos de depresión y ansiedad aumentaron con respecto a las tasas previas a la pandemia.

El riesgo de morir por **suicidio** y la ideación suicida aumentaron igualmente, ya que estos se ven influidos por la salud mental. En los países que instauraron programas de prevención de suicidio disminuyó la tasa de suicidios. Esto demuestra lo importantes que son todos los programas de prevención a nivel general en las enfermedades mentales.

Otro factor a tener en cuenta es el incremento que hubo en cuanto al **consumo de benzodiacepinas.** Estas se consumen en cuadros de ansiedad. En el caso de las personas mayores, se recomienda evitar su consumo, ya que existen riesgos de mareos, confusión y caídas. Además, en las personas mayores el cuerpo tarda más tiempo en eliminarlas.

Hay que tener en cuenta que muchas personas se vieron afectadas por **sintomatología pos-COVID,** como dolores de cabeza, síntomas gastrointestinales o desórdenes dermatológicos, lo cual puede conllevar asociada ansiedad. Después de sentir un cansancio extremo y experimentar debilidad física, cognitiva o muscular, aparece la fatiga. Esta tiene que ver con la atención sostenida, que es la que se pone en funcionamiento cuando desempeñamos una tarea durante largo tiempo y nos ayuda a estar concentrados. Las personas que han padecido fatiga después de un año de tener síntomas pos-COVID ven limitada su calidad de vida, lo cual puede llevarles a tener pensamientos negativos sobre cómo va a influir en su futuro.

Sabemos que, después de un desastre, se puede desarrollar **trastorno de estrés postraumático.** Pues bien, durante la pandemia algunas personas desarrollaron estrés postraumático. A causa de las altas condiciones de estrés debidas a la vulnerabilidad percibida, se podían tener pensamientos de ser una persona de riesgo y creer en el hecho de poder contraer la enfermedad y que esta se manifestase de manera grave y poder fallecer (Zhang *et al.*, 2021). Asimismo, la prevalencia en la población general aumentó.

EL ESTRÉS

El estrés ha existido siempre. Pensemos en el simple hecho de llegar al mundo. Este evento puede suponer una situación estresante para la madre que está dando a luz y para el bebé tratando de llegar al mundo. Si nos remontamos a los tiempos primitivos, el hecho de poder encontrar una cueva donde estuviesen libres de depredadores, así como poder encontrar alimentos para poder sobrevivir pueden suponer una fuente de estrés. De manera que podemos decir que, gracias al estrés, el ser humano se ha ido adaptando al medio y ha podido sobrevivir.

La noción de estrés se utilizó por primera vez por el fisiólogo y médico **Hans Selye** en 1926. Selye lo identificó descubriendo que determinados pacientes con varias dolencias distintas, sin embargo presentaban síntomas similares. Las personas mostraban diversas capacidades para enfrentarse a lesiones o enfermedades. Como acepción inicial significó una respuesta a un estímulo que denominó *estresor*. A lo largo de los años, la palabra ha ido adquiriendo un uso frecuente, y todos de alguna manera hemos empleado la frase «Tengo estrés».

Existen **tres fases de adaptación** al estrés (Capdevila y Segundo, 2005):

1. Fase de alarma. Ante una posible situación de estrés, el organismo desarrolla alteraciones fisiológicas y psicológicas que lo predisponen para enfrentarse a la situación que supone una amenaza o peligro. El hipotálamo y la hipófisis, en el cerebro, y las glándulas suprarrenales, situadas sobre los riñones, se activan. Se secretan adrenalina, noradrenalina y cortisol principalmente. Aumenta el ritmo de la respiración, la frecuencia cardiaca y la tensión arterial, produciéndose hipertensión. En la aparición de los síntomas influyen factores ambientales como la intensidad del estímulo, su tamaño, etc.; también influyen factores de la persona y el cómo esta percibe la amenaza. Se puede afrontar la situación o huir de ella.

2. Fase de resistencia. Esta fase supone adaptarse a la situación que causa estrés. El cortisol se encarga de mantener el nivel de glucosa constante para que el corazón, los músculos y el cerebro dispongan de suficiente energía. Se ponen en marcha procesos físicos, cognitivos, emocionales y conductuales. El cuerpo acaba por acusar el cansancio que conlleva adaptarse, y aparecen síntomas como consecuencia de este esfuerzo. Pueden aparecer dolor de cabeza, dolores musculares, problemas de memoria y sueño, irritación...

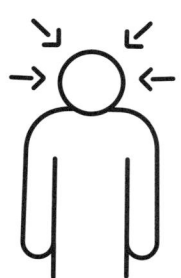

3. Fase de agotamiento. Cuando se agota la capacidad de resistencia del organismo, existe una alteración hormonal crónica, lo que puede ocasionar que el organismo se encuentre agotado. Se genera, así, una situación que va a prolongar el estrés y debilita el organismo llevándolo a padecer enfermedades.

Podemos definir el estrés como un estado en el que experimentamos preocupación o sentimos **tensión física y mental** cuando estamos ante una situación complicada y difícil. En general, como ya hemos dicho, todas las personas podemos sentir estrés en algún momento y podemos considerarlo de una manera adaptativa cuando nos ayuda a enfrentarnos a amenazas o a algún estímulo. En este caso nos ayudaría a poder manejar de manera eficaz las situaciones diarias. Cuando el estrés nos sobrepasa, dura mucho tiempo y nos hace reaccionar de manera negativa, en vez de positiva, podríamos concluir que nos estaría influyendo y afectando a nuestro bienestar (Equipo de la OMS, 2023).

Se puede identificar el inicio del estrés como **respuestas** que preparan al organismo **para actuar en situaciones de peligro.** Cuando percibimos una situación de peligro, el cerebro envía señales al sistema nervioso autónomo, que tiene dos ramas: el sistema simpático, que es el que prepara para la acción, y el sistema nervioso parasimpático, el que devuelve al cuerpo a su estado normal (este último sistema se origina en la médula espinal, y su función principal es que el cuerpo vuelva a su estado de relajación, para lo cual se utiliza y activa la acetilcolina). El sistema simpático libera adrenalina y noradrenalina, y tiene un límite de actuación. Las respuestas primitivas del sistema simpático son automáticas e involuntarias, y las realiza el organismo ante estímulos amenazantes; asimismo, pueden ser respuestas de lucha y huida, activadas por la hormona osteocalcina. Aumenta la tensión arterial, la frecuencia cardiaca, el ritmo de la respiración y la sudoración.

Tipos de estrés

Podemos identificar tres tipos de estrés según la (American Psychological Association, 2010):

- **El estrés agudo.** Surge de las presiones y las exigencias de un pasado reciente y de un futuro cercano. Puede resultar emocionante en pequeñas cantidades y puede agotarnos. Es el que desaparece rápido, se produce a corto plazo. Por ejemplo, es el que podemos sentir cuando tenemos que hacer la compra y solo disponemos de unos minutos, o el que sentimos cuando estamos aparcando el coche y nos cuesta, o cuando estamos practicando un deporte de riesgo. Todos podemos sentir este tipo de estrés en alguna ocasión. Este estrés no va a causar muchos daños.

- Estrés **agudo episódico.** Hay personas que padecen estrés con frecuencia; todo en su vida puede suponer que vivan como con prisa y piensan que, si algo les puede salir mal, les saldrá mal indefectiblemente. Son personas que se someten a muchas presiones y obligaciones ellas mismas. Suelen ser personas que parecen estar tensas e irritadas. Pueden también ver con pesimismo el mundo, y suelen mostrarse enojados y hostiles. Con frecuencia culpan a otros de sus males y suelen ser resistentes al cambio.

- **El estrés crónico.** Tiene una duración prolongada y es agotador. Aparece cuando tenemos que conducir todos los días en un atasco, hemos perdido el trabajo y transcurre un periodo de tiempo y no encontramos otro, o cuando una enfermedad se prolonga en el tiempo. Sería cualquier estrés que puede prolongarse días o meses. Cuando las personas padecen este estrés, pueden no identificar que es un problema y no buscar ayuda para superarlo. Si esto ocurre, el estrés puede convertirse en una enfermedad. La persona puede desarrollar ataques al corazón, cáncer, crisis nerviosas.

Personalidad y estrés

Siguiendo las teorías de Luo *et al.* (2023), existe una relación entre la personalidad y el estrés que podría resumirse en que determinadas personas reducirán sus niveles de estrés gracias a su forma de ser, de esta manera:

- Las personas con **alta extraversión** poseen más apoyos sociales, lo que puede ayudar a las personas con estrés a compartir sus experiencias y encontrar apoyo en otros de manera natural. Además, estas personas se centran más en los aspectos positivos, de manera que si, por ejemplo, han cambiado de trabajo, en vez de centrarse en los aspectos de adaptación más estresantes, van a buscar el lado positivo de ese cambio, como enfrentar nuevos retos, conocer nuevas personas, poder poner en práctica sus habilidades…

- Los que tienen **estabilidad emocional** ven las situaciones menos estresantes y su sistema simpático es menos reactivo ante situaciones en las que se presenta la respuesta de lucha y huida. Los niveles más bajos de emociones negativas hacen que haya menos estrés.

- Las personas que tienen **alta conciencia** evitan correr riesgos y de esta manera minimizan el estrés.

- Las personas con **alto nivel de apertura** son curiosas y creativas, están abiertas a experimentar y ven las situaciones como menos estresantes.

- **Las personas amables** tienen más conexiones sociales, viven menos experiencias estresantes y cuentan con más personas a su alrededor.

Efectos del estrés

Se suele pensar que el estrés es negativo, pero no siempre es así. Vamos a diferenciar el estrés positivo del estrés negativo.

- **Estrés positivo o *eustrés***
  Es aquel que aparece cuando existe algún problema y nos invita a la acción para tratar de solucionarlo. Es un estrés que pone en marcha la mente y el cuerpo. Sus beneficios son:

  - Ayudar a resolver problemas.
  - Tener más energía para enfrentar el reto que nos aparece.
  - Nos sirve de alerta para ponernos en marcha.
  - Hace que nos sintamos bien.

- **Estrés negativo o *distrés***

  Nos genera malestar físico y mental. Es un estrés a causa del cual no somos capaces de buscar los recursos y herramientas de los que disponemos y nos hace ver las situaciones más difíciles de lo que realmente son. Se asocia con la sensación de angustia y sentimos que no podemos controlar la situación.

Cómo identificar si se padece estrés

Existe una serie de características que nos pueden ayudar a identificar si padecemos estrés. El cuerpo, cuando estamos ante una situación estresante, comienza a liberar hormonas como cortisol y adrenalina, y estas pueden causar que nos encontremos más alerta ante posibles amenazas, por lo que los músculos se pueden tensionar y el pulso puede aumentar. Si padecemos estrés agudo, estos cambios en el cuerpo provocarán que podamos sobrellevar más adecuadamente la situación a la que nos enfrentamos. Si el estrés se está cronificando, podemos sentir que nos encontramos alerta, aunque no estemos en una situación de peligro.

Los signos más comunes asociados al estrés son la dificultad para relajarse y concentrarse, los dolores en el cuerpo, los problemas de concentración, el cansancio, la irritabilidad, el dolor de cabeza, la dificultad para conciliar el sueño, tener más ganas de comer (o menos), el malestar gástrico, etc.

Consecuencias del estrés

Hay de muchos tipos, desde médicas hasta emocionales. Vamos a verlas y analizarlas una por una.

ENFERMEDADES ASOCIADAS AL ESTRÉS

Cuando estamos cronificando el estrés, podemos desarrollar una o varias de las siguientes enfermedades (Schneiderman *et al.*, 2005) :

- **Alta tensión arterial.** El cuerpo libera hormonas que hacen que el corazón lata más rápido y que los vasos sanguíneos se estrechen, haciendo que aumente la presión arterial.

- **Puede afectar al sistema inmunológico.** Este sistema nos ayuda a estar protegidos de las infecciones, ya que puede combatir virus y bacterias, así como eliminar células precancerosas y cancerosas. Cuando una persona sufre estrés, se movilizan todos los recursos de las partes del cuerpo que han de enfrentarse al estrés, principalmente el cerebro, el corazón y los músculos. La consecuencia de todo ello es que los sistemas que no se consideran necesarios se ven privados de aportes, incluyendo el sistema inmunológico. El timo, que es el encargado de fabricar los glóbulos blancos, también se puede ver dañado. El cortisol y la cortisona segregados cuando tenemos estrés reducen el tamaño del timo. Los efectos pueden ser muy graves (Cruz y Vargas, 1998).

- **Procesos inflamatorios.** Cuando una persona sufre estrés, se reduce la capacidad del cuerpo para poder luchar contra las inflamaciones. Se produce una falta de corticoesteroides y se puede padecer artritis y otras enfermedades inflamatorias.

- **Insuficiencia cardiaca.** Se bombea una menor cantidad de sangre y es un factor de riesgo en las enfermedades cardiovasculares.

- **Diabetes.** Existe una relación entre los eventos estresantes y el comienzo de la diabetes. El estrés crónico puede actuar como un precipitador de este. Los niveles de insulina pueden verse afectados.

- **Obesidad o pérdida de peso.** Cuando se padece estrés, se pueden consumir más alimentos a fin de tratar de obtener una sensación de placer rápida y mitigar el malestar. Igualmente, por el contrario, la sensación de hambre puede desaparecer y se pueden consumir menos alimentos.

- **Dolor crónico y cefaleas.** El estrés es un desencadenante habitual de migrañas, sobre todo en niños y jóvenes.

- **Ansiedad y depresión.** El hecho de estar sometido a continuos estresores puede hacer que la depresión y la ansiedad aumenten.

- **Puede afectar a la piel.** Pueden aparecer problemas como acné, dermatitis, psoriasis, urticaria o eczema.

- **Problemas menstruales.** Las hormonas que regulan el ciclo menstrual se pueden ver alteradas y la ovulación y la menstruación se pueden suspender o provocar ciclos irregulares.

- **Adicciones.** En especial, el consumo de alcohol o tabaco. Se puede consumir para evadir la realidad estresante que está experimentado la persona.

- **Problemas sexuales.** Es posible perder el deseo sexual y puede afectar a la producción de esperma o causar disfunción eréctil o impotencia. En las mujeres puede provocar coito doloroso o vaginismo.

- **Problemas de memoria.** Puede favorecerla o perjudicarla. Tiene influencia tanto en la memoria de trabajo como en la memoria emocional.

- **Problemas bucodentales.** Puede aparecer bruxismo (apretar la mandíbula) y liquen plano oral (enfermedad inflamatoria de la cavidad oral).

- **Trastornos endocrinos.** Como hipertiroidismo e hipotiroidismo o síndrome de Cushing.

- **Trastornos respiratorios.** Se pueden presentar episodios de asma, síndrome de hiperventilación o sensación de opresión torácica.

CONSECUENCIAS EMOCIONALES

- **Malestar.** La persona intenta controlar lo que le está sucediendo, pero se va a ver sobrepasada y no va a poder gestionarlo.

- **Desesperanza.** Cuando la persona siente impotencia por no poder controlar la situación y se preocupa por ello.

- **Pensamientos negativos.** Aparecen pensamientos catastrofistas del tipo «no puedo con esto», «me agobio», «todo está saliendo mal», etc.

- **Sensación de indefensión.** La persona piensa y se comporta de manera pasiva, de modo que lo que hace no va a servir para nada, y cree que los acontecimientos seguirán su curso, sin que se pueda intervenir.

- **Irritabilidad.** Se manifiesta en que todo lo de alrededor molesta y la persona se muestra susceptible. No hay paciencia para poder reaccionar con calma y tranquilidad.

CONSECUENCIAS SOCIALES

- **Aislarse.** Cuando se siente estrés, puede que todos sus síntomas lleven a la persona a centrarse solo en sí misma y no querer relacionarse con los demás.

- **Descuidar responsabilidades.** La persona se puede centrar en el objeto de estrés y olvidar otras obligaciones. También se puede sentir confusa y no saber a qué tiene que atender.

- **Dificultades en las relaciones.** Cuando la persona está irritada, puede comportarse de un modo agresivo con los demás, o dar malas contestaciones, y esto puede alejar a las personas cercanas.

Causas del estrés

Las causas del estrés pueden ser muy variadas, y no van a causar la misma preocupación para todas las personas. Sin embargo, existen unas causas que pueden ser comunes (Barrio *et al.*, 2006).

ESTRESORES EXTRÍNSECOS E INTRÍNSECOS

- **Estresores extrínsecos.** Suelen ser los derivados del ambiente físico:

  - La polución ambiental como el ruido, la contaminación, las aglomeraciones de personas, etc.
  - La alimentación.
  - Sustancias tóxicas como tabaco, alcohol, drogas.
  - El estilo de vida puede verse afectado si tenemos muchas obligaciones, tareas, cambios, no dejar tiempo libre, estar obsesionado con que todo sea perfecto, etc.
  - El trabajo. Sus normas, sobrecarga de trabajo, aumento de sueldo o cambio de puesto.
  - Las relaciones sociales.
  - Los duelos. Pérdida de seres queridos, separaciones, rupturas, muerte de mascotas, migración, jubilación, etc.
  - Los factores económicos.
  - Situaciones que pueden conllevar un esfuerzo.
  - Las vacaciones.

- **Estresores intrínsecos.** Son los considerados psíquicos o emocionales:

  - Emociones como la decepción, frustración, etc. Estas pueden aparecer asociadas a creencias que atentan contra los valores de uno.
  - Preocupaciones como el trabajo, el sueldo, las responsabilidades...
  - Situaciones que amenazan la seguridad, como pueden ser las tareas que implican la imagen que se proyecta a los demás, las situaciones donde existe la posibilidad de conseguir algo por lo que se ha luchado, las fuentes de gratificación, el desarrollo personal, etc.
  - La propia personalidad.
  - Pensamientos rígidos.
  - Tipos de afrontamiento.
  - Cuando se asumen responsabilidades.

ESTRESORES BIOLÓGICOS
- Problemas musculares.
- Enfermedades.
- Agotamiento cuando se ha realizado un sobreesfuerzo.
- Derivados de enfermedades o intervenciones quirúrgicas.

En general, pueden ser situaciones trascendentes para las personas, que pueden implicar cambios en su vida como son situaciones nuevas, conflictivas, difíciles o que son susceptibles de resultar dolorosas o desagradables.

Las situaciones en las que hay estrés **pueden provocar a su vez más estrés.** Supongamos una persona que tiene dificultades para realizar su trabajo. Cada vez que vaya a trabajar, aparecerá el miedo a que no lo pueda hacer bien, lo cual provocará más estrés aún.

Las situaciones que causan estrés pueden aparecer una vez, como puede ser un hecho puntual, como un accidente de tráfico, o pueden sucederse en el tiempo, como un trabajo estresante; también pueden ocurrir varios eventos menores estresantes que causen un gran estrés: por ejemplo, tener que ir al trabajo y coger varios medios de transporte, llegar al trabajo y que este sea de por sí estresante y, además, que la conexión a internet falle continuamente.

Los estímulos que causan estrés no siempre tienen que ser negativos (por ejemplo, un fallecimiento o una ruptura). También puede haber situaciones positivas que causen estrés, como, por ejemplo, el mudarse a una casa mejor y tener que preparar la mudanza o ascender en el trabajo.

ESTRESORES RELACIONADOS CON NUEVAS TECNOLOGÍAS: TECNOESTRÉS

De acuerdo con Alfaro (2009), las nuevas tecnologías han supuesto un avance para la calidad de vida de las personas. Sin embargo, hay que tener en cuenta que también pueden implicar un factor de estrés, ya que el entorno presiona para que estemos actualizados y podamos dominarlas. Por otra parte, estas están en **continuo cambio** debido a que los avances en este sector son continuos. Frecuentemente utilizamos las nuevas tecnologías en el trabajo y en nuestra vida diaria con el uso de elementos como ordenadores, teléfonos móviles o casas inteligentes.

El término *tecnoestrés* surge en 1984 de la mano de Craig Brod, quien escribió un libro titulado *Technostress: The Human Cost of the Computer Revolution*. Brod lo definió como una falta de habilidad para usar las nuevas tecnologías, y actualmente se considera el desajuste entre las necesidades de las personas y los recursos disponibles.

Podemos distinguir cuatro grupos de personas con respecto a su relación con la tecnología:

1. Las personas que **minimizan** su uso, utilizando las nuevas tecnologías solo lo imprescindible,
2. Personas que las **adaptan** a sus necesidades.
3. Personas que las utilizan, se sienten atraídos por ellas y **desconectan** sin problema.
4. Personas que llegan a hacer del uso de las nuevas tecnologías una **adicción**. Les interfiere en su vida diaria y dedican muchas horas a ellas.

Se puede inferir que tanto el rechazo como el uso excesivo van a provocar conductas disfuncionales.

El tecnoestrés es una nueva enfermedad de adaptación que aparece cuando se **carece de habilidad o competencia** para utilizar las nuevas tecnologías. Las personas con tecnoestrés van a manifestar patrones o síntomas similares a las personas que sufren estrés por otras causas como son irritabilidad, fatiga, insomnio, dolores de cabeza y musculares.

Las personas que padecen tecnoestrés pueden presentar:

- **Falta de confianza.** La persona puede creer que no va a realizar bien las conductas de antemano.

- **Falta de motivación.** Influye mucho a la hora de realizar actividades relacionadas con las nuevas tecnologías.

- **Bajo rendimiento laboral.** Cuando se piensa que no se tienen habilidades o no se cuenta con los recursos suficientes, se produce una bajada de la actividad en el trabajo.

- **Dificultades de memoria.** El tecnoestrés afecta bastante a las funciones normales de la memoria.

- **Conflictos con otras personas.** Pueden surgir conflictos con personas del entorno.

- **Necesidad de mirar continuamente el móvil u ordenador.** La necesidad de controlar lo que ocurre lleva a estar cada poco tiempo observando si se ha recibido un *mail*, una tendencia a no perder ninguna información nueva que pueda aparecer, intentar controlar todo lo que se hace en el trabajo de manera obsesiva y llegando en algunos casos a derivar en una adicción.

Trastornos asociados al estrés

En este epígrafe vamos a examinar los distintos tipos de trastornos que se vinculan con el estrés. Para ello, seguiremos lo establecido por la Asociación Americana de Psiquiatría (2014d).

TRASTORNO DE APEGO REACTIVO

Es un trastorno de la primera infancia que se caracteriza por conductas de apego alterado. El niño suele recurrir a la figura de apego para estar más cómodo y sentir apoyo, pero que la característica principal es la falta de apego entre el niño y sus cuidadores. Los niños que tienen este tipo de trastorno cuando están mal solo responden mínimamente a sus cuidadores cuando aparecen para consolarle. Es decir, existe una ausencia de consuelo, y muestran emociones como el miedo, la tristeza y la irritabilidad.

- **Comportamiento inhibido.** El niño ni busca consuelo ni se deja consolar.

- **Alteración social persistente.** Reacción social y emocional mínima, afecto positivo limitado, irritabilidad, tristeza o miedo.

- **Cuidados insuficientes.** Negligencias, cambios de cuidadores y educación en instituciones.

Los niños que sufren este tipo de trastorno han tenido problemas de negligencia social durante los primeros meses de su vida. Los síntomas se manifiestan entre los nueve meses y los cinco años.

Entre los factores de riesgo está una negligencia social grave, cuando un niño ha sido aislado socialmente, descuidado en sus necesidades básicas y sin vinculación emocional.

TRASTORNO DE RELACIÓN SOCIAL DESINHIBIDA

- El niño presenta dos o más de los siguientes síntomas cuando interacciona con adultos extraños:

  - Existe una reducción o ausencia de aproximación e interacción con adultos extraños.
  - El comportamiento verbal o físico es demasiado familiar.
  - El niño no suele recurrir al cuidador adulto.
  - El niño puede irse con adultos extraños, presentando pocas dudas.

- Los comportamientos no se limitan a la **impulsividad.**

- El niño presenta un patrón de **cuidado insuficiente.** Aparece una o dos de las siguientes características:

  - Negligencia por la carencia de necesidades emocionales básicas cubiertas.
  - Cambios de los cuidadores primarios.
  - Educación en contextos que no son los habituales como instituciones.

La característica principal de los niños con este trastorno es que presentan una **relación social desinhibida,** con un comportamiento demasiado familiar que traspasa los límites habituales. Este trastorno suele aparecer de manera poco frecuente.

Existen una serie de factores de riesgo como son las negligencias sociales graves. Muchos niños que han sido abandonados no llegan a desarrollar la enfermedad.

TRASTORNO DE ESTRÉS AGUDO

- Aparece cuando se ha estado expuesto a muertes, lesiones graves o violencia sexual de alguna de las siguientes maneras:

  - Hay una experiencia directa con el **suceso traumático.**
  - Se puede presenciar cómo le ha ocurrido a otro.
  - Se puede conocer el suceso traumático ocurrido a un familiar próximo a un amigo.

- Hay una exposición repetida a detalles que pueden resultar repulsivos. Presencia de nueve o más de los siguientes **síntomas:**

- Aparecen recuerdos angustiosos, recurrentes, involuntarios e intrusivos del acontecimiento traumático.
- Sueños angustiosos que se repiten relacionados con el suceso.
- Reacciones disociativas.
- Malestar psicológico que aparece de una manera intensa y durante un periodo en el que aparecen también reacciones fisiológicas importantes.
- Incapacidad de experimentar emociones positivas como la felicidad o el amor.
- Se presenta un sentido de la realidad alterado. Uno puede verse desde fuera, existe lentitud del tiempo.
- No se puede recordar un aspecto relevante del suceso traumático, usualmente por amnesia.
- La persona realiza esfuerzos para no recordar o tener pensamientos o sentimientos asociados al suceso.
- Se hacen esfuerzos a fin de evitar recuerdos externos como son las personas, los lugares que pueden avivar los recuerdos, pensamientos o sentimientos relacionados con el trauma.
- Alteraciones del sueño.
- Irritabilidad. Puede estar acompañada de furia.
- Hipervigilancia.
- Falta de concentración.
- Respuestas a los hechos con sobresaltos.

• Existe un deterioro social, laboral o de otras áreas relacionadas con las vivencias de la persona.

Los eventos traumáticos que pueden ocasionar este trastorno pueden ser, entre otros, una guerra, un atraco, un secuestro, tortura, desastres naturales, accidentes, traumas sexuales o enfermedades mortales.

Las personas que han estado expuestas recientemente a un trauma serán diagnosticadas tres días después del evento traumático. Ahora bien, aunque el trastorno de estrés agudo puede pasar a ser un trastorno de estrés postraumático después de un mes, las personas que desarrollan este tipo de trastorno normalmente han presentado estrés agudo al principio.

Los principales factores de riesgo están asociados a altos niveles de afecto negativo y un estilo de afrontamiento evitativo. La evaluación de la experiencia traumática se realiza con apreciaciones sobre el futuro basadas en la culpa y la desesperanza. Las mujeres tienen un mayor riesgo de desarrollar el trastorno de estrés agudo.

TRASTORNOS DE ADAPTACIÓN

- Los **síntomas** emocionales de comportamiento que aparecen como respuesta a un factor de estrés surgen tres meses después del inicio de este factor de estrés.

- Los síntomas son significativos: existe un malestar intenso y hay un deterioro significativo en lo social, laboral u otras áreas relacionadas con el funcionamiento personal.

- Los síntomas no se incluyen dentro de un duelo elaborado de una manera normal.

- Cuando el factor del estrés desaparece, los síntomas no se mantienen después de seis meses.

El factor que causa el estrés puede ser un solo evento, o pueden existir múltiples factores de estrés como problemas con los hijos y en el trabajo. Los factores de estrés suelen ser recurrentes. Además, pueden afectar a una sola persona, a un grupo más grande como la familia o a toda una comunidad, como cuando aparece un desastre natural. Así pues, los factores de riesgo son de tipo ambiental. Un ejemplo puede ser una empresa que quiebra: de manera individual puede afectar a una persona y de manera global a todos los trabajadores.

TRASTORNO DE ESTRÉS POSTRAUMÁTICO
Las principales características de este trastorno son:

- Existe una exposición a la muerte, lesiones, violencia de una manera directa, presenciándolo o teniendo conocimiento a través de un tercero, y puede haber una exposición repetida a los detalles repulsivos del trauma que se haya experimentado o presenciado.

- Hay presencia de uno o más de los siguientes **síntomas:**

   - Recuerdos angustiosos.
   - Sueños angustiosos recurrentes.
   - Reacciones disociativas, aquellas en las que el sujeto siente de manera continua que se repite el trauma.
   - Existe malestar psicológico cuando la persona piensa o se expone al suceso traumático.
   - Hay reacciones fisiológicas intensas antes los factores que recuerdan el trauma.

• Tiene lugar una **evitación** hacia todo lo relacionado con el suceso traumático, o se evitan o se intentan evitar los recuerdos, pensamientos o sentimientos; asimismo, se evitan o se hacen esfuerzos para tratar de evitar lo que esté asociado al evento traumático como las personas, lugares u objetos.

• **Hay alteraciones del estado del ánimo** asociadas al evento traumático caracterizadas por dos o más de los siguientes puntos:

    - Incapacidad para recordar partes importantes del suceso.
    - Creencias negativas que persisten y son exageradas, como «estoy en peligro», «el mundo es un lugar siniestro».
    - Percepciones equivocadas acerca de las causas del trauma; la persona se puede acusar a sí misma o a los demás.
    - Estado emocional negativo persistente, miedo, terror, vergüenza.
    - No hay ganas de participar en actividades.
    - Sentimientos de desapego hacia otros.
    - No se experimentan emociones positivas como la alegría o la calma.

• Hay una **reactividad y alerta** que se pone de manifiesto con dos de estos síntomas:

    - Irritabilidad o furia.
    - Comportamiento imprudente o que puede resultar destructivo.
    - Hipervigilancia.
    - Respuestas ante los eventos que muestran sobresalto.
    - Falta de concentración.
    - Problemas de sueño.

• La duración es superior a un mes.

• Alteraciones en áreas laborales, sociales u otras.

• No está relacionado con el consumo de drogas o medicamentos.

El trauma es una reacción psicológica ante las experiencias que vive cada persona y que le pueden afectar, provocando con ello un gran impacto. La sintomatología traumática aparece cuando una persona que ha estado expuesta al trauma no logra afrontar la situación, causándole este un daño y sufrimiento. La característica principal del trastorno de estrés postraumático es el desarrollar síntomas tras la exposición al evento traumático. En algunos individuos estos síntomas están relacionados **con emociones como el miedo o el terror.** En otros pueden predominar otros síntomas como la anhedonia, la **falta de emociones;** también pueden predominar en algunos sujetos las **creencias negativas,** mientras que en otros sobresale la externalización de la alteración y en otros los síntomas disociativos. No se produce la misma reacción en todos los que padecen este trastorno.

Los eventos traumáticos pueden ser exposiciones a guerras, ya sea como un soldado o como civil; amenazas, asaltos, torturas, agresiones, robos, intimidaciones, abusos, ataques terroristas, desastres naturales como inundaciones, terremotos o tsunamis; accidentes de tráfico graves, incidentes médicos como tener problemas en el quirófano o haber sido mal diagnosticado, etc. Esto es lo que todos conocemos como trauma, una **situación impactante.** Pero existe otro tipo de traumas interpersonales que pueden afectar a la identidad y a las creencias (González, 2017).

Un trauma puede ocurrir de manera puntual (un atraco, por ejemplo) o puede ser algo prolongado en el tiempo (por ejemplo, un soldado que permanece en una guerra durante dos años y luego es enviado a otro conflicto bélico, o una persona que convive con su abusador durante años). La persona afectada puede sufrir *flashbacks* del acontecimiento, es decir, puede **revivir la experiencia** en cortos periodos como si estuviese pasando realmente, a través de emociones, pensamientos o sensaciones. Una persona que ha sufrido un accidente puede revivirlo cuando escucha un frenazo similar o cuando ve un coche parecido. Se puede activar físicamente teniendo las mismas sensaciones, como pinchazos o latidos acelerados.

Los estímulos que están asociados al trauma se van a tratar de evitar utilizando otros pensamientos o no queriendo hablar de lo ocurrido. Una persona, por ejemplo, que ha sufrido un abuso puede tratar de no revivirlo y presentar conductas que le impidan mantener relaciones sexuales.

Igualmente, pueden aparecer **episodios de amnesia** en los que no se va a recordar parte o todo lo que ocurrió. Otra reacción frecuente es estar enfadado con los demás o con el mundo. La persona, a fin de olvidar, también puede recurrir al uso de sustancias como el alcohol u otras drogas, se puede autolesionar o puede presentar conductas de riesgo suicida.

Dentro de los trastornos de estrés postraumático, podemos distinguir **dos tipos en la infancia** (Terr, 1991):

1. Un trauma repentino único.

2. El trauma que es múltiple y crónico. Puede ser el maltrato que sucede durante años o el *bullying,* la mayoría no tiene una capacidad normal de reacción ante un hecho tan estresante. La persona puede desarrollar síntomas de negación de lo que ha ocurrido, entumecimiento, disociación y rabia, así como tristeza elevada.

Podemos hablar, asimismo, del **trastorno de estrés postraumático complejo**, que puede durar desde meses a años y que suele incluir abuso físico o sexual. Herman (1992) reunió los síntomas que se pueden presentar en diferentes categorías.

- **La regulación de afectos.** Pueden aparecer impulsos suicidas, autolesiones, disforia, ira explosiva, un tipo de sexualidad que se practica de forma compulsiva o excesivamente inhibida. Puede aparecer alternancia entre estos tipos de sexualidad.

- **Consciencia.** La persona sufre una amnesia de los sucesos traumáticos. Hay episodios disociativos, se reviven experiencias a través de síntomas intrusivos.

- **Autopercepción.** Se pueden experimentar sentimientos como la culpa y la vergüenza, y se tiene sensación de ser distinto a los demás. Ante los eventos se siente indefensión.

- **Percepciones del perpetrador.** La persona que experimenta el trauma tiene la idea de vengarse del perpetrador o, por el contrario, puede sentir idealización o gratitud hacia esa persona, aceptando los valores de este.

- **Relaciones con los otros.** Se produce aislamiento, distanciamiento. En algunos casos existe una búsqueda constante de un rescatador y pueden aparecer fracasos constantes en la autoprotección. No se puede confiar en el otro.

- **Sistema de significado.** Desesperación y desesperanza arraigadas.

- **Somatización.** Aparecen problemas de tipo digestivo, dolor crónico, síntomas cardiopulmonares y síntomas sexuales.

Este trastorno puede darse a cualquier edad. Comienza en el periodo posterior al acontecimiento traumático, por lo general dentro de los tres meses siguientes, aunque en algunos casos pueden pasar años antes de que se pueda diagnosticar. Las personas pueden estar recuperadas a los tres meses o permanecer con el trauma más de 50 años.

Existe también un **riesgo de suicidio** asociado a este trastorno.

No todas las personas que se ven expuestas al trauma van a padecer el trastorno de estrés postraumático. Influirán en ello los factores de riesgo y protección con los que se cuente.

- Los **factores de riesgo** para padecer este trastorno son:

  - Haber pasado por situaciones peligrosas durante la infancia.
  - Haber visto a personas heridas que fallecieron.
  - Haber sentido terror o miedo extremo.
  - No contar con una red de apoyo social cuando se vive un acontecimiento traumático.
  - Después de experimentar un evento traumático, haber vivido otra situación de estrés.
  - Tener antecedentes de enfermedades mentales entre otros miembros de la familia o uno mismo.
  - Haber consumido sustancias estupefacientes.
  - Tener un bajo nivel socioeconómico, una educación deficitaria.
  - Ser mujer o tener una edad joven en el momento preciso de exposición al trauma.

- Los **factores de resiliencia** son:

  - Contar con una red de apoyo.
  - Aprender a aceptar cómo se actuó en el momento del trauma.
  - Contar con estrategias de afrontamiento.
  - Tener capacidad para responder a los acontecimientos que puedan causar perturbación.
  - Poseer habilidades de autorregulación emocional.
  - Tener una buena autoestima .

Cómo calmar el estrés

Existen bastantes estrategias que se pueden poner en práctica para sobrevivir a episodios de estrés. Estas son algunas:

- Ejercicios de respiración.
- Practicar ejercicios de relajación.
- Conectar con aficiones que ayuden a estar relajado.
- Practicar *mindfulness*.
- Practicar yoga.
- Realizar actividades relajantes como escuchar música, pasear, estar en contacto con la naturaleza, recibir un masaje.

- Llevar una dieta saludable.
- Estar en contacto con personas con las que uno se siente bien.
- Hacerse valer.
- Ser asertivo.
- Evitar procrastinar a fin de que las tareas no se acumulen.
- Establecer metas y objetivos.
- No realizar actividades que perjudiquen la salud.

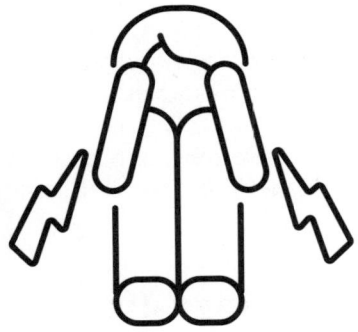

LA ANGUSTIA

Las personas a veces experimentamos el miedo a que pase algo, y esto nos paraliza y hace que sintamos presión en el pecho y malestar. Lo peor es no saber qué nos está pasando y cuál es el peligro que nos acecha, ya que esto puede provocar que ni siquiera seamos capaces de calmar esta sensación. Es un sentimiento diferente al miedo, dado que con el miedo se teme algo en particular; por el contrario, en la angustia **se teme algo desconocido.**

La angustia podemos definirla como el síntoma principal de los trastornos de ansiedad o depresivos, o de los trastornos de personalidad. Puede tener una duración leve o llegar a una intensidad máxima y luego descender o presentarse durante un periodo prolongado en el tiempo. La persona lo puede definir como sensación de morirse.

El concepto de angustia surge del filósofo danés **Sören Kierkegaard** en 1844 y representa un temor o miedo poco definido (Kierkegaard, 1959). Kierkegaard la definía como aquello que nace de la ignorancia con respecto a todo, de la inocencia. Así, el hombre podía angustiarse ante la posibilidad de la libertad y de tener poder y pecar. La persona experimenta la posibilidad de no acertar, de fallar; tiene dudas sobre si ha tomado la decisión correcta.

Otro punto de vista es el definido por **Freud** (1978), quien considera la angustia como la libido que no ha sido satisfecha. También habla de una angustia neurótica que se produce por represión relacionada con una transformación de la energía en angustia. La define como una reacción a poder escapar de las exigencias de la libido, considerando esta como un peligro interior y una señal de alarma. Sería una **reacción a una situación peligrosa.**

López Ibor, en 1949, emplea el término *angustia vital* para referirse a la angustia interna que tiene una localización corporal. No está producida por hechos de la vida.

Qué es la sensación de angustia

La angustia puede ser descrita por las personas de diferentes maneras, aunque destacamos algunas, siempre dentro de una sensación subjetiva: «es como»...

1. Como tristeza.
2. Como temor.
3. Como enfado.
4. Como impotencia ante la vida y las situaciones.
5. Como desesperanza.
6. Como sensación de estar fuera de control.
7. Como la sensación de no tener ningún propósito o no encontrar significado a la vida.
8. Como una sensación de preocupación por una enfermedad.
9. Como la sensación de sentirse ansioso o deprimido.
10. Como la sensación de querer estar aislado del mundo.

Causas de la angustia

No existe una causa que la provoque, pero sí unos **factores de riesgo:**

• **Situaciones desafiantes.** El hecho de enfrentar situaciones a las que no estamos acostumbrados y no sabemos cómo actuar puede provocar angustia.
• **Cambios en la vida.** De trabajo, de ciudad... pueden generar desasosiego.
• **Sensaciones de estar abrumado** por determinadas exigencias o por amenazas.

Tipos de angustia

Podemos distinguir en primer lugar la angustia **«normal» o adaptativa,** que sería una reacción de alerta ante una situación peligrosa o amenazante y que colabora al realizar las conductas que nos ayudan a funcionar. Podríamos calificarla como una emoción, un sentimiento, un pensamiento o una conducta. Un ejemplo sería la angustia que se puede experimentar cuando se recibe el diagnóstico de una enfermedad o cuando se tiene que enfrentar un reto en el trabajo. La angustia normal facilita el aprendizaje, y puede ayudar a la persona a superar obstáculos y encontrar soluciones.

En algunas ocasiones la angustia puede **sobrepasar** un nivel esperado, y entonces comienza a afectar a diversos aspectos de la vida. En estos casos se habla de **angustia neurótica.** Llega a ser desproporcionada en intensidad y en duración, provoca inmovilidad, bloqueo y falta de acción. La persona puede imaginarse una situación de culpa por no hacer algo o imaginar alguna desgracia.

Existe un tercer tipo: **la angustia psicótica,** aquella que no puede ser aliviada y aparece en pacientes psicóticos. La persona se siente inquieta, tensa, con el rostro pálido, una mirada de susto. La angustia se siente sin estar ligada a ningún motivo y puede ir acompañada de delirios, fantasías o alucinaciones.

Síntomas de la angustia

Para examinar los diversos síntomas que presenta la angustia, seguiremos el estudio de Martínez *et al.* (2020). La angustia puede presentarse de muy diversas maneras: emocional, cognitiva o físicamente o con una mezcla de síntomas.

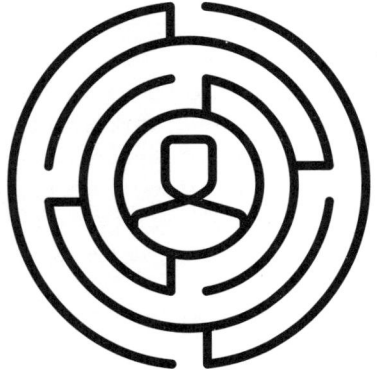

SÍNTOMAS EMOCIONALES
- Frecuentes temores y preocupaciones.
- Nerviosismo.
- Poca capacidad para relajarse.
- No poder controlar los pensamientos y las emociones.
- Tendencia a evitar situaciones.

SÍNTOMAS COGNITIVOS
- Dificultad para concentrarse.
- Pensamientos acelerados.
- Temores.
- Presentimientos de que va a suceder algo malo.
- Miedo a morir o a perder el control.

SÍNTOMAS FÍSICOS

- Mareos.
- Dificultad en la respiración, sensación de falta de aire.
- Sequedad de boca.
- Fatiga.
- Sudoración.
- Problemas para conciliar el sueño.
- Tensión en los músculos.
- Temblores.
- Sensación de atragantarse.
- Náuseas.
- Sensación de mareo o de desmayo.

Cómo calmar la angustia

De acuerdo con Mas Ferriol (s. f.), se recomiendan los siguientes **hábitos y pautas** de conducta para calmar o aminorar la angustia:

- Se pueden practicar ejercicios de respiración profunda.
- Es aconsejable identificar los pensamientos negativos. Reconocerlos puede ayudarnos a cambiar los patrones que hemos establecido.
- La práctica de *mindfulness*. Así se logra estar en el presente, se pueden aceptar las emociones que se experimentan.
- La realización de actividades deportivas. Cuando practicamos algún deporte, se están liberando endorfinas y se generan sensaciones de bienestar.
- Es positivo tener una red de apoyo. Cuando se cuenta con otras personas alrededor, se puede expresar lo que uno siente y se puede conectar con el consuelo de los otros o lograr tener apoyo emocional.
- La práctica de ejercicios relajantes. Se logra conectar con la calma y tranquilidad.
- Reducir el consumo de estimulantes.

EL ATAQUE DE PÁNICO

Supongamos que vivimos una situación en la que caemos por una escalera. El corazón, nada más ser conscientes de esa caída, late deprisa y poco a poco se va recuperando cuando percibimos que ya ha pasado y estamos bien. Sin embargo, a veces experimentamos que el corazón late deprisa y estamos sofocados, nos cuesta respirar y no sabemos a qué se debe; simplemente podemos estar en el coche o el sofá o dando un paseo. Un ataque de ansiedad y un ataque de pánico pueden presentar sintomatología parecida en los dos casos. La diferencia es que una situación sabemos qué ocurre y en la otra no tenemos ni idea. En un ataque de pánico los síntomas aparecen de repente, mientras que en un ataque de ansiedad los síntomas van apareciendo de manera gradual y van incrementándose. Cuando se tiene ansiedad, se anticipa una situación o experiencia. La ansiedad, cuando es muy intensa, puede acabar provocando un ataque de pánico.

Cuando aparece un ataque de pánico, la persona se siente completamente invadida por un **miedo intenso repentino**, siente temor y piensa que puede perder el control, aunque no haya ningún peligro real o factor desencadenante. Surge cuando las personas se sienten ansiosas por algo que les ocurre, por miedos o factores estresantes. Sus síntomas pueden durar minutos o hasta alrededor de una hora o dos. Los síntomas desaparecen tan pronto como aparecieron. Durante un ataque de pánico pueden aparecer pensamientos del tipo: «voy a morir», «me está dando un ataque al corazón», «me voy a desmayar y nadie me va a ayudar», etc.

En el siguiente cuadro podemos ver los **síntomas** que se presentan en las dos situaciones:

SÍNTOMAS	ATAQUE DE ANSIEDAD	ATAQUE DE PÁNICO
Preocupación	✔	✘
Angustia	✔	✘
Intranquilidad	✔	✘
Miedo	✔	✔
Miedo a morir	✘	✔
Despersonalización	✘	✔
Palpitaciones	✔	✔
Dolor en el pecho	✔	✔
Dificultad respiratoria	✔	✔
Tensión	✔	✔
Boca seca	✔	✔
Escalofríos	✔	✔
Temblores	✔	✔
Sudoración	✔	✔
Hormigueo	✔	✔
Náuseas	✔	✔
Dolor de cabeza	✔	✔
Mareo	✔	✔

La palabra *pánico* procede del griego *Panikós*, que era el miedo que provocaba el dios Pan en las personas (Almirante, 1869).

Ya en el siglo IV a. C. Hipócrates de Cos describía síntomas como palpitaciones, sofocos o sensación de **presión en el pecho.** Durante siglos se habla de él con síntomas asociados a las **palpitaciones.** Freud, en 1894, fue la primera persona que dio un paso para descubrir de qué se trataba; describió una ansiedad aguda con los síntomas cercanos a los que hoy presenta este trastorno (Tuccillo, s. f.).

En 1962, el psiquiatra Donald F. Klein comprobó que los pacientes reaccionaban de manera diferente a los fármacos que se empleaban en personas con neurosis de angustia, y diferenció entre los trastornos de ansiedad generalizado y trastorno de pánico como un ataque de ansiedad aguda (Raone y Zanassi, 2016). En 1980 el DSM-III lo reconoció dentro de los trastornos de ansiedad.

El trastorno por ataque de pánico se considera diferente a otros trastornos de ansiedad, aunque tiene en común con ellos la gran variabilidad de síntomas. Cuando una persona lo experimenta por primera vez, puede pensar que está teniendo un ataque al corazón; la persona piensa que se trata de una enfermedad o algún problema somático. Tenemos que diferenciar que no es lo mismo un trastorno por ataques de pánico que tener un ataque de pánico *per se*. El ataque de pánico también se puede presentar en otros cuadros y el trastorno tiene una serie de características que hacen que se pueda diagnosticar.

Trastorno por ataques de pánico

El trastorno de pánico es un trastorno ansioso por el que la persona siente **miedo** de padecer ataques de pánico otra vez. Aunque aparecen de forma súbita, a veces pueden tener una predisposición que dependa de la situación (como puede ser ir en un coche o atravesar un supermercado), y algunas personas terminarán desarrollando síntomas de agorafobia o ataques nocturnos de pánico. El trastorno tiene como característica la presentación de ataques de pánico que no tienen un desencadenante definido. El miedo aparece de forma súbita y alcanza su nivel máximo en minutos. Se producen cuatro o más síntomas de los siguientes: palpitaciones, sudoraciones, temblores, sensación de sofoco o disnea, sensación de ahogo o estar asfixiándose, dolor o molestias, náuseas, molestias en el abdomen, mareos, sensación de desmayarse, escalofríos o calor, sensación de hormigueo, sentimientos de irrealidad o despersonalización, y la persona tiene miedo a perder el control y miedo a morir.

Suele comenzar después de los 20 años, y las mujeres suelen padecerlos de manera más común que los hombres.

El ataque de pánico que se produce repetidamente en el trastorno de ansiedad cuenta con los siguientes síntomas:

- Sudoración.
- Temblor.
- Dolor o molestias en el tórax.
- Náuseas.
- Sensación de ahogo.
- Mareos.

- Palpitaciones, miedo a que ocurra algo.
- Sensación de que va a ocurrir un desmayo.
- Sensación de perder el control.
- Temor a morir.
- Necesitar salir a un espacio abierto.

AGORAFOBIA

Algunas personas que han sufrido un ataque de pánico pueden desarrollar agorafobia. El episodio de pánico puede influir en el desarrollo y posterior mantenimiento de la agorafobia (Sandin *et al.*, 2006), ya que la persona aprende a reaccionar con miedo cuando se enfrenta a determinadas situaciones, y además puede extrapolar el miedo de una situación a otras. Imaginemos una persona que tiene miedo a estar en un concierto porque hay mucha gente y una vez tuvo que esperar mucho tiempo debido a la cola que hubo para salir del recinto, y comenzó entonces a pensar que podría pasar algo y no tener escapatoria. Ese mismo miedo puede aparecer ante situaciones parecidas en las que hay muchas personas, como en un partido de baloncesto, las fiestas de un pueblo, un centro comercial, etc.

Síntomas de la agorafobia

- Frecuencia cardiaca elevada.
- Hiperventilación.
- Sudoración.
- Náuseas.
- Mareos.
- Sensación de ahogo.

Las personas que experimentan agorafobia tienden a evitar los lugares concurridos, como centros comerciales o de ocio, además evitan estar lejos de casa, necesitan a alguien para ir a los sitios. Cuando están en determinados lugares, pueden experimentar pánico o sentirse indefensos. Los **miedos** que experimenta una persona con agorafobia son:

- Miedo a quedarse solos o estar lejos del hogar.
- Miedo a parecer estúpidos.
- Miedo a no poder escapar.
- Miedo a no poder tener control en público.
- Miedo a que se pare el corazón.
- Temor general.
- Miedo a que la gente les observe.

Tipos de agorafobia

Siguiendo a Regalado *et al.* (2021), se puede considerar que existen distintos tipos de miedo en la agorafobia:

- Miedo a espacios abiertos.
- Miedo a los espacios cerrados.
- Miedo al uso de transportes.
- Miedo al centro de trabajo (ergofobia).
- Miedo a salir solo fuera de casa.
- Miedo a vomitar en público.

Situaciones de pánico en una persona con agorafobia

- **Ataque de pánico en situación agorafóbica**. Ante un estímulo externo, un lugar, el ataque de pánico es previsible. La persona cree que, una vez que ha sufrido un ataque de pánico, este podrá volver a ocurrir en la misma situación, el temor aumenta, la persona se sugestiona y finalmente vuelve a ocurrir.

- **Ataque de pánico previsible en situación segura**. La persona piensa que va a tener un ataque de pánico porque tiene emociones de intensidad muy alta. Piensa que las emociones no pueden disminuir y que no puede controlar la situación.

- **Ataque de pánico imprevisible en situación segura**. La persona está en un lugar que ella considera seguro, pero el cuerpo realiza ciertos cambios como son ansiedad, cambios de temperatura, molestias estomacales... y ante estos cambios comienza a pensar que le va a dar un ataque y termina produciéndose este.

- **Ataque de pánico anticipado**. La persona afirma que va a sufrir un ataque solo pensando en el lugar, se anticipa e intentando evitarlo termina sucediendo.

Causas del ataque de pánico y factores de riesgo

De acuerdo con Mayo Clinic (2018), si bien se desconocen cuáles son las causas de un ataque de pánico, algunas personas son más propensas que otras a sufrirlos. Entre algunas de las **causas** que pueden provocarlos están:

- La genética.
- El estrés.
- Cambios en el funcionamiento del cerebro.

Entre los **factores de riesgo** podemos citar:

- La cafeína.
- Fumar.
- Experiencias negativas con drogas o fármacos.
- Dificultades respiratorias.
- Las fobias.
- Algunos trastornos psicológicos como el TOC, la agorafobia, la ansiedad, las fobias y el estrés postraumático.
- El género. Las mujeres son más propensas a sufrirlos.
- La educación y las experiencias pueden aumentar el poder padecerlos.

Consecuencias de un ataque de pánico

Siguiendo a Blum (2022), algunas investigaciones demuestran que el ataque de pánico puede producirse cuando el cerebro no envía correctamente los mensajes entre el córtex prefrontal, encargado de la lógica y el razonamiento, y entre el cuerpo amigdalino, el que regula las emociones. Si experimentamos un ataque de pánico, el cuerpo amigdalino se encuentra en hiperactivación, por lo que el miedo será mayor y la corteza prefrontal está hipoactiva, lo que hace que **se genere una espiral.** La persona sufre un estado de excitación y aparece el ataque de pánico.

Imaginemos una persona que tiene miedo a coger un autobús porque piensa que le va a suceder algo, incluso en algún momento ha podido experimentar cómo el corazón se le aceleraba y sentía que se iba a desmayar y tenía sudores. Cuando no se pone remedio a esto, la persona, cada vez que vaya a coger un autobús, puede pensar que le va a volver a suceder lo mismo y comienza a intentar no coger el autobús; incluso puede tratar de ir andando, y esto empieza a sucederle cada vez que va a coger el autobús y, después de un tiempo, solo va andando a los sitios porque el miedo a coger el autobús se ha acrecentado. A este estado lo llamamos **miedo al miedo.** La persona no ha vuelto a experimentar un ataque de pánico. Sin embargo, el miedo ya se ha apoderado de él y ha cambiado su conducta.

A nivel psicológico y conductual podemos ver:

- Limitación en actividades que antes se realizaban con normalidad.
- Limitación de actividades futuras por miedo a que vuelva a ocurrir un ataque de pánico.
- Dependencia de otros para sentir seguridad.
- Deterioro de relaciones sociales, actividades laborales y personales.
- Estado anímico deprimido. La persona no tiene ganas de realizar nada.
- Estado anímico nervioso. La persona siente nervios y angustia ante actividades que ha de realizar.

Las personas que tienen ataques de pánico tienen miedo a confundirlo con un ataque al corazón. Sin embargo, son diferentes, razón por la cual es necesario conocer cuáles son las principales diferencias entre uno y otro (García y Nogueras, 2013):

SÍNTOMAS	ATAQUE AL CORAZÓN	ATAQUE DE PÁNICO
Dolor	<u>Puede haber o no.</u> Sensación de opresión • Localizado en el centro del pecho; irradia a brazo izquierdo (hombres) o a uno o ambos brazos (mujeres) y a cuello y espalda • Empeora cuando se respira • Persiste durante más de 5-10 minutos	<u>Dolor agudo.</u> Se localiza normalmente en el corazón • Empeora cuando se respira • Desaparece a los 5-10 minutos
Hormigueo	Presente normalmente en el brazo izquierdo (hombres) y uno o dos brazos (mujeres)	Suele presentarse en todo el cuerpo; es más acusado en extremidades
Vómitos	Frecuentes	Náuseas presentes, vómitos menos comunes
Respiración	Falta de aire	Hiperventilación

Personalidad y trastorno de pánico

De acuerdo con Osma *et al.* (2014), todos contamos con una personalidad diferente por la cual los rasgos que nos definen van a hacer que seamos tendentes a que nos ocurran ciertos trastornos. Las personas que poseen **rasgos de neuroticismo** (inestabilidad emocional) tienden a padecer mayor estrés, ansiedad y aislamiento social (Kotov *et al.*, 2010), y la baja extraversión (baja sociabilidad) también influye en la duración y gravedad del trastorno de pánico. Estos dos factores están relacionados con el riesgo de padecer trastornos del estado anímico.

Existen una serie de **factores de riesgo** para padecer el trastorno de pánico con y sin agorafobia. Los que nos hacen más vulnerables son:

- **Las variables parentales y la ansiedad durante la infancia**. Son niños que han sido criados con familias sobreprotectoras y rígidas, o que han padecido eventos estresantes. De este modo aumenta la posibilidad de ser

69

una persona evitativa (aquellas que evitan las situaciones de contacto con otros por miedo a ser rechazados o juzgados) y padecer trastorno de pánico (Latas *et al.*, 2000). Otros factores, como sufrir problemas económicos o haber perdido a los padres pronto, también pueden influir (Reti *et al.*, 2002).

- **La inhibición conductual.** Es la tendencia a ser callado, reservado en situaciones no familiares, poco participativo, con baja autoestima (Kagan, 2018).

- **Sensibilidad a la ansiedad.** Es la tendencia que tiene una persona a responder con miedo a las sensaciones de la ansiedad.

- **La percepción de control de la ansiedad.** La persona piensa que puede controlar los síntomas y sensaciones que provoca la ansiedad.

Tratamiento del ataque de pánico

Según Miller (2023), las **terapias más recomendadas** son:

- **La terapia cognitivo conductual (TCC).** Ayuda a ver las fuentes de preocupación de otra manera. Se aprenden estrategias para ayudar a enfrentar la sintomatología. Se puede aprender a ver que un ataque de pánico no nos va a llevar a morir, a identificar que los síntomas son propios del ataque de pánico y se diferencian de los de un ataque al corazón, identificar los nervios y que estos pasarán.

- **La terapia de exposición.** Se expone a la persona a los estímulos que pueden causar miedo y preocupación, y se aprende a enfrentarlos de otra manera.

- **Técnicas de relajación.** Ayudan a aprender a controlar la respiración, se aprende a relajar los músculos y el cuerpo. Estas técnicas permiten actuar directamente sobre síntomas físicos.

- **Técnicas de conexión.** Se centra la atención en un elemento que ayuda a la persona a centrar la atención y distanciarse del estímulo que está causando el ataque de pánico.

- **Terapia EMDR.** El protocolo de ocho fases procesa los recuerdos, las emociones y las sensaciones, identificando las creencias sobre uno mismo asociadas al ataque de pánico.

- **Mindfulness.** Se aprende a identificar lo que se está sintiendo y se observa con apertura y curiosidad, sin juzgarlo. Se observan los pensamientos y sentimientos con perspectiva, dándose cuenta de que los pensamientos y los sentimientos no son la persona. Se trata de hacerse consciente del ahora, observando desde el presente, no desde una perspectiva de pasado o futuro, lo cual ayuda a centrarse en lo que es importante.

- **Técnicas de imaginación.** Imaginar un lugar que nos relaje y aporte calma y tratar de concentrarse mientras nos visualizarnos en él.

Pasos para controlar un ataque de pánico

De acuerdo con el portal Mentes Abiertas Psicología (s. f.), se recomiendan los siguientes pasos:

1. **Ser consciente.** Se trata de comprender qué está sucediendo y qué reacciones se están experimentando.

2. **Observar las sensaciones.** Notar las sensaciones físicas y pensar que no son peligrosas, solo pensar que son desagradables.

3. **Conectar con la respiración.** Observar qué está ocurriendo y tratar de ralentizarla. Para ello hay que tratar de disminuir la frecuencia con la que esta se está produciendo. Tomar el aire por la nariz lentamente, mantenerlo unos dos o tres segundos y espirar por la boca lentamente.

4. **Tomar conciencia de los pensamientos.**

5. **Sustituir los pensamientos negativos** por otros más racionales y realistas del tipo: «no voy a morir», «estoy atravesando una situación temporal», «todo va a pasar».

6. **Enfocarse en estímulos relajantes** a fin de poder mantener la calma cuando se percibe que los síntomas están disminuyendo.

LA ANSIEDAD

Es fácil oír decir que alguien padece ansiedad. Este trastorno se ha convertido en uno de los más frecuentes en el mundo o tal vez se oye más porque se está visibilizando más en la sociedad actual. Si nos fijamos en las cifras, podemos ver que un 4 % de la población mundial padece ansiedad, siendo esta más común entre las mujeres que entre los hombres. Esta tendencia en las mujeres tiene que ver, fundamentalmente, con el nivel de hormonas. En algunas ocasiones puede resultar incapacitante, afectando a cómo se relaciona la persona con los demás y en su entorno.

La ansiedad es la respuesta del cuerpo que una persona tiene ante una amenaza o peligro. La ansiedad puede considerarse como ansiedad funcional cuando nos ayuda a sentir miedo ante animales peligrosos y no nos acercamos a ellos, o cuando nos ayuda a organizarnos en un día de mucho trabajo, o cuando estoy en un barco y veo que hay olas y me sujeto a la barandilla. Esa ansiedad, por así decirlo, es positiva, porque colabora en situaciones difíciles para sacarnos adelante. No obstante, en algunos momentos la ansiedad se puede disparar. Es entonces cuando decimos que se convierte en *disfuncional*. Pero, ¿cómo identificamos si es una ansiedad disfuncional?

- Cuando se prolonga mucho en el tiempo (lo que podríamos considerar un periodo demasiado largo sobrepasa una hora).
- Cuando ya no somos capaces de pararla.
- Cuando no tenemos la capacidad de buscar soluciones a la situación que se nos plantea.
- Cuando evitamos hacer algo para que no sintamos ansiedad.
- Cuando evitamos ir a ciertos lugares para que no nos induzca ansiedad.

La ansiedad tiene un **carácter multidimensional.** Asimismo, la ansiedad está determinada por las variables personales y la situación que la provoca, existiendo cuatro áreas distintas: las situaciones interpersonales, las situaciones que implican peligro físico, las situaciones que pueden ser ambiguas o novedosas y las situaciones en las que aparece la evaluación social (Endler y Okada, 1975).

En cuanto a la forma de llegar a padecer ansiedad, cabe decir que la respuesta de la ansiedad se aprende por **condicionamiento clásico,** aquel que se realiza observando por aprendizaje vicario, que se realiza imitando o mediante información cognitiva cuando se actúa transformando las experiencias en actos, teniendo en cuenta los pensamientos sobre lo que va a ocurrir (Bandura, 1982).

A propósito de cómo son los **patrones de respuesta,** hay que aclarar que se responde de modo fisiológico, cognitivo, conductual y afectivo cuando se anticipan eventos o circunstancias que se perciben como aversivas (Clark y Beck, 1982).

¿Por qué ocurre la ansiedad?

La ansiedad puede estar asociada a diversas causas y factores. Existe una combinación de factores personales, genéticos y ambientales, aunque se desconoce su proporción.

COMPONENTES GENÉTICOS

No se puede decir que exista un único gen que causa la ansiedad. Tener un familiar con un trastorno de ansiedad puede ser un factor de riesgo, si bien ello no significa que la persona vaya a terminar desarrollándola. Se han hecho estudios con gemelos y se ha comprobado que existe una base genética (Torgersen, 1983), por lo que diversos investigadores han tratado de conocer cuáles pueden ser los genes implicados. Uno de los principales estudios de genes y ansiedad se llevó a cabo por Holmes *et al.* (2003). Los autores se basaron en la

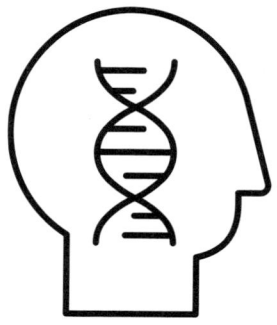

serotonina, ya que se ha demostrado que este neurotransmisor participa en los mecanismos neurológicos que intervienen en la ansiedad. Se estudió la personalidad de 505 individuos y se demostró que los que presentaban la variante corta del **gen de la proteína que transporta la serotonina** mostraban menor absorción de serotonina por parte de las neuronas, y eran más sensibles a los estímulos emocionales.

Otro estudio llevado a cabo por el Dr. Xavier Estivill y su equipo de investigación (en Gratacòs *et al.*, 2001) mostró que las personas con trastornos de ansiedad presentan una **duplicación del cromosoma 15.** Los individuos que presentan esta duplicación genética no necesariamente van a desarrollar un trastorno; solo entre un 30 y un 40 % de los que lo presentan van a desarrollar trastornos.

No se sabe con certeza quién desarrollará ansiedad si nos basamos en los genes y la historia familiar. Por ende, además de los genes, son necesarios también otros condicionamientos como el ambiente, las experiencias y vivencias. Todas las investigaciones que se han llevado a cabo confirman que los genes participan, pero es necesario ver la conexión con otros factores de tipo ambiental o rasgos personales (Ask *et al.*, 2021).

FACTORES AMBIENTALES

Como hemos visto, no todos los trastornos de ansiedad se pueden achacar a la genética. El medio físico y social constituye un factor quizá más importante.

- **El hogar y el trabajo.** El entorno de una persona está formado por los factores físicos y por las personas que le rodean. Los lugares donde más horas pasamos son el trabajo y el hogar. El hogar donde uno vive y el grado de satisfacción con este pueden influir en la ansiedad, así como el vecindario. Cuanta más satisfacción aporte este, menor será el nivel de ansiedad que se sienta con respecto a él.

- Entre los factores ambientales que nos rodean y pueden afectar al bienestar están **la pobreza, el crimen y el racismo** (Wright y Kloos, 2007). Si pensamos en un hogar que esté situado en un lugar donde no nos sentimos seguros debido a la delincuencia o a que pertenecemos a un colectivo que puede ser marginado, podemos ver que el hecho de salir de casa podría provocar miedo y pensamientos de que va a ocurrir algo; estaríamos, pues, alerta ante esas situaciones.

- **El trabajo** también puede provocar ansiedad, debido a situaciones como temor a un despido, excesiva carga de trabajo o no encontrarse a gusto con los compañeros o jefes.

- **Los espacios.** Tener una buena luz, temperatura, ruido ambiental, colores, etc., puede aportar calma, y el carecer de estos elementos puede provocar síntomas de ansiedad asociados al malestar.

- **Las personas que nos rodean.** Es normal sentirse cohibido o afrontar con timidez y vergüenza la relación con otras personas poco conocidas para nosotros. En cambio, las personas con las que nos relacionamos habitualmente pueden hacernos sentir tranquilos o, si no confiamos en ellas, si existen discusiones continuas o existen momentos incómodos o difíciles debido a la falta de una buena comunicación, pueden hacernos sentir preocupados y alterados.

- **La familia.** En familias donde existen situaciones de violencia, o donde no existe seguridad puede surgir la ansiedad. Situaciones como los divorcios, estilos inflexibles o muy flexibles de crianza, la falta de comunicación, etc., puede llevar a sufrir problemas de ansiedad (García y García, 2021).

FACTORES ASOCIADOS A LA PERSONALIDAD

La personalidad es el conjunto de pensamientos, sentimientos y conductas que acompañan a una persona a lo largo de toda su vida. Se trata de algo estable que va a hacer que una persona sea diferente a otra. Teniendo esto en cuenta, podemos ver las características que puede presentar una persona que padece ansiedad.

- **Ansiedad estado y ansiedad rasgo.** Podemos ver una diferencia entre lo que una persona experimenta en un determinado momento y lo que habitualmente le ocurre ante las situaciones. Así, podemos hablar de ansiedad como estado emocional y de ansiedad como rasgo de personalidad (Spielberger, 1966).

  - **Ansiedad estado.** Es la experiencia de un individuo en el presente, algo inmediato, que se puede modificar. Depende del tiempo y las circunstancias y es una reacción a una situación. Se pueden observar síntomas de ansiedad como tensión, nerviosismo, pensamientos molestos, cambios en el cuerpo a nivel fisiológico. Este estado depende de la hora del día, así como del contexto. Cuando la persona expresa lo que le ocurre, su estado psicológico puede variar, al igual que si trata de mejorar este estado. Se experimenta en un determinado momento, por ejemplo, cuando se está haciendo un examen, o participando en una carrera.

  - **Ansiedad rasgo.** Es una disposición o propensión de la persona a experimentar las situaciones de manera ansiosa. No se manifiesta y se debe inferir por los aumentos en el estado de ansiedad. Cuando se percibe la realidad, se interpreta esta como una potencial amenaza o agresión. Los individuos que presentan la ansiedad como rasgo pueden sufrir ansiedad estado. Por lo general, una persona que tiente ansiedad rasgo alta va a tener ansiedad estado alta en diferentes situaciones, y una persona con ansiedad rasgo bajo puede mostrar una ansiedad estado alta en un momento puntual (por ejemplo, cuando va a hacer el examen de conducir). Sería una persona que ante el hecho de conocer gente nueva se va a poner nerviosa y va a generar pensamientos como que no puede hablar con nadie nuevo. Las personas que tienen la ansiedad como rasgo son hipersensibles a los estímulos peligrosos. Se ha visto que las personas que presentan la ansiedad rasgo alta presentan pobres recursos atencionales, y si necesitan prestar atención a una tarea difícil, les cuesta más esfuerzo o tienen una atención inestable (Ward *et al.*, 2018).

- **La tendencia a la evitación del daño o inhibición conductual.** Es imposible evitar las emociones negativas y todo el mundo las ha sentido alguna vez, pero esto no tiene por qué generar una ansiedad paralizante. Ante este hecho, las personas se suelen mostrar cautelosas, tensas, pesimistas, y tienen miedo a ser criticadas o a ser avergonzadas; van a evitar las situaciones que les puedan provocar todo tipo de problemas. Asimismo, van a huir para evitar enfrentarse a situaciones dolorosas y se van a  cerrar a todo aquello que les pueda generar sufrimiento. Se van a anticipar a los peligros y van a tratar de controlar el no exponerse a ellos.

- **El perfeccionismo**. Las personas perfeccionistas tienden a buscar que sus acciones estén realizadas de la mejor manera, y no paran hasta lograrlo. Cuando no logran alcanzar estos estándares, ello los lleva a sentirse nerviosos y alterados, tienden a ser más sensibles a las críticas y a sentirse inseguros. El miedo a no ser lo suficientemente bueno, a no tener el control, hace que estas personas sientan que tienen mucha carga y que desarrollen ansiedad. Son personas, por ejemplo, que están trabajando y van a revisar todo continuamente porque siempre verán un fallo. Igualmente, son personas a las que las situaciones cambiantes les pueden hacer perder el control, por lo que tendrán miedo a que aparezca el fracaso y sentirán frustración.

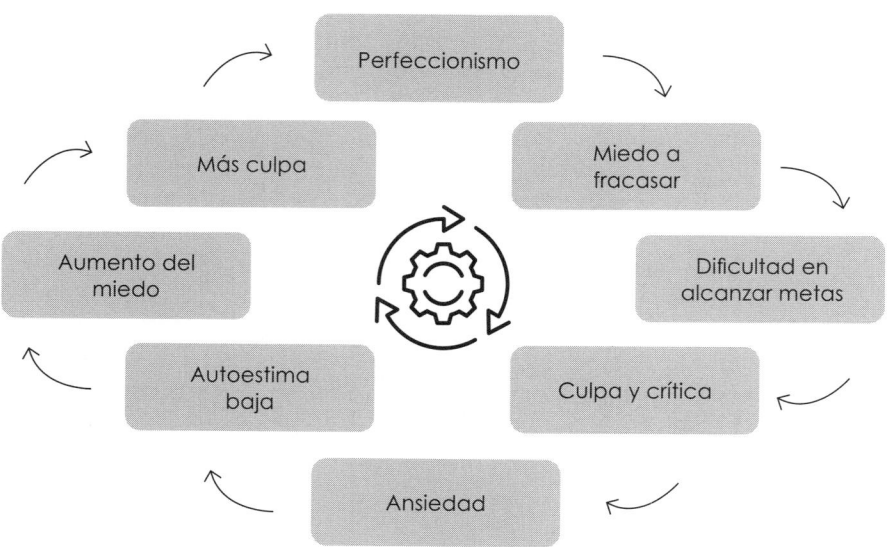

• **La rigidez mental.** Es la incapacidad para adaptarse a las situaciones nuevas. El pensamiento y el comportamiento habitual hacen que la persona se comporte constantemente de una determinada manera. El individuo sigue un patrón concreto en el que nunca hay cambios. Estas personas no son capaces de ver otros puntos de vista que no sean los suyos y no pueden crear otros patrones de comportamiento. Cuando aparece un desafío y la persona

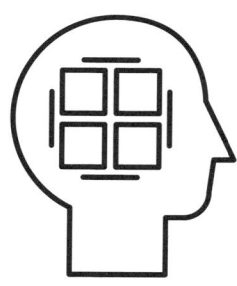

no encuentra la solución, le puede llevar a pensar que no vale, que lo está haciendo mal, que es un inútil. Aparece una exigencia hacia uno mismo y hacia los demás cuando se quiere que piensen y actúen igual; puede aparecer una preocupación al tener que hacer lo que es correcto y lo que está bien. Un caso habitual son las personas que se quejan constantemente de que los demás no tienen sus gustos, o que la música que escuchan los demás no vale nada, o que no son capaces de valorar otros puntos de vista en el trabajo. Supongamos a alguien que pinta y siempre lo hace de la misma manera, no acepta que pueda llegar otro compañero y plantee una nueva técnica de pintura porque estará mal y no quedará tan bien como otras veces. La rigidez mental impide que la persona esté abierta a otras opiniones y perspectivas.

• **La dificultad para adaptarse a los cambios.** A lo largo de la vida podemos ver cómo aparecen nuevas situaciones como una mudanza, un nuevo trabajo, un divorcio, etc. A veces, estas situaciones pueden requerir un esfuerzo en el sentido de tener que buscar nuevas soluciones, hacer cosas a las que no estamos acostumbrados. Todo esto puede resultar desbordante cuando no se cuenta con los recursos y habilidades necesarias para afrontar los cambios. Estas nuevas situaciones pueden convertirse en una fuente de estrés que posteriormente llevará a la ansiedad. Imaginemos que una persona se encuentra en una situación en la que el contrato de alquiler ha vencido y debe buscar un nuevo piso. Esta persona comienza a buscar y no encuentra casa porque ninguna se ajusta a los requisitos que tiene en mente, ya que constantemente las está comparando con la casa que tenía y a todas les pone pegas (que es muy pequeña, que el alquiler es muy alto, que tiene poca luz...). Además, el tiempo va pasando y ve que pronto tiene que abandonar la casa donde vive. Se encuentra cada vez con más agobio porque no se le ocurre nada y sigue buscando y nada cambia. Esta persona comienza a entrar en bucle y no consigue salir del estrés. Una manera de afrontarlo sería acudiendo a una agencia inmobiliaria o buscando en internet o pidiendo ayuda a personas que conozca que le puedan ayudar a buscar, o preguntando a sus conocidos si alguien alquila un piso. Muchas veces no somos capaces de ver que contamos con soluciones a nuestro alcance, puesto que nos encontramos solo poniendo el foco en lo que pensamos que es lo adecuado.

- **El control excesivo.** El control está relacionado con la perfección, la rigidez mental y la dificultad para adaptarse. El creer que tenemos todo bajo nuestro propio control nos puede hacer sentir seguridad física y emocional. Pensamos que esto nos ayuda a que las cosas «salgan bien». Estamos tratando de evitar sufrir y de enfrentarnos a la realidad. Se crea, así, una falsa sensación de bienestar donde no hay cabida para la tristeza,  el miedo, el dolor. Sin embargo, estas estrategias de intentar no sentir emociones negativas no pueden hacer que todo nos reporte alegría y satisfacción. Las personas que viven intentando controlar todo se ven inmersas en un constante intentar que todo vaya bien; tratan de ganar más dinero, de buscar la persona ideal, de tener la casa de sus sueños, de conseguir el coche con el que han soñado; tratan de llevar a sus hijos a todo tipo de actividades para que sean buenos en una amplia variedad de aspectos, tratan de pasárselo siempre bien y se esfuerzan en lograrlo y, finalmente, esta lucha incansable por conseguir controlar sus miedos les lleva a sentir malestar, a estar continuamente preocupados por algo. No son capaces de aceptar la realidad que les rodea y adaptarse a ella; así pues, tratarán de modificar esa realidad, por lo que no llegan jamás a un estado de tranquilidad.

Emociones asociadas a la ansiedad

Las emociones son las respuestas que nos ayudan a reaccionar cuando un estímulo se presenta ante nosotros. Normalmente las dividimos en positivas y negativas. Así, si pensamos en las **emociones primarias**, tendemos a decir que la alegría es positiva y que la tristeza, el enfado, el asco y el miedo son negativas. Sin embargo, esto no es así, por cuanto que el hecho de que yo vaya conduciendo y vea que está lloviendo y piense que el coche puede patinar me puede ayudar a tomar precauciones. Por ello, las emociones cumplen una **función adaptativa** que nos ayuda a protegernos, a cuidarnos y a relacionarnos con los demás. En suma, las emociones cumplen una función, y todas son necesarias. Existen emociones que, según su nivel de intensidad, van a tener consecuencias en el estado de ánimo y la ansiedad (Clínica de la Ansiedad, 2021):

- **La tristeza.** La ansiedad puede aparecer ante una situación de duelo. Un duelo, a su vez, puede consistir en perder a alguien o algo, en un divorcio, una ruptura, la pérdida de una mascota, el cambio de país dejando atrás todo o una enfermedad larga. Ante estos eventos puede aparecer la tristeza. Sentimos que podemos perder ese algo o alguien y aparece el dolor, el fatalismo, que posteriormente nos lleva a sentir ansiedad.

- **El miedo.** El miedo surge cuando algo puede amenazarnos y pensamos que va a ocurrir algo malo. Si ese miedo es irreal, puede llevarnos a la ansiedad. Por ejemplo, imaginemos la siguiente situación: a una persona le duele la rodilla, siente que puede tener algo malo, acude al médico y este le dice que es algo que se puede tratar, pero la persona comienza a pensar que no le ha dicho la verdad y empieza a tener pensamientos de que va a ser algo más grave y no lo han visto. Este mecanismo puede derivar en ansiedad.

- **La culpa.** El hecho de hacerse responsable de todo lo que ocurre puede hacer que la culpa aparezca de manera intensa y no reflexionemos sobre lo que está ocurriendo. Esta culpa se instala y comienza a aumentar, llevando a la ansiedad. Por ejemplo, un niño, que ha roto algo y sabe que lo ha hecho mal porque estaba jugando, decide callarse y comienza a pensar que sus padres se van a dar cuenta, y, cuando pasan varios días, su sensación de culpa puede haber aumentado, unida al miedo de que le descubran.

- **La inseguridad.** Cuando no cuenta con habilidades y recursos necesarios para poder afrontar una situación, se puede comenzar a tener un sentimiento de inseguridad susceptible de provocar tensión. Cuando la persona se enfrenta a la situación, lo hace con cuidado y puede tener poca confianza en sí misma. En estos casos puede aumentar esa inseguridad cuando la persona tenga que enfrentarse de nuevo a una situación parecida. Un ejemplo puede ser cuando tenemos que arreglar algo en casa. Pueden surgir dudas porque nunca lo hemos hecho y, si además nuestro arreglo ha quedado mal y alguien lo nombra, puede surgir la inseguridad. Cuando la persona tenga que enfrentarse a otra situación en la que debe arreglar algo, puede volver a experimentar la inseguridad, y así podrá seguir ocurriendo otras veces. Su inseguridad se habrá visto reforzada.

- **La ira.** El enfado nos puede ayudar a enfrentar situaciones, a que aparezca el valor para enfrentar una situación, pero cuando este aparece de manera excesiva, en vez de ayudarnos, hará que seamos reactivos y generará una tensión en nosotros que provocará ansiedad.

- **La exigencia.** Cuando nos exigimos, somos capaces de cumplir los objetivos y metas que nos proponemos, podemos estar concentrados y focalizar la atención y, de esta manera, ser precisos en nuestra conducta. Sin embargo, cuando la exigencia se presenta de una manera elevada, creamos unas expectativas que a veces no podemos alcanzar, lo cual produce presión, nos estresa y provoca la ansiedad.

- **La vergüenza.** Se trata de una emoción ligada a la pertenencia al grupo. Todo grupo social se rige por unas normas y tiene establecidas unas reglas. Cuando incumplimos esas normas y reglas, podemos sufrir el rechazo. La vergüenza cumple la función de inhibir los comportamientos y conductas que nos harían ser rechazados por el grupo. En algunas ocasiones la vergüenza aparece sin que estemos incumpliendo ninguna norma, lo cual interfiere en la interacción social, nos lleva a estar preocupados, a sentir angustia y, finalmente, nos provoca ansiedad.

Pensamientos asociados a la ansiedad

Los pensamientos ligados a las situaciones que vivimos en las que nos sentimos amenazados o en peligro son capaces de activar la sintomatología asociada a la ansiedad.

Situaciones en las que aparecen frases como: «me duele la cabeza, ¿tendré algo malo?», «he ido al médico y creo no me han detectado algo que tengo», «he mirado en internet y me parece que tengo los síntomas de la enfermedad»...

todas estas frases pueden identificar personas con hipocondría y rasgos ansiosos. Otras frases como: «veo que los demás se están riendo será de mí», «si hablo, van a pensar algo malo de mí» o «no les he caído bien» están relacionadas con las fobias sociales. En la ansiedad generalizada podemos encontrar pensamientos del tipo de: «algo va a salir mal», «me van a echar del trabajo», «no ha llegado a casa, seguro le ha pasado algo», etc.

Como podemos ver, los pensamientos asociados a la ansiedad pueden ser de diversos tipos. Son **pensamientos negativos o catastrofistas** que se apoderan de la persona y se convierten en algo recurrente, ocasionando sufrimiento a la persona que los está experimentando.

Podemos identificar patrones de pensamiento que llevan a que la realidad no se identifique tal como es, y esto puede hacer que además se asocien emociones negativas, surgiendo de este modo la ansiedad. Estos pensamientos se realizan sobre uno mismo y sobre el mundo. Surgen como una manera de afrontar las situaciones negativas de la vida y se van produciendo una y otra vez, apareciendo así las distorsiones cognitivas. Las principales **distorsiones cognitivas** que afectan a la ansiedad son (Londoño *et al.*, 2005):

- **Generalización.** Pensamiento del todo o nada. Atribuimos valores en términos de «siempre», «nunca», «todo» o «nada». Por ejemplo, se puede pensar «siempre me sale todo mal» o «no va a cambiar nada».

- **Abstracción.** Cuando se vive una determinada situación, aparece una sola descripción de la misma. Se pone el foco en una única explicación y se tiende a obviar lo demás. Este foco se coloca sobre los aspectos negativos. Si la persona ha sido la organizadora, por ejemplo, de un cumpleaños y todos le felicitan por lo bien que lo ha hecho, pero se olvidó de sacar un plato de los que ya estaban preparados, se tiende a pensar que no ha estado bien, porque no estaban todos los platos y ha faltado comida, y su pensamiento sería: «no valgo para preparar nada», «no soy buena».

- **Polaridades.** Es pensar de manera todo o nada, las cosas solo son blanco o negro. Nos exigimos mucho y a los demás nada, se tiende a comparaciones del tipo: «eres muy bueno, yo no», «no he sacado tan buena nota como los demás», etc. La persona también piensa que puede tener razón y los demás no. Así aparecen pensamientos como: «yo lo he hecho bien», «ellos podrían haberlo hecho bien si me hubiesen hecho caso», «yo soy el único que se preocupa por lo que pasa».

- **Personalizar.** Se personaliza pensando que las cosas que han pasado se deben a uno mismo, y aparecen la culpa y la responsabilidad. Cuando alguien se dirige a una oficina y la persona que atiende lo hace de mala manera, se puede pensar: «he dicho algo mal» o «no me he sabido explicar».

- **Visión catastrófica.** Se piensa lo peor sobre lo que puede ocurrir. «Está lloviendo mucho, se va a inundar todo», «no me han seleccionado en la entrevista y no voy a encontrar otro trabajo», «la empresa va peor, nos van a despedir a todos», etc.

- **Pensamientos del tipo *deberías*.** Se refiere a lo que debe ser y es justo. Son personas que tienen unas normas rígidas sobre cómo son las cosas: «la gente debería haber visto que esto iba a pasar», «yo no debería hacer nada mal», etc.

Síntomas de la ansiedad

Repasamos esquemáticamente los principales síntomas de la ansiedad, que son:

- Dificultad para concentrarse.
- Irritabilidad.
- Náuseas.
- Palpitaciones.
- Sudoración.
- Temblores.
- Trastornos del sueño.
- Sensación de peligro.
- Sensación de presión.
- Opresión en la garganta.

Diferencias entre el miedo y la ansiedad

Aunque el miedo y la ansiedad comparten características, también podemos diferenciarlos con la ayuda de este recuadro:

MIEDO	ANSIEDAD
Amenaza inminente	Amenaza futura
Activación autonómica	Tensión muscular
Pensamientos de peligro inminente	Hipervigilancia respecto a un peligro futuro
Conducta de huida	Comportamientos cautelosos o evitativos

Trastornos de ansiedad

Los trastornos de ansiedad comparten el miedo y la ansiedad, pero se diferencian del miedo o la ansiedad normal en que el tiempo que se presentan suele ser mayor a seis meses, si bien en los niños puede ser menor. Muchos trastornos de ansiedad empiezan en la infancia y se mantienen en el tiempo si no son tratados de la manera adecuada.

Si nos fijamos en el género de la persona, suelen aparecer más en las mujeres en una proporción de dos a uno.

Veamos ahora cuáles son los principales tipos de trastornos de ansiedad, de acuerdo con la Asociación Americana de Psiquiatría (2014a).

TRASTORNO DE ANSIEDAD POR SEPARACIÓN

Este trastorno es más frecuente en niños, aunque algunos adultos también pueden generarlo. Normalmente se desarrolla cuando se ha vivido una situación estresante vital, como la muerte o alguna enfermedad de un familiar o de una mascota, un cambio de colegio, un divorcio o separación, un nuevo entorno, una catástrofe, etc. En los adultos suele ocurrir por salir de casa de los padres; la sobreprotección puede estar asociada a dicho trastorno. Hay que tener en cuenta que este trastorno puede ser hereditario. Estos niños pueden tener ideación suicida. Por último, las personas que lo sufren suelen limitar sus actividades fuera de casa. Sus principales características son:

- Su característica principal es la ansiedad excesiva que se presenta cuando las personas a las que el individuo está vinculado se alejan del hogar.

- Se suele experimentar un **malestar excesivo.** Las personas que padecen este trastorno se preocupan habitualmente por que las personas a las que tienen apego se puedan morir. Tienen la necesidad constante de saber dónde están las figuras con las que tienen mayor apego, y necesitan estar en contacto estrecho con ellas.

- Se muestran preocupados por los acontecimientos que puedan sucederles a ellos mismos. Es decir, pueden experimentar miedo a tener un accidente, a que los secuestren, a que no se puedan reunir con las figuras de apego.

- Negación o rechazo cuando se quedan solos en casa o sin una figura de apego en casa u otros sitios. Siguen a sus figuras de apego por todas partes, llegando a ser como la sombra de ellos.

- No quieren ir a dormir fuera, y, cuando están en casa, necesitan dormirse con su figura de apego cerca.

- Por la noche pueden ir a la cama con sus padres o con otra figura de apego.

- Presentan **síntomas físicos** como dolores de tripa y de cabeza, náuseas, vómitos, palpitaciones o vértigos.

MUTISMO SELECTIVO

Los niños con mutismo selectivo suelen ser tímidos, tienen miedo a ser humillados y no se relacionan bien, tienden a pegarse a otros, tienen pataletas y pueden mostrar rasgos compulsivos. Suele aparecer antes de los cinco años y habitualmente se supera, si bien la ansiedad social puede persistir.

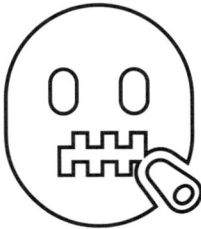

Puede aparecer debido a factores genéticos o a rasgos de la personalidad como la timidez, la ansiedad social o el aislamiento social. Los padres de estos niños suelen ser más controladores o protectores. Existe también un riesgo relacionado con la mudanza a otro país donde se habla otro idioma.

Se puede producir un **deterioro social,** ya que estos niños se mostrarán reticentes a relacionarse con otros. Puede aparecer, del mismo modo, un deterioro en el rendimiento escolar y un aislamiento que puede conllevar burlas de otros compañeros. Las características principales del mutismo selectivo son:

- Estos niños no suelen hablar o iniciar conversaciones con otros niños. Pueden hablar con sus adultos más cercanos.

- Interfiere en la actividad escolar y en la comunicación. A menudo hacen gestos o gruñen para comunicarse.

- Su duración es como poco de un mes.

- Los niños conocen el lenguaje.

FOBIA ESPECÍFICA

Dependiendo del tipo de fobia, se activará el sistema simpático o parasimpático. En caso, por ejemplo, de fobia a animales o situaciones, se huirá de ellos y se activará el sistema simpático. En otros casos como son la fobia a la sangre o a las heridas, se pueden producir desmayos o la parálisis de la persona. Se inicia una elevación de la tensión arterial y de la frecuencia cardiaca, seguida de un descenso de la presión arterial que provocará el desmayo.

Las fobias a los animales, al entorno y a las situaciones suelen presentarse en las mujeres, mientras que las fobias a los médicos, a la sangre y a las heridas se producen en ambos sexos de igual manera. En general, una fobia consiste en:

- Las personas pueden tener miedo a situaciones u objetos concretos. El miedo que sufren tiene que ser muy intenso.

- Cuando el objeto temido se aproxima o cuando la persona se anticipa a la situación, puede aparecer también la crisis de pánico. La respuesta es inmediata.

- La persona va a evitar activamente enfrentarse a la situación, pero, si no puede o decide quedarse, va a aparecer un miedo intenso o ansiedad. Si tiene miedo a la oscuridad, estará siempre con luz. Si un sujeto tiene temor a las arañas, no acudirá a sitios donde pueda encontrar estas. Las personas pueden tratar de evitar al objeto o la situación, y esto puede prolongarse durante años.

- El miedo y la ansiedad aparecen de una forma muy intensa, de manera que el peligro real que presentan el objeto o la situación no se adecuan a lo que muestra el individuo.

- El miedo suele presentarse por periodos iguales o mayores a seis meses.

- Se presenta también un malestar significativo o deterioro en el ámbito social, laboral y otras áreas importantes.

Las fobias se pueden desarrollar después de que haya ocurrido un **acontecimiento traumático.** Por ejemplo, el haber vivido un terremoto puede provocar fobia a los ruidos o a los movimientos. El hecho de ser mordido por un perro puede provocar que la persona sienta fobia hacia todas las razas de perros. Se suele desarrollar entre los siete y los 11 años, siendo la edad media a la que aparece los 10 años. Las fobias que aparecen cuando uno es adulto suelen permanecer, mientras que las que aparecen en la infancia y en la adolescencia tienen habitualmente altibajos. En las personas mayores, por ejemplo, suele aparecer fobia a las caídas; también aparece fobia a situaciones que puedan estar relacionadas con la muerte, como acudir a hospitales.

Entre los **factores de riesgo del temperamento**, podemos citar el rasgo de neuroticismo y la inhibición conductual. Igualmente, cabe mencionar el hecho de que los padres hayan sido sobreprotectores, que el niño haya sentido que podía perderlos, una separación, un maltrato físico o abusos sexuales. También puede estar relacionado con las situaciones traumáticas, como ya se ha indicado. Otro factor puede ser el genético: una persona que tenga un familiar de primer grado que posea una fobia es más propensa a padecer la misma fobia que su familiar.

Hay que tener en cuenta que el **riesgo de suicidio** en las personas que tienen una fobia específica es un 60 % más alto que las personas que no están diagnosticadas. Sin embargo, es importante saber, asimismo, que la persona también puede sufrir trastornos de personalidad u otros trastornos de ansiedad.

La calidad de vida de las personas que padecen una fobia específica se ve disminuida. En el caso, por ejemplo, de las personas mayores, puede llevar a que estas tengan una movilidad más reducida y un menor contacto social. O si una persona, por ejemplo, tiene miedo a atragantarse, también puede hacer que tenga dificultades para ingerir alimentos y padezca problemas de salud.

Las personas que padecen fobias suelen tener expectativas de miedo, pánico o peligro asociado a las emociones que experimentan ante la situación fóbica. El grado de control que pueden ejercer sobre la situación, la posibilidad de escapar, el poder sentirse seguros en compañía de alguien y el estado de ánimo deprimido suelen agravar las fobias. Cuando se evita lo que provoca la fobia, la expectativa de estar en peligro se ve reforzada, dado que la persona no evalúa cuál es el riesgo al que se enfrenta. Las personas que ayudan a evitarla, como pueden ser amigos o familiares, también contribuyen a que la persona la mantenga. Cuando las situaciones no se pueden evitar, la persona desarrolla hipervigilancia hacia lo que teme, y puede ver los estímulos más peligrosos de lo que realmente son.

Existen más de 500 fobias. Algunas más frecuentes que otras. Hagamos un repaso de las más importantes, siguiendo para ello a la psicóloga Pujante (s. f.) .

Fobias más comunes

- **Aerofobia, avatofobia o aviofobia.** Es de las más comunes. Consiste en el miedo a coger un avión. Puede aparecer como fobia anticipatoria.

- **Xenofobia.** Odio a los extranjeros o extraños. Puede generar problemas sociales o políticos.

- **Brontofobia o astrafobia.** Relacionada con el miedo irracional a las tormentas o a situaciones relacionadas con estas, es decir, los truenos, los rayos, los relámpagos o la lluvia intensa. Esta fobia es muy frecuente en la infancia y puede resolverse con la edad, aunque en algunas ocasiones llega hasta cuando somos adultos.

- **Zoofobia.** Es el temor irracional hacia animales. Las formas de zoofobia más frecuentes son el temor irracional a las gallinas (alectorofobia), las serpientes (ofidiofobia), las arañas (aracnofobia) o los perros (cinofobia).

- **Hematofobia.** Esta fobia tiene que ver con el temor a las heridas, la sangre y las agujas. La persona suele evitar las situaciones en las que tiene que realizarse un análisis de sangre o un tatuaje, ya que piensa que se va a desmayar. Si la persona tiene miedo a las inyecciones, la fobia se llama tripanofobia.

- **Claustrofobia.** Los espacios cerrados y pequeños donde no hay salidas fáciles, como pueden ser las puertas o ventanas, son los que provocan la fobia. Se puede hablar de fobia a los ascensores, a los túneles, al metro, a las cuevas, a las máquinas de resonancia magnética. En estos casos, la persona piensa que se va a quedar sin aire.

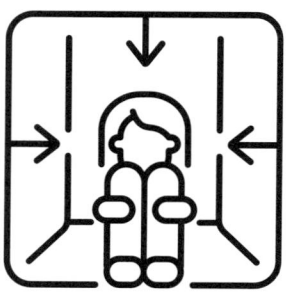

- **Dentofobia.** Es el miedo a ir al dentista. Pensar en ir o tener que realizarse una intervención puede provocar un miedo terrible, razón por la cual la persona evitará por todos los medios tener que ir.

- **Acrofobia.** Es el miedo a las alturas. Puede aparecer un síntoma como la angustia. Los lugares que pueden causar la fobia son los balcones, los precipicios, las escaleras altas, los puentes, las terrazas, los miradores, las montañas o ir en un avión. Se diferencia del vértigo en que este es una sensación de movimiento o mareo cuando se está alto o en un precipicio. La acrofobia y el vértigo pueden ir unidos.

- **Necrofobia o tanatofobia.** Miedo a lo relacionado con la muerte. Se activa cuando se piensa o suceden cosas o personas muertas. Los objetos como los ataúdes o los tanatorios pueden activar la fobia. Pueden sentir también un terror incontrolable cuando piensan en la muerte.

- **Amaxofobia.** Miedo a conducir cualquier medio de transporte, principalmente coches.

- **Enoclofobia o demofobia.** Miedo a las multitudes. Estar en lugares donde hay mucha gente puede provocar ansiedad, por lo que estas situaciones se evitan. Se puede evitar ir a ver un acontecimiento deportivo, un concierto o estar en unas fiestas populares donde haya mucha afluencia de gente.

- **Filofobia.** Es el miedo que una persona tiene a enamorarse, a volver a sentir. Las personas suelen rechazar los lazos afectivos para protegerse. Puede ser debido a los traumas y malas experiencias que se ha tenido en las relaciones anteriores. Se puede sentir miedo y se trata de evitar el inicio de las relaciones. Son personas que no se comprometen.

Hay otras fobias menos conocidas como:

- **Crematofobia.** Miedo al dinero y todo lo que represente dinero. El hecho de tenerlo o exponerse al concepto causa la fobia.

- **Hafefobia.** Miedo a tocar a otras personas o ser tocado por alguien. Se evita el contacto tanto con personas conocidas como desconocidas. Puede provenir de la infancia, por haber vivido un trauma, o puede ser algo aprendido, como un niño que ve a su madre con esa fobia.

- **Sofofobia.** Miedo a adquirir conocimientos. Puede tener que ver con un acontecimiento traumático que tenga que ver con el aprendizaje vivido durante la infancia.

- **Macrofobia.** Miedo a tener largas esperas. El hecho de tener que esperar durante mucho tiempo genera malestar a la persona y le impide hacer su vida.

- **Eisoptrofobia.** Miedo a verse en un espejo o en cualquier superficie que refleje.

- **Cronofobia.** Miedo al paso del tiempo.

- **Coulrofobia.** Miedo a los payasos.

- **Tripofobia.** Miedo hacia patrones visuales específicos relacionados con agujeros o protuberancias. Son patrones similares a panales de abejas o esponjas de mar.

TRASTORNO DE ANSIEDAD SOCIAL

Es el miedo a ser observado y parecer tonto delante de los demás, o parecer que no sabe hacer las cosas, así como temor a parecer apenado. Estas personas temen cometer errores como atragantarse, hablar de manera inadecuada, no tocar bien un instrumento, etc. Las emociones que lo acompañan son la vergüenza y el **temor al rechazo social.** Los sujetos que lo padecen pueden ruborizarse, tener ronquera, sudoración o temblores. La ansiedad puede terminar cursando do con ataque de pánico.

El inicio de este trastorno suele darse durante la adolescencia y es habitual que se prolongue muchos años.

Las **características** principales son:

- **Miedo a las situaciones sociales.** El individuo teme ser observado y juzgado por los demás. En los niños ocurre cuando se relacionan con otros niños que tienen su misma edad, no solo con adultos.

- **Temor a que los demás puedan ver los síntomas** de rubor, temblor, sudor, el no poder hablar correctamente o dar la mano a los demás.

- En la mayor parte de las veces, las **situaciones sociales** provocan **miedo.** Las situaciones que más se temen son:

  - Hablar en público.
  - Realizar actividades de carácter público, como ir a una tienda o a una fiesta.
  - Comer delante de otros.
  - Tener que conocer nuevas personas.
  - El hecho de mantener una conversación.
  - Deber hacer algo delante de otros, como dar una charla o cantar.
  - Usar el aseo o los baños públicos.

- Cuando la persona permanece en la situación que le provoca ansiedad, lo hace a costa de pasarlo mal. Los niños suelen presentar **rabietas,** llanto; se aferran a sus cuidadores, no pueden hablar con otros y muestran posturas en las que se encogen.

- El **miedo y ansiedad** que se presenta es **exagerado** para lo que están enfrentando.

- Este miedo está presente durante **seis meses o más** y ocurre habitualmente en las mismas situaciones que lo provocan.

- La **vida social** de la persona se ve **alterada,** así como sus actividades laborales y escolares.

A fin de protegerse, estos sujetos pueden parecer asertivos o sumisos, y en algunos casos pueden tener control sobre las conversaciones. Las posturas corporales son rígidas, no suelen establecer contacto ocular y hablan en voz baja.

A **nivel conductual,** se presenta menos contacto visual, más silencios y una fluidez verbal pobre. A nivel físico, puede aparecer aumento de la tasa cardiaca, alteración en la forma de respirar, tensión en los músculos, molestias de tipo estomacal como diarreas, náuseas, escalofríos, sudores, sensación de tener un nudo en la garganta o ganas de ir al servicio. En cuanto a su **autoconcepto,** tienen una idea negativa de sí mismos, piensan que pueden fracasar y que son incompetentes, y presentan un alto grado de creencias relacionadas con el ridículo y no ser aceptados. En algunos casos no saben interpretar los gestos de los demás.

Es un trastorno que suele dar comienzo con una edad media de 13 años. Y puede aparecer después de una historia de inhibición social o de timidez en la **infancia.** La persona se ha visto expuesta a una experiencia estresante o humillante. Por ejemplo, si un niño hubiese estado en clase haciendo una actuación delante de los demás y los otros se hubiesen reído por algo que hubiera ocurrido, el niño podría sentirse humillado y, posteriormente, podría desarrollar ansiedad social.

En los **adultos** puede ocurrir después de un cambio vital importante. Supongamos el caso de una persona que emigra a otro país, donde la cultura y las formas de comportarse son diferentes. Si se siente humillado, puede aparecer ansiedad social y, cuando retornase a su país, esta podría desaparecer.

En los **adolescentes** suele ocurrir cuando tienen las primeras citas o cuando se ven expuestos a sus compañeros o son juzgados por el grupo cuando son diferentes.

En cuanto a los **riesgos,** podemos ver que las personas que lo presentan más frecuentemente son las que padecen inhibición del comportamiento, que se presenta como precaución ante lo desconocido o nuevo, y el miedo a la evaluación negativa.

Factores como el maltrato infantil y la adversidad también pueden ser de riesgo. En cuanto a los riesgos familiares, hablamos de un trastorno hereditario. Una persona con un familiar de primer grado que lo padece tiene más riesgo de sufrir ansiedad social.

El hecho de poder generalizar lo que se aprende hace que las personas que sufren este trastorno creen patrones de pensamiento y creencias no adecuados. Solo anticipar la situación o imaginarla puede hacer que se presente la sintomatología ansiosa. Cuando se reciben mensajes en los que se generan expectativas o cuando se observa a otros teniendo ansiedad al relacionarse, puede hacer que posteriormente se desarrolle el trastorno. Sería el caso de un niño que ha tenido un progenitor al que le cuesta relacionarse en público (condicionamiento vicario) o el niño que escucha frases como: «tienes que hacer que todos te quieran», que generará expectativas de intentar caer bien y estar expuesto al juicio de otros.

TRASTORNO DE PÁNICO

Este trastorno ocurre cuando se producen ataques de pánico de manera recurrente, más de una vez, sin haber ninguna señal que prediga que va a ocurrir. Podría ocurrir mientras se sueña o cuando alguien está relajado. Las personas que los padecen están preocupadas por las consecuencias que esto puede tener en sus vidas.

Estos episodios son muy poco frecuentes en la niñez. Suele comenzar al final de la adolescencia o comienzo de la edad adulta, ataques de pánico repetidos, periodos repentinos de miedo intenso, malestar y sensación de pérdida de control sin que exista peligro real. Los ataques de pánico pueden darse **de manera continuada,** o pueden pasar meses o años sin que aparezca otro. Más allá de los 45 años es difícil que aparezcan.

Como **factores de riesgo** puede aparecer:

- La predisposición a experimentar emociones negativas.
- Haber vivido abusos sexuales o malos tratos físicos.
- Ser fumador habitual.
- Los factores genéticos también son importantes en su desarrollo: hijos de padres que han tenido ansiedad o padecen dificultades respiratorias como el asma.

Los episodios pueden suceder porque la persona está experimentando estrés, o por estar preocupado por la salud cuando se acude al médico y se busca información sobre una enfermedad y se piensa en un error diagnóstico. También pueden ocurrir en el curso de una enfermedad leve o pueden surgir de la nada.

AGORAFOBIA

Las mujeres tienen el doble de posibilidades que los hombres de desarrollar agorafobia. Es una de las fobias más extendidas. Aunque puede empezar en la infancia, es en la adolescencia y en la adultez temprana cuando más recurrente es. Las personas que padecen agorafobia han sufrido ataques de pánico anteriormente en casi el 50 % de los casos clínicos. Las principales características son:

- Miedo a exponerse a situaciones como estar en transportes públicos, a espacios abiertos, plazas, puentes, explanadas, estadios al aire libre; a espacios cerrados como tiendas, cines, ascensores, teatros, museos; a estar solo fuera de casa o a estar rodeados de multitudes.

- Las personas piensan que les puede suceder algo terrible y pueden presentar síntomas similares al pánico.

- Tienen miedo a la ansiedad cuando entran en contacto con la situación.

- Se evita la situación que provoca agorafobia. En algunas ocasiones esta evitación es tan grande que la persona se queda en casa.

- Los miedos son desproporcionados con respecto a las situaciones.

- Causa malestar significativo durante seis meses o más.

Entre los **factores de riesgo y predictores,** cabe enfatizar el tipo de personalidad neurótica, así como los sucesos estresantes de la infancia y la heredabilidad.

La agorafobia puede provocar una vida disfuncional: las personas temen enfrentarse a las situaciones y desarrollan pensamientos del tipo: «no sé qué voy a hacer», «no sé cómo salir de aquí», «no va a haber nadie para ayudarme», lo que provoca que tiendan cada vez más a no acudir a esos lugares y terminen aislándose. Es una fobia que también afecta a las personas que conviven con el sujeto que padece el trastorno.

TRASTORNO DE ANSIEDAD GENERALIZADA

Las personas que tienen ansiedad generalizada tienden a estar **preocupadas por todo.** No pueden controlar los pensamientos relacionados con los hechos que le provocan ansiedad. Es decir, la persona estará preocupada por su trabajo, por sus hijos, por los eventos familiares, porque se le han olvidado las llaves, porque ha perdido el autobús, porque tiene que ir a hacer la compra... La persona tiende a trasladar su preocupación de una cosa a otra. Estas preocupaciones pueden ir acompañadas de síntomas físicos, como son generalmente la dificultad para concentrarse o tener la mente en blanco. Son personas más irritables, se notan tensionadas y pueden tener contracturas, no pueden conciliar bien el sueño o tienen pesadillas durante el periodo de sueño e intranquilidad, presentan problemas del aparato digestivo y suelen estar sobresaltados. Se caracteriza por:

- Ansiedad y preocupación durante un mínimo de seis meses, relacionadas con eventos y actividades.

- La ansiedad no se puede controlar.

- Tres o más de los siguientes síntomas se dan en el adulto, y uno en los niños:

  - Inquietud, creencia de estar con los nervios alterados.
  - Facilidad para fatigarse.
  - La persona no logra quedarse con la mente en blanco.
  - Se encuentra irritable.
  - Existe tensión muscular.
  - Hay dificultad para dormirse o continuar durmiendo.

- Hay deterioro en las áreas social, laboral, educativa...

- Las drogas o medicamentos no están causando el estado de alteración.

- No existe otro trastorno que explique mejor lo que ocurre.

Las mujeres presentan el doble de probabilidades que los hombres de desarrollar la ansiedad generalizada. Esta se suele presentar más en la **edad media**, y disminuye con edades más avanzadas. Las personas europeas la presentan más que las de otros continentes, al igual que las personas que se encuentran en países desarrollados. Los estímulos a los que se enfrenta una persona en un país desarrollado pueden estar relacionados con las expectativas de la sociedad y de uno mismo, además de con los estímulos ambientales.

Si preguntamos a cualquier persona que sufre de este trastorno desde cuándo se ha sentido así, nos indicará generalmente que la ansiedad los ha acompañado durante toda su vida. Aunque la edad de inicio sea a los 30 años, puede experimentarse con cualquier edad. Pensemos en una persona que durante su infancia ha vivido con ansiedad porque sufría maltrato en su casa. Al llegar a la adolescencia, esta persona sufrió acoso (*bullying*) por parte de sus compañeros en el instituto. Posteriormente, tendrá varias parejas con las que se siente inferior, y actualmente presenta en el trabajo una relación complicada con el director de la empresa. Podemos ver que esta persona ha sufrido ansiedad durante toda su vida. Sin embargo, si no la ha tratado, cuando llegue a la edad adulta, se puede comprobar que la ansiedad habrá ido aumentando y la persona habrá llegado a experimentarla de manera muy alta.

Los niños y los adolescentes tienen preocupaciones más centradas en la escuela y en los deportes, mientras que los adultos se preocupan más por que su familia se encuentre bien o por la salud. Una persona mayor tiende a preocuparse por dónde ha dejado las cosas, por las caídas, por las enfermedades. Es decir, el motivo de la preocupación está relacionado con las vivencias, y estas pueden variar según la edad.

Los niños que padecen este trastorno pueden presentar rasgos de personalidad como perfeccionismo o búsqueda constante de aprobación. Como rasgos de personalidad que pueden ser un riesgo, podemos encontrar la afectividad negativa o neuroticismo y el hecho de evitar el daño. Los factores genéticos también suponen un riesgo en una proporción de un tercio.

TRASTORNO DE ANSIEDAD INDUCIDO POR SUSTANCIAS/MEDICAMENTOS

Las sustancias pueden llevar a tener ansiedad, y la ansiedad puede inducir a consumir sustancias. Las sustancias que pueden provocar trastornos son, entre otras, el alcohol, la cafeína, los alucinógenos, las anfetaminas, el cánnabis o la fenciclidina. En casos de abstinencia, pueden ser el alcohol, la nicotina, los opiáceos, los sedantes, los hipnóticos, los ansiolíticos y las sustancias inhalantes. Hay sustancias que pueden evocar los síntomas de la ansiedad, como son los analgésicos, y existen algunos fármacos, como antipsicóticos y antidepresivos, entre otros, que pueden ocasionar que la persona padezca la sintomatología propia de la ansiedad. Estas son sus señales:

- La ansiedad y los ataques de pánico se dan en la persona debido a los efectos que puede provocar la droga o el medicamento.

- Los síntomas aparecen después de la intoxicación o abstinencia, o tras haber ingerido el medicamento.

TRASTORNOS DE ANSIEDAD DEBIDOS A OTRA AFECCIÓN MÉDICA

Puede darse el caso que la ansiedad aparezca por otros motivos si se dan indicios como estos:

- Existen ataques de pánico o ansiedad, en el cuadro que presenta la persona, asociados a una enfermedad orgánica.

- Hay pruebas, cuando se ve la historia clínica o se realiza una exploración del sujeto, que indican que el trastorno es consecuencia de otra afección médica física.

- Esta alteración no se puede explicar por otro trastorno mental.

- La alteración no se produce solo durante el curso de un *delirium*.

- La alteración puede causar malestar significativo o deterioro en las áreas importantes de la persona.

Enfermedades que presentan como síntoma la ansiedad

Muchas enfermedades se relacionan con la ansiedad, como pueden ser:

- Las enfermedades endocrinas como la diabetes o el hipertiroidismo.
- Los trastornos cardiovasculares, como por ejemplor la insuficiencia cardiaca o las arritmias.
- Las enfermedades respiratorias como el asma o la neumonía.
- Los trastornos metabólicos como la falta de vitaminas.
- Enfermedades neurológicas como la encefalitis y las neoplasias.

Afrontamiento de la ansiedad

La ansiedad se puede enfrentar con diversas estrategias; algunas son positivas y otras empeorarán la situación (Andreo *et al.*, 2020).

ESTRATEGIAS DE EVITACIÓN

Este tipo de estrategias a largo plazo no hará más que aumentar el problema, ya que se seguirá enganchado a ello. Esta evitación se puede hacer rehuyendo el estímulo que resulta desagradable. Por ejemplo, una persona a la que le dé ansiedad coger el transporte público puede tratar de ir andando a los sitios o ir en su propio medio de transporte; puede negar el problema que tiene y evitarlo, aunque el problema en sí sigue existiendo, de manera que, si en algún momento tuviese que coger el transporte público, seguiría existiendo el miedo a ello.

Existen varios **tipos de evitación:**

1. **Conductual.** Es aquella en la que se evita tener delante a un perro u otro animal que le provoque miedo o ir a un lugar que puede generar un ataque de ansiedad. Tendrá presente las situaciones que se lo provocan y se librará de ellas para no sufrir ansiedad.

2. **Emocional.** Mediante esta evitación, la persona trata de liberarse de las emociones que le resulten desagradables. Por ejemplo, si ha perdido a alguien, dirá que ya está recuperado, que no siente tristeza y enfado, y aparentará estar bien y seguirá con su vida.

3. **Cognitiva.** Debemos tener siempre en cuenta los pensamientos que surgen. Las personas que utilizan frases como «prefiero no pensarlo». Este tipo de evitaciones lo que hace es reforzar la conducta de la persona. Imaginemos una persona que tiene fobia a conducir. La persona va a tratar por todos los medios de evitar sacar el carnet, utilizará un medio de transporte en el que no tenga que conducir y dirá que está contento yendo a los sitios sin tener que conducir, por lo cual estará reforzando la conducta de no sacarse el carnet.

ESTRATEGIAS DE APOYO SOCIAL

La ansiedad aparece ligada a la resiliencia. **La resiliencia** es la capacidad que tiene una persona de enfrentarse a las adversidades. Una red de apoyo social proporciona alivio ante situaciones que pueden provocar ansiedad. Una persona, cuando tiene que hablar en público, puede sentirse apoyada por los demás cuando intentan calmarle y decirle que no va a suceder nada y que estarán a su lado para que no se sienta sola. La red de apoyo ayuda a tener otras perspectivas y a resolver los problemas. Hablar con alguien puede ayudar a identificar cuál es la causa de la aflicción emocional y puede esperanzar a la persona y darle sentido a lo que hace.

ESTRATEGIAS DE ACEPTACIÓN

Una forma de tratar de superar esto es exponiéndose a la situación y dejar sentir el malestar. Seguramente al principio costará y será desagradable. Sin embargo, exponerse hace ver a la persona que puede ser capaz (Lua Psicología, s. f.).

ESTRATEGIAS CENTRADAS EN EL PROBLEMA

Para utilizar esta estrategia, es necesario identificar los aspectos específicos y tomar las medidas para resolverlo, de acuerdo con Folkman y Lazarus (2013):

1. **Análisis de la situación.** Identificar las causas y consecuencias de lo que está ocurriendo para poder comprender la situación amenazante.

2. **Planificación y establecimiento de metas.** Cuando fijamos unas metas claras y realistas para abordar el problema, aprendemos qué podemos hacer ante una situación que nos estresa y nos puede conducir a la ansiedad.

3. **Tomar decisiones.** Se analizan los pros y los contras de las posibles alternativas y se decide qué estrategia es la mejor.

4. **Acción y resolución.** Cuando se establecen las metas, se puede actuar para solucionar el problema. De este modo se utilizarán las habilidades que uno posee, se pueden buscar recursos adicionales, y podemos comunicarnos con las personas que estén involucradas.

ESTRATEGIAS DE REESTRUCTURACIÓN COGNITIVA Y CONDUCTUAL

Esta estrategia implica revaluar o revalorizar una amenaza. Se identifica la emoción que nos produce, los pensamientos que provoca y las consecuencias. Se busca cambiar el significado que tiene la amenaza y se identifican conductas que ayuden a mejorar la relación con la amenaza o preocupación. Si una persona siente ansiedad ante las alturas, se identifica qué creencias tiene sobre lo que le puede ocurrir, y qué emociones provoca, y se trata de sustituirlas por otras más apropiadas, como de qué manera puede sentirse más seguro, quién le puede ayudar o qué puede hacer en esa situación para estar con menos miedo.

ESTRATEGIAS DE LIBERACIÓN DE EMOCIONES

Las emociones, muchas veces, se quedan atrapadas en el cuerpo, pueden afectar a la postura, a la forma de relacionarnos con los demás, al cuerpo (con tensiones, dolores...). Cuando una persona reconoce sus emociones y qué le está ocurriendo, es capaz de comprender cómo le afecta una situación. Existen diversas formas de poder liberar las emociones, mediante el baile, estiramientos, deportes, yoga, caminando, respirando, estando en contacto con la naturaleza, meditando, etc.

Relación entre la ansiedad y otros trastornos

Hay bastante relación entre la ansiedad y la depresión y el TOC. Veámoslos enfrentados para determinar sus diferencias:

DEPRESIÓN Y ANSIEDAD

Si bien estos trastornos son diferentes, sin embargo, muchas veces aparecen juntos. La ansiedad puede aparecer como uno de los síntomas de la depresión, y en muchas ocasiones se pueden dar a la vez. Pero veamos en primer lugar qué es la depresión según la Asociación Americana de Psiquiatría (2014b).

La depresión es un trastorno del estado anímico por el cual los **sentimientos de tristeza, pérdida, ira o frustración** hacen que la persona se sienta mal durante un periodo de dos semanas o más.

Entre los **síntomas** más frecuentes están:

- Sentimientos de tristeza, ansiedad o vacío.
- Desesperanza o pesimismo.
- Sentimientos de irritabilidad, frustración o intranquilidad.
- Culpa, sentimiento de inutilidad e impotencia.
- Las actividades habituales no provocan interés.
- Fatiga, disminución de energía o sensación de ir más despacio.
- Dificultades para concentrarse, recordar situaciones o tomar decisiones.
- Desajustes en la rutina del sueño: problemas para dormir, poder despertarse pronto o dormir demasiado.
- Cambios en el apetito o el peso.
- Dolores de cabeza, calambres, problemas digestivos sin una causa aparente.
- Intentos de suicidio o pensamientos sobre muerte o suicidio.

La depresión puede ocurrir a cualquier edad, pero tiene un pico a los 20 años. Los acontecimientos de la infancia son factores de riesgo para desarrollar trastorno depresivo. Las personas con familiares de primer grado tienen un riesgo de desarrollarlo dos o cuatro veces mayor que la población sin familiares. Los comportamientos aprendidos de la familia y del entorno pueden repetirse. Otro tipo de factores son las situaciones estresantes de la vida, factores como consumir sustancias como alcohol y otras drogas, enfermedades graves a largo plazo, perder un trabajo o un ser querido y el hecho de estar solo y no contar con una red social pueden ser motivos para desarrollar una depresión.

Los principales **tipos de depresión** se los detallamos a continuación:

- **Depresión mayor.** La persona puede llegar a ser incapaz de realizar actividades básicas de autocuidado como la higiene o prepararse la comida. Hay un sentimiento de ser incapaz de hacer cualquier cosa, el estado de ánimo es bajo, existe cansancio y falta de motivación, la tristeza es el sentimiento predominante y aparece también el enfado.

- **Trastorno depresivo persistente.** Es un estado anímico que dura dos años o más. El estado anímico deprimido ocurre durante la mayor parte del día. Existe insomnio, pocas ganas de comer, poca energía, baja autoestima. La persona no puede tomar decisiones y manifiesta sentimientos de desesperanza.

- **Trastorno disfórico premenstrual.** Los síntomas ocurren una semana antes de la menstruación y desaparecen después de menstruar. Pueden aparecer cambios de humor repentinos, irritabilidad, ánimo deprimido, ansiedad. Existe una disminución del interés por realizar actividades frecuentes, dificultad de concentración, fatiga, cambios del apetito, insomnio, sensaciones de estar agobiado y pueden existir dolores de tipo articular o muscular, hinchazón, aumento de peso y dolor mamario.

- **Trastorno afectivo estacional.** Aparece y desaparece con las estaciones del año: se inicia generalmente en otoño o invierno y desaparece en primavera o verano.

- **Depresión posparto.** Es aquella que ocurre después de que una mujer ha dado a luz.

La depresión y la ansiedad pueden presentar algunos síntomas similares. El estilo de vida en el que nos encontramos inmersos actualmente puede causar estrés, y este, a su vez, puede provocar ansiedad, la cual puede cursar con fobias, pánico... La exposición que una persona vive permanentemente a estas circunstancias y un estilo de ver las cosas negativamente pueden también ocasionar que la persona desarrolle un cuadro de depresión. La ansiedad y la depresión se pueden dar de manera simultánea, de forma que el 50 % de los pacientes pueden presentar también ansiedad, por lo que resultará difícil diferenciar los síntomas de uno y otro. No se puede saber cuál ha servido de detonante del otro. Sin embargo, existen diferencias entre un trastorno y otro (Nitschke *et al.*, 2001):

	ANSIEDAD	DEPRESIÓN
Situación	La presenta como amenaza	La presenta como pérdida o fracaso
Emoción	Miedo	Tristeza, desesperanza
Tiempo	Se anticipa el futuro	Tiene que ver con el pasado
Síntomas	Nerviosismo, inquietud, pensamientos irracionales, falta de concentración, tensión, irritabilidad	Fatiga, cansancio, pensamientos irracionales, falta de concentración, tensión, irritabilidad

RELACIÓN ENTRE LA ANSIEDAD Y EL TOC

Hasta hace unos años se pensaba que el TOC estaba incluido dentro de los trastornos de ansiedad, pero actualmente se diferencian estos diagnósticos. Los estudios realizados muestran que en la ansiedad existe una disfunción en la amígdala y la corteza prefrontal, y en el TOC se da una alteración en los circuitos orbitofrontal y córtico-estriado-tálamo-cortical (Marras *et al.*, 2016). El TOC difiere de los trastornos de ansiedad en la manera en que cursan los antecedentes familiares, los factores genéticos, los antecedentes personales o el procesamiento cognitivo emocional. Actualmente, respecto a la relación que existe entre estos dos trastornos, se considera que **existe una base de ansiedad en el TOC.**

Veamos qué elementos o rasgos definen el TOC, según la Asociación Americana de Psiquiatría (2014c).

El TOC es un trastorno en el que se tienen pensamientos incontrolables y recurrentes denominados *obsesiones* y se participa en conductas repetitivas llamadas *compulsiones,* que alivian las obsesiones. Ambas cosas pueden ocurrir a la vez.

Las obsesiones incluyen:

- El temor a los gérmenes o la contaminación.
- El miedo a poder olvidar, perder o extraviar algún objeto.
- El temor a perder el control sobre el propio comportamiento.

- Se dan pensamientos agresivos hacia los demás o los pensamientos agresivos pueden estar dirigidos hacia uno mismo.
- Se generan pensamientos que no se desean, que pueden ser prohibidos o que se pueden considerar tabúes relacionados con el sexo, la religión o el causar daño a alguien.
- Existe el deseo de tener las cosas en un orden que resulte simétrico o perfecto.

Las compulsiones incluyen:

- Lavarse las manos de forma excesiva.
- Los artículos se ordenan de una manera particular o excesivamente precisa y meticulosa.
- Se comprueban frecuentemente las cosas, si se ha cerrado bien el coche o si el aire acondicionado está apagado.
- Se cuenta compulsivamente.
- Se puede rezar o repetir palabras en silencio.

Es importante poder distinguir que una persona puede salir de casa y pensar si ha cerrado bien. Los pensamientos sobre este hecho le pueden generar ansiedad y, para calmarla, volvería para comprobarlo. Esto puede resultar normal. El TOC es igual, pero se realiza la conducta muchas veces (Aguilar, 2022).

Esquemáticamente, el ciclo del TOC podría resumirse con el siguiente gráfico:

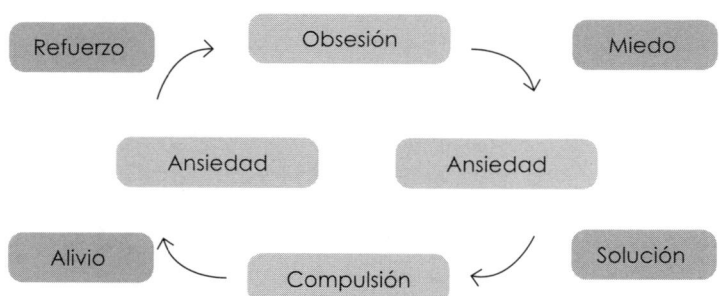

Este trastorno suele aparecer en la niñez tardía y la adultez temprana, aunque puede comenzar a cualquier edad. Los síntomas pueden desaparecer en ciertos momentos o pueden empeorar con el paso del tiempo. Cuando se presentan situaciones estresantes, los síntomas empeoran.

Algunas personas también pueden presentar **tics,** que son movimientos o sonidos repetitivos. Se puede pensar en una persona que mueve los ojos, que hace muecas faciales o que se encoge de hombros o tiene espasmos.

El TOC puede aparecer en personas que tienen un familiar de primer grado, aunque no hay ningún gen identificado. Existen algunas áreas cerebrales que afectan a la capacidad de poder controlar las conductas y las respuestas. Las personas que son más reservadas y tienen **emociones negativas y ansiedad infantil** pueden llegar a desarrollar el TOC. Situaciones como los traumas infantiles podrían influir, igualmente. La persona, a fin de liberarse de la ansiedad que siente, puede comenzar a desarrollar obsesiones y compulsiones.

Cómo calmar la ansiedad

A continuación ofrecemos una serie de consejos para gestionar la ansiedad cuando aparece:

- En primer lugar, para poder calmar la ansiedad, es importante identificar lo que la está causando, los pensamientos que esta genera y las emociones y sensaciones.
- Mantener buenas rutinas de sueño hará que la persona se encuentre más relajada.
- Hacer ejercicio, puesto que contribuye a liberar endorfinas que ayudan a encontrarse mejor.
- Comer alimentos saludables ayuda al organismo en general.
- Evitar estimulantes como la cafeína y la teína.
- Practicar *mindfulness* ayuda a la persona a estar en contacto con sus sensaciones y ser más consciente de lo que se piensa y se siente.
- Saber establecer cuáles son las prioridades.
- Contar con una red de personas en las que poder apoyarse.
- Saber pedir ayuda a los demás cuando se necesita.

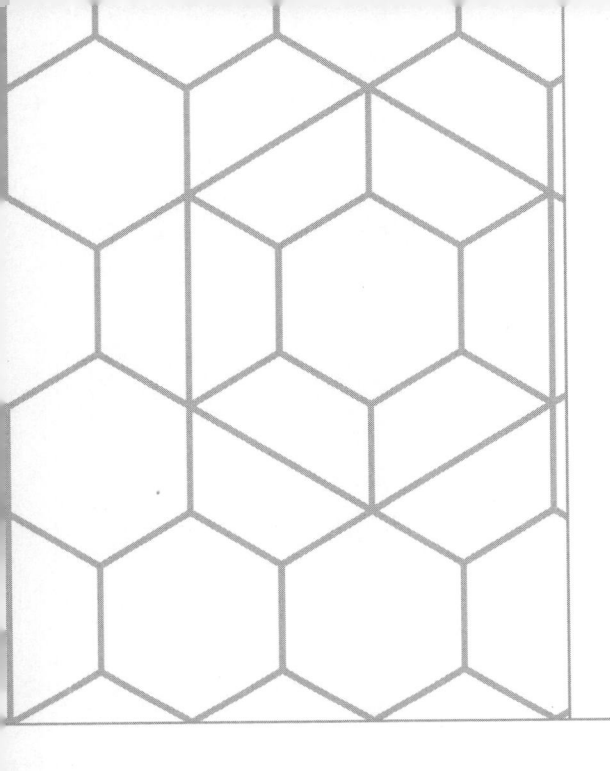

PARTE 2

ETAPAS VITALES

LA INFANCIA

Cuando pensamos en un niño, siempre lo visualizamos jugando o riendo, lo vemos como alguien tierno. Los niños muchas veces son considerados como seres indefensos que necesitan protección y de cuyo cuidado se ocupan los adultos.

La infancia es el periodo del ser humano que va desde el nacimiento hasta los 12 años. Esta etapa es muy importante, puesto que durante esta época es cuando tiene lugar el desarrollo del cerebro, las relaciones sociales y el descubrimiento del mundo, se aprenden las habilidades sociales y se forjan las fortalezas, las creencias y los valores, así como la personalidad.

Esta etapa es fundamental para adquirir las capacidades básicas con las que poder relacionarnos con el mundo que nos rodea. En esta época se desarrollan las áreas cognitiva, emocional y motora. En todo caso, desde el nacimiento hasta los 12 años, la infancia se divide en distintas etapas, que son:

- **La etapa prenatal.** Desde la concepción hasta el nacimiento. En esta etapa se forman todas las estructuras del cuerpo.

- **La primera infancia.** Es el periodo desde el nacimiento hasta los dos años. El niño es dependiente de sus cuidadores, que lo alimentarán, le cuidarán y se preocuparán de su higiene. Se desarrollan los sentidos y habilidades motrices, el niño aprende a gatear, es capaz de agarrar objetos y aprende a caminar.

- **Etapa de la infancia temprana.** Va desde los tres hasta los cinco años. Se desarrollan las habilidades sociales y cognitivas, y el niño es más independiente. El niño juega creando escenarios y refleja el mundo que le rodea. La habilidad del lenguaje le permite comunicarse con los demás y poder expresar sus pensamientos y emociones.

- **Etapa de la infancia media.** Transcurre desde los seis hasta los once años. También se conoce como *etapa de latencia*. El niño sigue creciendo física y emocionalmente y empieza a establecer su identidad propia. En esta etapa se adquieren conocimientos académicos y habilidades cognitivas. Se establece la diferencia entre el bien y mal. Con los conocimientos adquiridos se muestran las preferencias e intereses y se construye la identidad individual.

El estrés en los niños

El estrés es un término que se utiliza habitualmente para niños, adolescentes y adultos. Podemos considerarlo como la respuesta del cuerpo al ambiente. En él intervienen todos los órganos y las funciones del cuerpo. Cuando un estímulo resulta amenazante o agresivo, puede provocar diversas reacciones. En los niños, la manera más fácil de detectarlo es observando su comportamiento.

SEÑALES DE UN NIÑO CON ESTRÉS

En función del periodo de la etapa infantil, las señales de un niño con estrés son las siguientes (Unicef, s. f.-b):

- **Primera infancia, hasta los tres años.** En esta etapa los niños tienen necesidad de estar cerca de los cuidadores, tienen cambios en la alimentación y en el sueño, pueden tener aumento de la irritabilidad (ya que les molestan más las cosas), tienen aumento de la hiperactividad, temores nocturnos con pesadillas y llantos frecuentes por la falta de tolerancia a la frustración.

- **Etapa preoperativa, de tres a siete u ocho años.** En esta etapa tienen necesidad de estar cerca de los adultos, manifiestan cambios en los hábitos alimenticios y en los hábitos de sueño, pueden tener aumento de irritabilidad, dificultad para concentrarse, diminución o exceso de actividad, deseos de asumir los papeles del adulto y pueden sufrir mutismo.

- **Etapa operativa, de siete u ocho a 12 años.** Esta etapa conlleva la preocupación. Realizan cambios en los patrones de alimentación y de sueño, existen temores que aumentan, relacionados con que al otro le pase algo; irritabilidad, agresividad, pueden sufrir síntomas físicos o somatizar lo que les ocurre y, por último, pueden manifestar cambios en el rendimiento escolar.

ACONTECIMIENTOS ESTRESANTES EN EL NIÑO

Cuando pensamos en los acontecimientos estresantes, nos vienen a la mente los sucesos catastróficos. Estos pueden ser una muerte, un accidente, una enfermedad grave o un terremoto. Existe también otra serie de acontecimientos, que son los que dan lugar al estrés cotidiano, y consisten en la combinación de muchos eventos ante los cuales no se pueden encontrar recursos para afrontarlos (Lazarus y Folkman, 1984). Por ejemplo, cuando hablamos de que un niño ha tenido un mal día, puede haber llegado tarde a clase, haberle salido mal un examen, tener que ir por la tarde a múltiples actividades extraescolares y estar cansado. Esa serie de eventos se pueden acumular y pueden producir malestar. Los eventos cotidianos suelen ser más frecuentes, como llevarse mal con un compañero de clase. Si comparamos los eventos cotidianos con los eventos vitales, vemos que:

- **Los eventos vitales** son hechos importantes que tienen una mayor intensidad, tienen un efecto más fuerte y no se pueden modificar siempre.

- **Los eventos cotidianos** ocurren con mayor frecuencia, están compuestos por otra serie de eventos, pueden perdurar en el tiempo y los podemos modificar.

Podemos nombrar una serie de eventos que producen estrés infantil, relacionados con tres ámbitos: la salud, la escuela y la familia. Dentro de ellas, hay que destacar que entre el año y los tres suelen ocurrir ciertos eventos vitales que pueden influir, como el nacimiento de un hermano, una mudanza o el empezar a estar escolarizado, mientras que entre los seis y los 12 años son eventos relacionados con el ambiente los que suelen explicar el estrés infantil. Podemos agruparlos en estos sectores:

- **Hospitalización.** Podemos nombrar la enfermedad, el dolor, el entorno no familiar, los extraños, la separación respecto de los padres, el estrés de los acompañantes, el no ser autónomo, la incertidumbre sobre lo que va a pasar, etc. (Guerrero, 2006).

- **La escuela.** Los exámenes, las relaciones con compañeros, los conflictos, las calificaciones, las actividades extraescolares, la exigencia de las tareas y las dificultades de aprendizaje (Pozos *et al.*, 2015).

- **El estrés escolar.** Integrarse en el medio escolar supone para el niño tener que dejar el entorno del hogar y llegar a un ambiente que desconoce. Una vez allí, ha de participar en las actividades de grupo, relacionarse y desarrollar sus habilidades sociales. El niño quiere ser aceptado, y no siempre ocurre así y como él desea. Durante esa etapa se va a ir desarrollando el proceso de aprendizaje, y tendrá que poner en práctica sus habilidades cognitivas, con las que tendrá que aceptar críticas, adaptarse a los demás y afrontar sus miedos. Debido a los horarios de los centros y de las rutinas laborales de los padres, muchas veces es necesario recurrir a las actividades extraescolares que a veces no han elegido ellos, sino que les vienen impuestas para poder estar con alguien mientras los progenitores trabajan. En muchas ocasiones, estas actividades aparecen en su vida como una responsabilidad y una obligación. Los niños se ven sobrepasados y pueden no contar con tiempo de ocio.

- **El divorcio de los padres.** No es solo la ruptura de los padres lo que conlleva efectos negativos, sino la mala gestión de este acontecimiento por los padres (Martinón *et al.*, 2017). Cuando los padres rompen la relación, el niño suele quedarse viviendo con uno de los dos, y el contacto con el otro disminuye. Se produce un cambio de rutinas en el niño, y los padres pueden tener conflictos sobre cómo realizar la separación o el divorcio. Ante estos acontecimientos, los niños viven situaciones de conflicto y pueden aparecer problemas gastrointestinales, dermatológicos, neurológicos y genitourinarios.

- **Muerte de uno de los progenitores.** Cuando desaparece uno de los progenitores, el niño queda privado de una figura que actúa como modelo; se rompen vínculos afectivos.

- **Crisis económicas en el hogar.** El niño puede encontrar que no tiene acceso a todo lo que necesita y puede percibir la preocupación de los padres.

- **Vivir en lugares inseguros.** El niño percibe situaciones en las que puede correr peligro, en las que no va a contar con figuras protectoras.

- **El estrés de los padres.** Cuando los padres viven estresados y agobiados, este estrés se lo transfieren a los niños, ya que estos captan todo lo que hay alrededor y muchas veces lo hacen suyo.

- **Las nuevas tecnologías.** Los niños tienen acceso a las tecnologías desde muy pequeños. Hoy en día es fácil ver a niños que, mientras comen, están mirando la pantalla del móvil o que, cuando están aburridos, miran todo tipo de vídeos. La mayor parte del ocio de los niños transcurre ante una pantalla, y cuando no tienen acceso a ellas, se puede ver cómo muestran enfado o disconformidad. Los niños pasan una parte de su tiempo revisando redes sociales, por lo que es importante conocer qué están viendo, por cuanto que se pueden ver expuestos a violencia o contenidos no adecuados de diversa índole. Cuando pasan mucho tiempo sin el móvil, pueden llegar a sentir miedo y se pueden sentir inseguros. Esto les conduce a padecer estrés y pueden desarrollar pensamientos que les hacen creer que necesitan el móvil para todo, para relacionarse con los amigos, para pedir ayuda, para realizar las tareas, etc. Todo ello limita sus propios recursos y habilidades. El mal uso de estas tecnologías y su dependencia los pueden llevar a vivir con nervios, sudores, enfados y miedos.

PRINCIPALES ESTÍMULOS ESTRESORES Y MIEDOS SEGÚN LA EDAD

De acuerdo con Bastida (2018), los estímulos estresores y los miedos más significativos, según la edad, son:

- **En el primer año.** El estar lejos de los padres, los estímulos extraños o que le resulten violentos y le asusten.

- **De dos a cuatro años.** Los estímulos son sociales. Los animales, las personas extrañas, los ruidos fuertes y la oscuridad.

- **De cuatro a seis años.** Los estímulos son imaginarios. La oscuridad, los monstruos, los truenos y relámpagos, el miedo a dormir solos.

- **De seis a nueve años.** Los estímulos son más específicos: la oscuridad, el fracaso escolar, el daño corporal, el miedo al ridículo.

- **De nueve a 12 años.** Los estímulos son realistas y específicos, y están basados en la realidad objetiva. Los incendios, los truenos y relámpagos, los exámenes, los accidentes, el divorcio de los padres, los compañeros que resultan agresivos, el rendimiento escolar, etc.

REPERCUSIONES DEL ESTRÉS EN LOS NIÑOS

Las habilidades de regulación y las funciones ejecutivas nos ayudan a planear, enfocar la atención, recordar instrucciones y realizar múltiples tareas. Cuando los niños desarrollan estas habilidades, experimentan beneficios, ya que son habilidades que en esta etapa son fundamentales para aprender y para el desarrollo en general. Tales habilidades dependen de la memoria de trabajo, la flexibilidad mental y el autocontrol, y están relacionadas entre sí (Hofmann et al., 2012).

- **La memoria de trabajo.** Ayuda a manipular la información en periodos cortos de tiempo.

- **La flexibilidad mental.** Contribuye a enfrentar diferentes demandas y a aplicar reglas.

- **El autocontrol.** Contribuye a establecer prioridades y no tener reacciones impulsivas.

Los niños no nacen con estas habilidades; nacen con el potencial de desarrollarlas. Cuando los niños se enfrentan a situaciones de estrés y no reciben la ayuda que necesitan de sus cuidadores, el desarrollo de estas habilidades se puede ver dañado.

TRASTORNOS RELACIONADOS CON EL TRAUMA Y LOS FACTORES DE ESTRÉS EN NIÑOS

El maltrato y el descuido infantil repercuten en la salud y el bienestar posterior de los adultos. Cualquier experiencia de un niño puede influir a largo plazo, cuando ese niño se convierta en adulto. Las **experiencias traumáticas de la infancia** pueden afectar al cerebro y al cuerpo de los niños. Cuando un niño ha sufrido una experiencia negativa, el estrés que padece hará que el cuerpo libere cortisol; estos niveles altos de cortisol, que se liberan cuando el estrés es crónico, dificultan que el cerebro crezca y aprenda. Los niños que han experimentado un trauma van a vivir expuestos a estos niveles de cortisol y van a poder desarrollar problemas de salud crónicos, enfermedades mentales y problemas de consumo de sustancias.

Las experiencias traumáticas no afectan a todas las personas de igual manera. Un trauma puede no tener el mismo efecto en un niño que en otro y, de igual manera, un mismo evento puede ser diferente para un adulto. Los síntomas pueden variar desde miedo y ansiedad hasta síntomas anhedónicos que se pueden manifestar, como enfado y hostilidad o síntomas disociativos.

Es imposible saber *a priori* si un evento puede resultar traumático para un niño. Ahora bien, existen algunos **factores** que hacen más probable que una persona pueda sufrir un trauma.

Un niño que ya ha sufrido un trauma, si se expone a otra experiencia traumática, podrá desarrollarlo de manera más aguda. Asimismo, la depresión, la ansiedad y los trastornos por consumo de sustancias pueden empeorar después de haber tenido una experiencia traumática.

De igual manera, tener familiares que hayan experimentado trauma también puede hacer que una experiencia sea más traumática. Igualmente, existe el trauma que se experimenta cuando el niño vive sucesos traumáticos como violencia, abusos a través de sus relaciones con otros o escuchando qué les ha ocurrido a los familiares. Esto puede hacer que desarrollen pesadillas y miedos. El niño puede aprender a vivir con el trauma y normalizarlo. Imaginemos un niño que presencia situaciones violentas de discusiones y maltrato entre sus progenitores. Él será testigo de ello, y puede desarrollar ansiedad y estrés.

Si una persona no recibe apoyo para tratar emociones como el miedo, la culpa, la inseguridad o la vergüenza que aparecen después de haber vivido el trauma, puede dificultar su recuperación. Siguiendo a Morrison (2015), los trastornos pueden ser:

1. Trastorno de apego reactivo

Fran está en clase, los demás niños siempre juegan y han hecho amigos. Desde que empezó a ir hace 10 días se sienta en un rincón de la clase y suele estar serio. Se entretiene jugando con su chaqueta y no se relaciona con los demás. La profesora está preocupada, llama a su madre porque Fran estaba cabizbajo y ni la ha mirado cuando le habla. Su madre se acerca y le abraza. Fran no se inmuta ante el abrazo, sigue cabizbajo y no sonríe.

Este trastorno se diagnostica cuando los niños tienen entre nueve meses y cinco años, y está presente durante más de 12 meses. Los niños parecen tristes, tímidos, temerosos, distantes, y son irritables y no reaccionan a juegos interactivos como el taparse la cara. Puede confundirse con el trastorno de autismo.

El niño ha recibido cuidados no adecuados como son maltrato, negligencia, abusos. Pueden ser niños adoptados que han pasado de un hogar a otro o que han vivido en orfanatos. Los niños que lo padecen pueden haber sufrido pobreza, hospitalizaciones, venir de un hogar donde ha estado presente la muerte, el divorcio o las discusiones.

Cuando atraviesan una situación difícil en la que necesitan la figura de un cuidador, no van a buscar consuelo, ni si existe van a responder a él.

Cuando se trata este trastorno, hay que propiciar un ambiente de cuidados estable y fomentar las interacciones entre el niño y el cuidador.

2. Trastorno de relación social desinhibida

Mara ha salido con su familia a comer. Está aburrida y se dedica a ir por todas las mesas y habla con todo el mundo e, incluso, se ha sentado en la mesa de esta pareja. Cuando estos pagan la cuenta, les sigue e incluso quiere salir del restaurante con ellos.

Este trastorno se da específicamente durante la infancia. Se caracteriza porque el niño no siente miedo ante los adultos que no conoce y puede mantener vínculos de apego con cualquier persona. Se sienten cómodos hablando con extraños y teniendo contacto con ellos. Este trastorno aparece cuando el niño tiene una edad de desarrollo de al menos nueve meses. Los padres pueden pensar que tienen un niño muy social, que no siente vergüenza. Esto puede no ser un problema mientras que no sea algo que se haga de forma desmesurada. Estos niños van a buscar llamar la atención y van a querer el cariño de los demás.

Este trastorno puede confundirse con el trastorno por déficit de atención (TDH). Estos niños han vivido en hogares donde puede haber maltrato, sucesos traumáticos, relaciones sociales pobres, cuidados insuficientes, ser niños que han vivido en orfanatos o con varias familias. Su comportamiento verbal y afecto es excesivamente familiar y en un ambiente extraño no necesitan a los padres.

Para modificar la conducta hay que buscar la transmisión de seguridad, que conecten con la figura de apego y noten disponibilidad emocional (Rovira, 2018).

3. Trastorno de estrés postraumático (TEPT)

Los niños pueden experimentar eventos estresantes de los que se pueden recuperar bien, pero a veces sufren estrés a largo plazo y, si este es severo, pueden desarrollar síntomas que les hagan padecer TEPT. Estos síntomas pueden abarcar pensamientos recurrentes y *flashbacks* que les hacen pensar que puede volver a ocurrir. Podemos hablar de este trastorno en niños mayores y menores de seis años.

Niños menores de seis años
Marta y Yolanda están jugando en casa con su granja de juguete. En ella hay todo tipo de animales. Están jugando con un perro y un muñeco. Hacen que el muñeco pegue al perro y hablan de que hay sangre.

Se puede manifestar desde el primer año y pueden aparecer síntomas los tres meses posteriores a que ocurra el hecho. Son niños que han estado expuestos a muerte, a violencia sexual y abusos o que han sufrido lesiones graves. Esto puede ocurrir de manera real o como una amenaza. El niño puede:

- Haber tenido la experiencia del hecho traumático.

- Haberlo presenciado o saber que les ha ocurrido a sus padres o a las personas que lo cuidan.

Que un niño haya visto esto en la televisión o en un móvil o en una foto, no se tiene en cuenta para poder diagnosticarlo.

Después de que haya ocurrido el hecho traumático, el niño comienza a experimentar recuerdos repetidamente del hecho.

- Puede tener sueños sobre este hecho.
- Puede representar lo que ha ocurrido mientras juega.
- Puede tener reacciones como si estuviera volviendo a pasar.
- Puede presentar malestar psicológico cuando aparece algo que le recuerda el hecho traumático.
- Puede reaccionar de manera física a los recuerdos.

Posteriormente, el niño va a tratar de evitar todo lo que le recuerde el trauma, como son lugares, personas, objetos, actividades... Va a expresar emociones negativas como miedo, tristeza, culpa, etc., y no va a relacionarse bien con otros niños y va a jugar menos.

Asimismo, va a mostrar un comportamiento irritable aunque no haya provocación, va a estar vigilante ante todo y va a mostrar arrebatos de furia, junto a agresión verbal o física dirigida a otras personas u objetos.

Niños mayores de 6 años

Hakim se ha escondido en su casa. Había ido al cine con sus amigos y estaba proyectando una película sobre la guerra. Ha oído los tiros y ha salido corriendo hacia su casa. Se ha dirigido a su habitación y se ha metido en la cama, encogido. No sabe qué le pasa. Su madre le pregunta y Hakim reacciona enfadado, diciéndole que le deje en paz, que no quiere hablar.

Surge en niños que han estado expuestos a muerte, lesiones graves, violencia sexual. Se puede sufrir de manera real o debido a una amenaza. Los síntomas se experimentan durante más de un mes.

El niño puede:

- Tener experiencia del hecho o presenciarlo.
- Saber que les ha ocurrido a padres, familiares o amigos un suceso violento o accidental.
- Puede estar expuesto repetidas veces a los detalles del trauma, como puede ser presenciar maltrato.

Después de haber sucedido el hecho traumático, el niño puede:

- Experimentar recuerdos intrusivos.
- Tener sueños angustiosos o aterradores sin saber el contenido.
- Tener reacciones en las que siente que se repite el hecho puede hacerlo a través del juego.
- Tener malestar psicológico o prolongado ante factores que le recuerden el trauma.
- Sufrir reacciones fisiológicas intensas.
- Tratar de hacer esfuerzos para evitar pensamientos, recuerdos o sentimientos.
- Evitar personas, lugares y actividades que le recuerden el trauma.
- Olvidar algunas partes importantes cuando trata de recordar.
- Desarrollar creencias negativas sobre sí mismo y sobre el mundo como: «no soy fuerte», «me va a pasar algo malo», «soy torpe», etc.
- Pensar que la causa de todo es él o los demás.
- Experimentar miedo, terror, culpa o vergüenza.
- No querer participar en actividades con otros.
- Tener sentimiento de desapego.
- No sentir emociones positivas como son la alegría, la euforia, el amor o ver estas disminuidas.
- Tener comportamientos irritables y arrebatos de furia.
- Tener comportamiento imprudente o autodestructivo.
- Tener hipervigilancia.
- Exhibir respuestas en las que se sobresalta.
- Tener falta de concentración.
- Tener problemas para conciliar el sueño o sentirse inquieto mientras duerme
- Padecer síntomas disociativos como despersonalización (verse desde fuera cómo hace algo, tener sensación de estar soñando o de que el tiempo pasa más despacio) o desrealización (el mundo aparece como en un sueño).

Como ejemplo de eventos que pueden afectar a los niños, podemos nombrar el maltrato físico, psicológico y sexual, haber presenciado una enfermedad grave o la muerte de alguien importante, haber vivido un desastre natural como un terremoto o una inundación, accidentes de coches y haber sido testigo de hechos violentos.

4. Trastorno de estrés agudo
El trastorno de estrés agudo coincide con lo descrito en el trastorno de estrés postraumático, pero los síntomas suelen comenzar casi después de que ocurra el acontecimiento traumático y dura de tres días a un mes. Aparece una incapacidad de experimentar emociones positivas como pueden ser la felicidad, el bienestar, la gratitud.

5. Trastornos de adaptación

Surgen cuando el niño se enfrenta a un acontecimiento estresante y se desarrollan síntomas como pueden ser la ansiedad o la depresión, o respuestas conductuales inapropiadas como romper objetos. Estos síntomas surgen tres meses después de que aparezca el factor de estrés.

Podemos encontrar situaciones que se pueden producir con más frecuencia (Halpern, 2003):

- Duelo por fallecimiento de una persona querida.
- Enfermedades en las que hay hospitalización.
- Separaciones de los progenitores.
- *Bullying.*
- Emigración o inmigración.
- Nacimiento de un hermano.
- Cambios escolares.

Los síntomas más frecuentes que se presentan son:

- Malestar generalizado.
- Síntomas depresivos: tristeza, lloros, apatía, insomnio, etc.
- Síntomas de ansiedad: tensión, miedos, nervios, etc.
- Alteraciones de la conducta que pueden aparecer con agresividad.
- Fenómenos regresivos como pueden ser volver a orinarse encima, hablar como un niño más pequeño, gatear o chuparse el dedo otra vez cuando había dejado de hacerlo.

Se puede ayudar al niño ofreciéndole confianza, dedicándole tiempo, escuchando sus emociones y aceptándolas, siendo paciente y no mostrando sobreprotección.

CÓMO PREVENIR EL ESTRÉS

Cuando se ayuda al niño a que viva en un entorno relajado, esto puede ayudar a que el niño observe el entorno y se observe a sí mismo. Sentirse seguro y apoyado ayuda a desarrollar la resiliencia.

La resiliencia y el estrés en los niños

La resiliencia es la capacidad con la que cuenta un niño para recuperarse y poder mostrar adaptación cuando ha sufrido un evento traumático. Se trata de que el niño sepa afrontar la adversidad.

La resiliencia se puede desarrollar en niños que cuentan con un progenitor que les ayude o con una figura cuidadora. Esta combinación de relaciones y experiencias positivas les ayudan a desarrollar la habilidad de planificación y de regular el comportamiento. La resiliencia es toda la combinación de factores de protección. La interacción entre la biología y el medio ambiente les ayuda a poder hacer frente a la adversidad y superar los estímulos amenazantes. Se puede desarrollar enseñando al niño lo siguiente (Ginsburg *et al.*, 2011):

- **Empatía.** Una de las mejores maneras es que sientan que, cuando hablan, se les escucha y se comprenden sus pensamientos y emociones a través de la narración de hechos y conductas.

- **Enseñar a los niños a tener emociones.** Se puede hablar de ellas con técnicas de juego o cuentos.

- **Facilitar un entorno de calma.** Los lugares en los que se vive con estrés también estresan al niño.

- **Ayudar a buscar soluciones.** Cuando ocurre algo y el niño no sabe qué hacer, es buena idea desarrollar con él un árbol de decisiones y enseñarle cuáles son los beneficios y perjuicios de cada decisión que pueda tomar.

- **Enseñar que de cada fracaso puede surgir una nueva oportunidad.** Aprovechar los errores para aprender.

- **No mostrar decepción ante lo que no gusta**. Simplemente ayudarle a esforzarse y utilizar reforzadores de la conducta.

- **Enseñar a ser flexibles.** No siempre las cosas salen como uno desea. Hay cosas que se pueden cambiar y otras que no, a las cuales hay que adaptarse.

- **Mostrar optimismo.** A los niños no les gustan las situaciones que les ponen tristes. Se trata de dar fuerza y acompañarlos con su esfuerzo en mejorar.

AYUDAR A LOS NIÑOS CON ESTRÉS

Existen maneras de ayudar al niño a que se sienta menos estresado (Equipo de Understood, s. f.):

- **Nombrar**. Cuando notamos que el niño está estresado por algo, lo mejor es ayudarle a ponerle un nombre y ver cómo se siente. Se pueden hacer preguntas del tipo: «¿Cómo estás cuando vas a clase?», o bien dibujar. Cuando se ayuda al niño a hablar, este se puede sentir más aliviado.

- **Dividir.** Los niños a veces se ven sobrepasados por las tareas que tienen que realizar o ante situaciones que han de enfrentar. Una manera de ayudarle es aprender a dividir lo que tiene que hacer. Esto puede hacer que la tarea sea más accesible, ya que tendrá pequeños retos que enfrentar.

- **Prever.** Cuando el niño tiene que ir a un sitio desconocido, es mejor enseñarle el lugar antes. Facilitarle que conozca dónde tiene que ir, quién hay en ese lugar, con quién va a estar puede ayudarle a sentirse menos estresado. No lo va a enfrentar como un reto desconocido, sino como algo que ya sabe si le gusta.

- **Ayudarle a reconocer sus logros.** Cuando los niños se enfrentan a determinados desafíos, pueden sentir inseguridad o falta de motivación. En esos momentos no pueden recordar los logros parecidos que obtuvieron en otras ocasiones. Se le puede elogiar de manera que se sienta menos preocupado y reconozca las habilidades con las que cuenta para enfrentar nuevos desafíos. Ejemplo: un niño que ha estado jugando al fútbol y ahora se ha apuntado a esgrima y tiene miedo de cómo lo va a hacer. Se le puede ayudar a que vea que, cuando empezó en el fútbol, no sabía jugar, pero ha ido entrenando, aprendiendo tácticas y jugando, de manera que ha conseguido ser un buen portero. Ahora, cuando empiece esgrima, también irá poco a poco; se le pueden explicar cómo serán los entrenamientos y cómo puede ir avanzando.

- **Ayudarle a reconocer sus PUEDO.** De esta manera logra enfrentar sus miedos. Cuando un niño tiene miedo, puede desarrollar creencias del tipo: «no valgo para esto», «a mí no se me da bien», «tengo miedo», «no soy tan bueno como los demás». Si les ayudamos a que se repitan frases como: «yo puedo hacerlo», «soy capaz de hacerlo bien», «soy bueno en», estaremos reforzando su autoestima y rebajándoles el nivel de estrés.

- **Seguir rutinas.** Cuando un niño tiene claras las rutinas que debe hacer en el día a día, puede sentir seguridad. En casas donde existe un gran caos, los niños pueden no saber qué hacer y por tanto empezar a desarrollar inquietudes e inseguridades. Un día de clase pueden desayunar, vestirse, ir al cole, comer, descansar…

- **Aprender a desahogarse.** Un niño debe aprender que puede confiar en los demás y, si se siente mal, puede expresar lo que le está pasando. Esto le ayudará a generar confianza y no sentir temores.

- **Ser claro, no generar incertidumbre.** Aprender a reconocer las expectativas que se tienen de él en el colegio, en casa, sin que alguien tenga la necesidad de recordárselo continuamente. A los niños les gusta saber que tienen responsabilidades acordes a su edad, pueden echarle de comer a su mascota o pueden realizar las tareas cuando llegan a casa, saber que pueden ayudar en casa haciendo la cama o poniendo la mesa. Ejemplo: se le puede preguntar: «¿cómo te gusta ayudar en casa?» y dejarle hacer algo que le guste de esa lista.

La ansiedad en los niños

La ansiedad puede ser equiparable al miedo. Durante la infancia es normal y puede ser adaptativa, ya que ayuda al niño a que se proteja ante los estímulos que le pueden causar daño, pero cuando esta ansiedad es excesiva, pasa a ser patológica.

Los niños pueden sentir miedo cuando ven que nadie les cuida o cuando aparecen situaciones como ruidos extraños, monstruos o enfermedades. La ansiedad se puede desencadenar por factores externos e internos (Pascual y Mascaraque, 2022):

- **Factores externos:** las tormentas o el colegio.

- **Factores internos:** los recuerdos, imágenes que pueden representar monstruos, animales o pensamientos de que alguien va a venir a por él o se va a llevar a sus padres.

FACTORES QUE PUEDEN INFLUIR EN DESARROLLAR ANSIEDAD

- **Los factores genéticos.** Se han encontrado tipos de genes que pueden tener relación con el desarrollo de la ansiedad. Estos genes y la interacción que se produce con el medioambiente pueden hacer que se desarrolle esta (McGregor, 2014). Las estimaciones son del 50 al 60 % en algunos estudios.

- **Factores del desarrollo.** Se debe observar la progresión de la ansiedad a lo largo de la vida. Los bebés que muestran vacilación o angustia ante las novedades tienden a evitar los estímulos nuevos (Fox *et al.*, 2005) y suelen ser más propensos a desarrollar ansiedad durante la infancia y la adolescencia.

- **Factores cognitivos.** El temperamento, ya que los niños más tímidos tienen más tendencia a desarrollar trastornos por ansiedad como la ansiedad social (Kong *et al.*, 2023). Cuando un niño es tímido, situaciones como leer en voz alta, hablar delante de sus compañeros, hacer un recado... le pueden provocar ansiedad. Asimismo, la baja tolerancia a cometer errores puede influir y provocar sintomatología ansiosa.

- **Los estilos parentales.** Son las actitudes que muestran los padres cuando educan a sus hijos. Existen diversos factores que pueden influir en la ansiedad (Basso *et al.*, 2019):

  - La sobreprotección puede hacer que los niños se vean como indefensos, amenazados por peligros y sin recursos para afrontarlos.

  - Las actitudes críticas de los padres también pueden afectar al desarrollo de su concepto y que no se vean seguros.

  - Los miedos de los padres también se pueden transmitir a los hijos. El niño imita la respuesta emocional del adulto ante los acontecimientos.

  - Los estilos asertivos o democráticos que tienen en cuenta a los niños, haciéndoles partícipes de sus decisiones, evitan la ansiedad en ellos.

  - Los estilos autoritarios, aquellos que ejercen control y no permiten autonomía, favorecen la aparición de la ansiedad.

- **Los acontecimientos vitales estresantes.** Algunos acontecimientos pueden escapar al control del niño, como la muerte de un familiar o un accidente. Sin embargo, otros acontecimientos caen dentro del control del niño; por ejemplo, situaciones en las que suspende un examen o ha roto la amistad con un amigo. Otros eventos serán indeseables, como una operación o una discusión de los padres. El momento del desarrollo del niño influirá en cómo le afectan los acontecimientos. Por ejemplo, ante una operación, a un niño más mayor se le puede ayudar a reducir este miedo, mientras que con un niño más pequeño resultará más difícil.

- **Los ambientes sociales desfavorables.** Vivir en un ambiente donde la violencia está presente, donde no se siente seguridad, o en un ambiente tóxico donde puede haber drogas o personas alcohólicas va a repercutir en la forma de afrontar estas situaciones y va a provocar sintomatología ansiosa.

SÍNTOMAS DE ANSIEDAD EN NIÑOS

De acuerdo con ITAE Infantil (s. f.), diferenciamos los siguientes síntomas por su tipología:

- **Síntomas físicos.** Pueden incluir, en diversa intensidad, manifestaciones fisiológicas como:

  - Temblores.
  - Dolores abdominales y de cabeza.
  - Manos sudorosas.
  - Vómitos.
  - Tartamudez.
  - Problemas a la hora de conciliar el sueño.
  - Problemas para controlar esfínteres.

- **Síntomas cognitivos.** Son las creencias, pensamientos e imágenes que pueden ser:

  - Rituales.
  - Lentitud para realizar tareas y dificultad de concentración.
  - Rendimiento escolar alterado.
  - Preocupación constante por lo que le rodea.
  - Preocupación por pérdida de figuras de apego.
  - Miedos.
  - Pesadillas.

- **Síntomas conductuales.** Son manifestaciones de carácter alterado como:

  - Rabietas.
  - Agitación.
  - Impaciencia.
  - Aislamiento.
  - Dificultades para dormir.
  - Resistencia a ir a la escuela.
  - Aferrarse en exceso a los padres.

TRASTORNOS DE ANSIEDAD EN NIÑOS

La ansiedad se refleja en diversas alteraciones, como pueden ser las que comentamos a continuación.

Ansiedad de separación

Fabio ha comenzado a ir a un nuevo colegio. Desde que empezó, sus padres han notado que todas las noches se despierta llorando con pesadillas y les cuenta que está solo en sus sueños en una habitación. Últimamente le duele mucho la tripa si su madre o su padre no están en casa cuando vuelve del colegio, pero lo que más les ha llamado la atención es que por las mañanas no tiene nada de ganas de ir al colegio; les dice que preferiría estar en casa jugando todos los días con ellos y con su abuela. En el anterior colegio esto no le sucedía, estaba contento todos los días.

Ocurre si se presentan tres de estos síntomas al menos durante cuatro semanas:

- Angustia ante tener que dejar a los padres. Cuando tienen que ir al colegio o quedarse con alguien que los cuide.

- Temor a que desaparezca alguna de las figuras de apego, que le ocurra algo a alguno de sus padres, como una enfermedad.

- Temor excesivo a que algún hecho desafortunado los separe de sus padres. Estos hechos pueden ser que se pierda, que tenga alguna enfermedad, que le ocurra un accidente.

- Resistencia a ir a la escuela.

- No querer ir a dormir si no está alguna de sus figuras de apego. Además, puede aparecer miedo a dormir a oscuras, a que la puerta esté cerrada, a que alguno de los padres salga de la habitación antes de que se duerma.

- Resistencia a quedarse solo en casa o tener que ir solo a los sitios.

- Pesadillas que suceden repetidamente donde está presente la separación.

- Expresiones somáticas como dolores de cabeza, náuseas o vómitos cuando se separan de las figuras de apego.

Este tipo de ansiedad puede aparecer de repente e ir variando con el paso del tiempo. La edad media de inicio es de nueve años, y suele ocurrir más en las niñas. Si se prolonga en el tiempo, puede derivar en agorafobia, trastorno de pánico o depresión.

Ansiedad generalizada

Hace unas semanas ocurrieron unas inundaciones en otro país. Esta noticia la emitieron en la televisión y Elisa pudo ver las imágenes de gente subida en los tejados, gente subida en lanchas por lo que antes eran calles, gente que estaba viviendo acogida en un pabellón... En la televisión también pedían ayuda para estas personas y facilitaban un teléfono donde la gente podía hacer donaciones a fin de apoyarla. Desde entonces, cada vez que llueve pregunta: «¿y si llueve mucho y nuestra casa se inunda?», «y si nos quedamos sin casa, ¿dónde vamos a vivir?» o «cuando la gente se queda sin casa, ¿pierde todas sus cosas?».

Los niños que presentan este tipo de ansiedad tienden a estar preocupados habitualmente por todo. Existen cuestiones que les preocupan más, como por ejemplo que su familia tenga seguridad y la salud.

La ansiedad generalizada en los niños ocurre cuando existen:

- **Inquietudes o preocupaciones** relacionadas frecuentemente con la escuela o con actividades que se desarrollan allí. Estas preocupaciones e inquietudes ocurren excesivamente (por lo general, todos los días durante un tiempo aproximado de seis meses).

- **Dificultad al intentar controlar la ansiedad** y cuando se trata de olvidar las preocupaciones relacionadas. Presentan síntomas como malestar gástrico, dolor de cabeza, nervios, indecisión, y son más aprensivos.

La ansiedad y las preocupaciones se presentan asociadas con uno de los siguientes **síntomas:**

- Fatiga.
- Dificultad para concentrarse o mala memoria.
- Irritabilidad.
- Tensión muscular.
- Dificultades para conciliar el sueño o despertarse durante la noche.

Trastorno de ansiedad social

Paula quiere apuntarse al equipo de baloncesto del colegio. Sin embargo, siente una vergüenza terrible. La última vez que tuvieron un partido e intentó hacer una canasta vio a un grupo de niñas riéndose y pensó que estaban comentando algo de ella. Cuando fue al vestuario, se sintió completamente avergonzada, no quería mirar a nadie a la cara y estuvo todo el rato mirando hacia el suelo, sin levantar la cabeza.

Carlos no entiende el último tema de matemáticas. Su profesor está explicando y él quiere preguntar qué ha hecho, hace tiempo que se perdió con la explicación. No lo va a hacer, intenta abrir la boca para hablar, pero no puede, las palabras no salen de él. Su mejor amigo está sentado a su lado y nota que algo ocurre, le pregunta qué le pasa. Carlos sabe que está completamente rojo, ni siquiera puede hablar, no quiere explicarle que no está entendiendo nada. No sabe si es el único de la clase que no se entera y, de ser así, parecería tonto.

El trastorno de ansiedad social es un miedo persistente que surge por las situaciones sociales o contextos en los que el niño queda bajo la observación de otros. El niño teme que con sus acciones viva una situación embarazosa o que pueda resultar humillante (Ehmke, 2023). Los niños que padecen este trastorno, usualmente, se relacionan con amigos o gente cercana. Este tipo de ansiedad suele aparecer a la edad de ocho años. Es frecuente que el niño al principio no muestre sus sentimientos y emociones, y puede que los padres o profesores no se den cuenta de lo que le está ocurriendo. Puede causarles temor cualquier situación social y se muestran preocupados por hacer algo que les pueda provocar vergüenza cuando quedan expuestos a las opiniones y comentarios de los demás.

Este trastorno afecta al desempeño escolar y a las relaciones sociales. A veces puede parecer que están enfadados o furiosos, y tienden a ponerse rojos. Las situaciones que lo provocan suelen evitarse o se pueden resistir con miedo, mostrando sensibilidad a la crítica y el rechazo.

Fobia específica

Se trata de un miedo identificable y persistente que resulta excesivo o irracional cuando se presenta ante el niño un objeto o una situación específica (Baron, 2003). Las fobias más comunes son a los animales, los insectos, la sangre, los espacios cerrados y las inyecciones. Solo pensar en ello antes de exponerse ya conlleva el mismo miedo que estar delante o en el sitio. En los niños las fobias se manifiestan con llanto, enfado, inquietud o parálisis. Debe durar al menos seis meses para poderlo considerar fobia.

Los niños no suelen reconocer sus miedos, sino que evitan exponerse a ellos. Se puede apreciar un deterioro en las actividades escolares y sociales.

Según Infante (2022), las fobias más comunes en la infancia son:

Fobia animal o zoofobia

Clara no quiere salir de casa cuando oye la puerta del vecino. Su vecino tiene un perro bóxer que le parece enorme. Cuando le oye, Clara suele volver a su habitación y hace como que se le ha olvidado algo. Solo cuando no se oye nada se acerca a la puerta, se asegura de que no hay nadie y sale.

Cuando Rosa era pequeña, tuvieron una plaga de cucarachas en su calle. Cuando salía de casa con su madre, podía oír a esta gritar y la cogía de la mano y salían corriendo. Nunca ha visto a su madre pisar una cucaracha. Ahora piensa que las cucarachas le pueden hacer algo y no puede evitar salir corriendo cada vez que ve una.

Suele presentarse a los siete años. Es una de las que se muestra más pronto. Los niños pueden sufrir fobia a cualquier animal. Esta fobia puede causar agitación, necesidad de salir huyendo del animal, aumento de la frecuencia cardíaca, mayor tasa de respiración, dolor de tripa, etc. Asimismo, se puede heredar de los padres, ya que, cuando un niño convive con un adulto que presenta miedo a algo, el niño tiene tendencia a copiar y aprender.

La fobia a la sangre o hematofobia

Lourdes estaba paseando con su abuela, y esta se tropezó y cayó al suelo, haciéndose una brecha. Lourdes se asustó mucho, la gente que había en la calle las ayudó y fue una ambulancia a buscarla. Desde entonces, cada vez que se ha hecho una herida o ve a alguien sangrando siente mareos.

Suele aparecer a los nueve años. Los niños vinculan la sangre a las heridas. Primero muestran activación corporal, con incremento en los latidos del corazón y la presión sanguínea, y posteriormente pueden presentar mareos, sudoración e incluso llegar a desmayarse.

Fobia al dentista u odontofobia

Blanca estuvo hablando con su amigo Piero. Este le comentó que había estado en el dentista y que le había dolido mucho. Blanca ha comenzado a imaginarse ella misma sentada en un sillón blanco y grande donde hay una persona con unas tenazas, y esta imagen le provoca mucho miedo. Ella tiene que ir próximamente y está diciéndoles a sus padres que ya se le pasó el dolor de muela, que no hace falta ir.

Suele aparecer a los 12 años. Cuando los niños piensan en ir al dentista o simplemente evocan la figura del dentista, los síntomas de nerviosismo y tensión aparecen. Suelen intentar no ir y buscan excusas para evitar los tratamientos. Pueden demostrar hipersensibilidad al dolor y sensación de ahogo, se tapan la boca, apartan las manos, etc.

La fobia escolar

Son las ocho de la mañana. Valeria se ha metido en la cama, mientras que su madre y su hermana están preparadas para ir al colegio, pero ella dice que le duele mucho la tripa y que, por favor, no la lleven al colegio. Su madre insiste en que hay que ir y ella comienza a llorar. Hace unos días tuvo que participar en una competición escolar en la que quedó la última, algo que le afectó bastante. Su madre le pregunta qué le pasa, pero ella solo llora y dice que nada, que le duele mucho la tripa.

Muchas veces se relaciona con la ansiedad por separación. Es un temor muy intenso por tener que ir al colegio o quedarse en él. Los niños muestran rechazo y frecuentemente no acuden a él. Los niños manifiestan miedo a tener que realizar un examen, a los profesores, a sufrir acoso escolar, a hacer el ridículo delante de sus compañeros, a las críticas que estos les hacen. Muchas veces el niño es incapaz de explicar qué le está ocurriendo. Los síntomas más frecuentes son molestias físicas como vómitos, náuseas, mareos, dolores abdominales o diarrea. Estos síntomas normalmente aparecen de forma progresiva, aunque en algunos casos también pueden aparecer de repente, mostrando el niño una oposición absoluta a ir a clase.

Los síntomas son muy frecuentes durante las mañanas, en las horas previas a ir a clase. El niño trata por todos los medios de no ir al colegio, desplegando todo tipo de sintomatología. Los fines de semana estos síntomas suelen mejorar, al igual que en vacaciones. Durante los domingos por la tarde o días previos a ir a la escuela también se suele agudizar este comportamiento. Si no se trata, puede tener consecuencias muy graves, como es no completar los estudios, tener un bajo nivel de aprendizaje o dificultades de socialización. Y puede aumentar la ansiedad y la angustia.

Fobia a la oscuridad

Rubén tiene cinco años. Todas las noches, cuando se va a dormir, se pone muy nervioso, llora y llama a sus padres. No soporta la idea de que salgan de la habitación. De hecho, alguno de sus padres tiene que acostarse con él. Todas las noches es necesario revisar la habitación y mirar debajo de la cama. Rubén piensa que hay un monstruo que por las noches va a las habitaciones de los niños y les asusta y se queda en sus sueños. Duerme con la figura de un superhéroe que le protegerá toda la noche.

Se manifiesta entre los dos años y medio y los seis años. No se considera fobia, a no ser que ocurra de una manera muy intensa, y con los años tiende a desaparecer. Suele manifestarse tras sufrir un hecho traumático relacionado con la oscuridad o porque los cuidadores lo transmiten. El niño que padece esta fobia quiere dormir con la luz encendida, y si no es así, presenta palpitaciones, sudoración y nervios vinculados a la oscuridad. Por la noche presenta problemas para dormir y pesadillas. También pueden aparecer náuseas y vómitos, y el niño siempre desea que haya un adulto presente en la habitación o dormir con alguien.

Trastorno de pánico

Los niños que sufren este trastorno padecen ataques de ansiedad a los que acompañan sentimientos de temor y síntomas físicos. El niño también puede sentir que se está muriendo como los adultos, puede tener el deseo de huir de la situación y trata de evitar los lugares donde ha sufrido uno.

Los síntomas pueden ser ritmo cardiaco acelerado, dolor en el pecho, mareos, náuseas y sudoración, miedo a morir, sentimiento de que el mundo no es real, deseo de escapar, temor a experimentar más ataques o evitar lugares de los que es difícil escapar.

Mutismo selectivo

Nicolás está en clase de piano. Solo se limita a hacer lo que le piden, no interactúa con otros compañeros ni responde cuando le preguntan algo, tan solo asiente.

Ocurre cuando los niños no pueden hablar con ciertas personas. Las primeras señales aparecen a los tres o cuatro años, y puede diagnosticarse más tarde y se puede confundir con timidez o con autismo. Los signos que lo caracterizan son:

- Hablar bien ante familiares y, ante extraños, no hablar.
- No hablar a familiares con los que se comunica habitualmente cuando hay personas extrañas.
- Presentar dificultades para hablar con compañeros de clase o para realizar actividades extraescolares.
- Parecer desconectado en situaciones sociales.
- Utilizar gestos en lugar de lenguaje verbal.

Para ayudar a estos niños, hay que darles tiempo a fin de que puedan responder, elogiarles, reformular las preguntas, repetir frases que han dicho y hacer un repaso de todo lo que han dicho.

Trastorno de estrés postraumático en niños

Arturo no puede comer almendras. Cada vez que las ve en algún sitio delante de él, se pone muy nervioso y las aparta de su vista. Recientemente también le ha comenzado a pasar con los cacahuetes.

Si tenemos en cuenta que Arturo, cuando tenía cuatro años, se atragantó con una almendra y pasó mucho miedo, al igual que su familia, nos daremos cuenta de que el hecho de que aparte las almendras puede tener que ver con esto. Además, este trauma lo está extrapolando a otro fruto seco. Su temor por atragantarse se está acrecentando, por lo que debería asistir a terapia para poder quitar las creencias del tipo: «estoy en peligro y puedo morir».

Los niños son muy vulnerables a los acontecimientos traumáticos. Un trauma se suele asociar a guerras, a un acontecimiento natural en el que ocurre una catástrofe, a un accidente (Cortés, s. f.); en definitiva, con todo aquello que pone en peligro la vida del niño o de las personas que quiere. Sin embargo, hay otras experiencias que pueden causar sintomatología traumática en niños de corta edad. Los niños son vulnerables a situaciones  que los adultos pueden considerar como normales; los niños, por el contrario, las pueden experimentar como amenazantes para su vida. Imaginemos la dificultad que puede suponer para un niño aprender a hablar o aprender a andar en un mundo donde hasta el pico de una mesa puede resultar peligroso. El niño tiene necesidad de estar en un entorno seguro y de que le cuiden. Para un niño, pueden resultar traumáticas situaciones como que un profesor le diga que no ha hecho algo bien, que tenga que hablar delante de toda la clase en el espectáculo de Navidad, que se haya atragantado con algo que le gusta o la muerte de sus abuelos. Todos esos sucesos pueden instalar creencias del tipo: «estoy en peligro» y «no soy querido». Estas creencias pueden tener efecto en el desarrollo posterior, causando posibles interferencias en el desarrollo evolutivo del niño. Por ello, los niños que han vivido acontecimientos traumáticos o que han tenido un apego inseguro pueden experimentar deterioro funcional en diversas áreas. En un adulto, una experiencia de trauma altera la organización del cerebro. En un niño, afecta al desarrollo del cerebro. Podemos ver las reacciones de los niños a las experiencias traumáticas (NIH, s. f.) en el recuadro.

DE CERO A SEIS AÑOS	DE SEIS A 11 AÑOS
• Se aferran a sus padres o cuidadores • Lloran • Tienen rabietas o están irritables • Se quejan de problemas físicos como dolores de tripa o cabeza • Tienen comportamientos regresivos como orinarse • Muestran miedos y temores a quedarse solos, a la oscuridad, a los monstruos • Juegan reproduciendo los traumas	• Tienen problemas en el colegio • Se aíslan • Tienen pesadillas o muestran miedo a dormir • Se vuelven irritables o parecen enfadados • Muestran dificultad para concentrarse • Se quejan de problemas físicos • Desarrollan temores infundados • Pierden interés en actividades divertidas

LA SOMATIZACIÓN DE LA ANSIEDAD

Durante la niñez y la adolescencia es frecuente que se somaticen los síntomas que se experimentan cuando se tiene ansiedad. La somatización hace referencia a los síntomas físicos que no se pueden explicar mediante un criterio médico (Brill, 2021). El médico Wilhem Steckel fue quien le dio el significado en los años 40 del pasado siglo. Es un mecanismo de defensa inconsciente que surge cuando un trastorno psicológico produce **síntomas en el organismo.** El síntoma físico es inconsciente, la persona no lo genera y tiene tres componentes:

1. **Componente experiencial.** Son los síntomas que realmente se llegan a experimentar.

2. **Componente cognitivo.** Es la interpretación que el individuo hace de sus síntomas.

3. **Componente conductual.** Se busca un diagnóstico preciso y un tratamiento médico.

Hay dos formas en las que se presenta:

1. **La somatización aguda.** Hay un estresor puntual.

2. **La somatización crónica.** Se da sobre todo en pacientes con problemas de personalidad.

Los niños que sufren somatizaciones suelen presentar ansiedad o depresión, tienen un peor rendimiento escolar, mayor absentismo escolar, más consultas a los médicos y conflictos en las relaciones (Campo y Fritsch, 1994). Piensan que el dolor es inevitable y que no se puede controlar. Presentan características de personalidad pesimistas, sienten miedo a la incertidumbre e hipersensibilidad a los cambios o la adversidad.

En los niños, los síntomas somáticos más frecuentes son, según Hinton y Kirk (2016):

- Dolor (de cabeza, abdominal, muscular y esquelético).
- Cansancio.
- Desmayos.
- Náuseas.
- Mareos.
- Disminución del apetito.

CÓMO AYUDAR A LOS NIÑOS QUE TIENEN ANSIEDAD EN LA ESCUELA

Dado que la situación personal que atraviesa cada niño es única, debido a las relaciones con los compañeros y las necesidades de cada uno, **el profesor** es una figura clave en estos entornos. Se debe **identificar la situación** que produce ansiedad y trabajarla.

Se puede organizar el aula siguiendo **horarios y rutinas** que hagan que se sienta más cómodo, y se le puede facilitar un descanso en el que salga de clase si así lo necesita. Para realizar las tareas se pueden dar instrucciones y ayudarle a planificar sus tiempos a fin de poder realizarlas. Se pueden facilitar apuntes que ayuden a la comprensión a través de los **espacios virtuales** y aportar esquemas sobre cuánto tiempo necesitan para preparar la asignatura y cómo lo pueden hacer.

Existen alumnos que pueden estar sufriendo *bullying.* Se puede brindar soporte al niño tomando las medidas necesarias una vez que se conoce este. Se le puede apoyar mediante soporte emocional, escuchándole y validando lo que siente. Se debe mantener al acosador alejado de él y también tomar medidas con él. Los padres, tanto de la víctima como del acosador, deben estar informados y, en caso de ser necesario, se avisará a las autoridades competentes.

En la escuela se pueden realizar **actividades de *mindfulness*,** basadas en la respiración consciente, que le ayuden a controlar los síntomas de ansiedad. Se le ayuda con estos ejercicios a que tome conciencia de sí mismo y que aprenda a calmarse y poder descubrir los recursos que posee. El *mindfulness* ayuda a tener regulación emocional y a que la comunicación entre profesor y alumno pueda fluir. Del mismo modo, se aprende a ser menos impulsivo y más respetuoso. Mediante esta práctica se mejora la capacidad de concentración y atención, y se aprende a manejar las dificultades y a tener relaciones sociales más positivas (Redacción de Educaweb, 2018).

PREVENIR LA ANSIEDAD

Los padres pueden prevenir el estrés de sus hijos dotándoles de un estilo de vida sano y tranquilo (Millet, 2019). Estos son los mejores consejos:

- **Dejar de ser padres hiperprotectores.** El niño debe tener límites y también aprender a explorar el mundo.

- **Facilitar horarios para que puedan dormir bien.** El sueño es fundamental para tener una buena salud física y psicológica.

- **Comer sano.** Existen diversos estudios que prueban que el intestino influye en la ansiedad y el estrés.

- **Respirar.** La respiración lenta ayuda a calmar los nervios, bajar las pulsaciones y sentirse más relajado.

- **Limitar el uso de pantallas.** Las pantallas pueden desarrollar conductas adictivas y su luz azul ayuda a no poder conciliar el sueño.

- **Jugar más con los niños.** El juego estimula la capacidad mental, ayuda a saber tomar decisiones y a tener el control sobre uno mismo. Debido a sus características, puede influir en que el nivel de ansiedad baje.

- **Estar en contacto con la naturaleza.** Un estudio demostró que no tener espacios verdes aumenta en un 55 % el riesgo de enfermedades mentales (Engemann *et al.*, 2019).

- **Fomentar el cariño.** Muchas veces, sentir que hay alguien ahí que te escucha y te abraza puede ayudar a estar menos ansioso, ya que fomenta la calma.

CÓMO PUEDEN AYUDAR LOS PADRES Y CUIDADORES A MANEJAR LA ANSIEDAD

En ocasiones los padres tratan de aliviar la ansiedad de los hijos protegiéndolos de sus miedos. Se puede ayudar sin reforzar el miedo (Berman, 2023):

- **No hay que intentar eliminar la ansiedad.** Es mejor ayudarles a que comprendan lo que les está pasando. La mejor manera es hablar con el niño. Imaginemos que un padre va por la calle y el niño se pone ansioso porque oye una ambulancia. Lo mejor es parar, preguntarle qué le está pasando, validar sus emociones, explicarle qué es el ruido de la ambulancia y por qué suena y resolver sus dudas.

- **No evitar las cosas que causan ansiedad al niño.** Esta opción solo permite que el niño se calme en el momento, pero posteriormente la ansiedad volverá a surgir. Se trata de entender qué le está pasando, comprender sus miedos y ayudarle con ellos.

- **No darle expectativas que no se pueden cumplir.** No hay que decirle al niño que algo no va a ocurrir. Se trata de que comprendan que, aunque la situación que les da miedo puede ocurrir, pueden tener recursos y habilidades para manejarla.

- **Respetar los sentimientos.** No significa que, cuando un niño tiene miedo a la oscuridad, se comparta o rechace su miedo. Se trata de entender su miedo, que comprenda que puede afrontar este temor y que puede confiar en sí mismo.

- **No hacer preguntas que pueden fomentar la ansiedad.** Si el niño va al colegio y tiene miedo a exponer en clase, no hay que preguntarle: «¿Tienes miedo de hablar delante de todos?», sino: «¿Cómo te sientes ante la exposición que tienes que hacer?».

- **No reforzar los miedos del niño.** Cuando un niño tiene miedo a un perro, no hay que esconderse o tirar de su brazo, sino decirle: «podemos pasar al lado del perro, voy a estar a tu lado».

- **Brindar apoyo.** Hacerle sentir al niño que está haciendo bien las cosas y que se aprecian los esfuerzos que está realizando. Si un niño piensa que dibuja muy mal y que todos se van a reír de él, cuando dibuja en casa, hay que hacerle ver que va mejorando y ayudarle con las dificultades que presente.

- **Acortar los periodos de anticipación.** Cuando el niño tiene miedo de ir en un coche, no mencionarlo hasta que sea necesario. Es decir, si vamos a salir de viaje, es mejor decírselo en el preciso momento que nos vayamos a ir en coche. El objetivo es que el niño no tenga mucho tiempo para anticiparse y estar desarrollando sintomatología ansiosa innecesariamente.

- **Analizar las cosas con el niño.** Cuando nos habla de un miedo, ayudarle a ver qué le podría ayudar a superarlo.

- **Modelar qué le puede ayudar con la ansiedad.** No fingir que los mayores no sienten estrés y ansiedad. Cuando un adulto tiene ansiedad delante de un niño, se trata de que vea que el adulto puede manejar la situación con calma y que, cuando lo supera, se siente bien. Los niños tienden a observar lo que hacen sus padres. Si un niño ve que a su padre le ha salido algo mal en el trabajo y que está preocupado, conviene enseñarle cómo se puede superar la ansiedad que esto provoca y no ponerse alterado.

CÓMO AYUDAR A UN NIÑO QUE HA SUFRIDO UN TRAUMA

Estos son algunos consejos útiles y directos para brindar apoyo a un niño que ha sufrido un trauma:

- No debes esperar que el niño sea fuerte y valiente.
- No debes forzarle a hablar antes de que esté preparado.
- No debes enfadarte ante las emociones del niño.
- No debes enfadarte ante las regresiones del niño.
- Se debe buscar ayuda para que el niño pueda procesar el trauma.
- Se tiene que actuar con tranquilidad, de manera que el niño pueda percibir ayuda.

- Se puede ayudar al niño a distraerse, se puede hablar con él sobre lo ocurrido cuando sea el momento apropiado para el niño, sin forzarle.
- Se le debe brindar apoyo.
- Se puede ayudar a poner nombre a lo que siente, a identificar sus emociones.
- Hay que responder a sus preguntas.
- Debes ayudarle a estar esperanzado.
- Es bueno tranquilizarlo.
- Hay que hacerle entender que está a salvo.
- Siempre se debe ser paciente.

LA ADOLESCENCIA

La adolescencia es un periodo de la vida que conlleva muchos cambios de todo tipo, desde cognitivos y físicos, hasta emocionales y sociales. En el ámbito de la familia se nota especialmente.

- **Cambios cognitivos.** El pensamiento se desarrolla, es más complejo, se toman decisiones, se realizan operaciones lógicas. Se busca aprender cosas nuevas. A veces, los adolescentes también muestran sentimientos contradictorios y les cuesta expresarlos. El adolescente muestra mucha imaginación y puede adoptar una actitud crítica ante el mundo y lo que vive. Este periodo es una etapa en la que el aprendizaje está muy activo.

- **Cambios físicos.** El niño sufre, durante esta etapa, cambios que le llevan a ser adulto. Aparecen caracteres sexuales como vello, pecho, aumento de testículos, cambios en la voz, maduración ósea, etc.

- **Cambios emocionales.** En esta etapa hay un alto nivel de hormonas que van a influir en las emociones y los procesos cerebrales. El aumento de hormonas puede hacer que exista una inestabilidad emocional, se pueden buscar experiencias que provoquen más activación.

- **Cambios biológicos.** Sustancias como la dopamina y la serotonina disminuyen en la adolescencia. En esta etapa de evolución del cerebro, el miedo y el estrés están menos activos, por lo que existe una tendencia a exponerse a situaciones más peligrosas. La impulsividad predomina y se pueden adoptar conductas de riesgo (Health, 2021).

- **La melatonina** influye en el sueño, esta disminuye y pueden estar más activos por el día, acostarse tarde, por la mañana estar extremadamente cansados y les puede costar levantarse (Solari, 2015).

- **Cambios sociales.** Se busca una identidad y autonomía. Es una etapa en la que se sigue dependiendo de los padres y se busca ser independiente.

La adolescencia es un periodo en el que se produce una apertura al mundo, **individuación** y socialización; en definitiva, un periodo donde predominan la curiosidad y la exploración. Si pensamos en un adolescente, podemos ver cómo busca tener amigos, comienza a salir con ellos, se diferencia de la familia haciendo actividades nuevas.

Cuando se atraviesa esta etapa, los momentos de **conflicto interior** pueden llevar a no saber cómo regular bien sus emociones, y en esos momentos de toma de control se puede acudir a prácticas no recomendables que van a proporcionar un alivio, como el uso excesivo de las nuevas tecnologías, el consumo de sustancias (alcohol y otras drogas), la búsqueda de pornografía u otras conductas no deseadas.

Los adolescentes atraviesan periodos de **rebeldía** y pueden vivir las experiencias de maneras diferentes, dependiendo de sus rasgos de personalidad. La respuesta a estas vivencias genera diversas emociones y activa el sistema nervioso. El cambio emocional en los adolescentes puede conllevar problemas de estrés y ansiedad.

Etapas del cerebro en la adolescencia

Durante la adolescencia, el cerebro experimenta cambios en algunas regiones. Es un **periodo crítico** para su desarrollo. En este periodo las conexiones neuronales más útiles se potencian y se produce una **poda** de aquellas que no son útiles. Esta poda tiene que ver con los cambios de humor del adolescente. La adolescencia comienza cuando la hipófisis y el tálamo en el cerebro empiezan a producir hormonas que estimulan la secreción de las hormonas testosterona y estrógenos. Estas hormonas van a hacer que se produzcan los cambios físicos. Los cambios hormonales influyen en el aspecto psíquico y emocional de los adolescentes. Podemos hablar de **etapas** en el cerebro (Unicef, s. f.-a):

- **Etapa de sensibilidad máxima del cerebro a la dopamina.** El neurotransmisor dopamina activa la gratificación, forma parte del aprendizaje de pautas y la toma de decisiones. La toma de decisiones la harán teniendo en cuenta las actividades que les causan placer. Es un periodo en el que aprenden rápido, y tienen alta receptividad a las recompensas. Sus reacciones son extremas ante los éxitos y los fracasos.

- **Etapa en la que el adolescente es especialmente sensible a la oxitocina.** Esta hormona hace que las relaciones sociales sean más gratificantes. Trabaja de la mano de la dopamina, vinculando las conexiones sociales con los sentimientos de recompensa. Cuando los adolescentes excluyen a alguien, la respuesta es semejante a la que realiza el cerebro ante las situaciones de amenaza física.

- **Etapa de la desregulación de la serotonina en la adolescencia.** La desregulación de la serotonina explica el cambio en el ánimo de los adolescentes. El apetito y el sueño también se ven desregulados. Si el adolescente tiene la serotonina baja, puede experimentar soledad, trastornos alimentarios, depresión y conductas autolesivas. Y si la tiene alta, lo relacionamos con sus momentos de felicidad.

La toma de decisiones en la adolescencia

Podemos distinguir, según la edad, dos periodos en la adolescencia:

- La primera es la **adolescencia temprana,** que va de los 12 a los 14 años.
- La segunda, la **adolescencia tardía,** entre los 15 y los 19 años.

En estas etapas las emociones son primordiales y, en función de estas, se pueden tomar elecciones a corto plazo, por lo que la **impulsividad** está presente y no se valoran los riesgos que puede conllevar, solo piensan en la recompensa inmediata; es decir, la emoción que se pondrá en marcha y que les resultará gratificante. Aunque son capaces de razonar las decisiones, prima la emoción sobre el razonamiento (Albert *et al.*, 2013). El control cognitivo madura antes y pueden considerar las consecuencias de sus actos, mientras que el control afectivo madura después, por lo que la capacidad para inhibir impulsos que tratan de conseguir la satisfacción a corto plazo no es completa. Así, si un joven está aprendiendo *parkour*, sabe que una caída puede resultar fatídica, pero el subidón emocional que le proporciona saltar de un sitio alto a otro compensará el riesgo. Podemos ver la presencia en esta etapa de búsqueda de sensaciones, novedades e inclinación por tareas de riesgo.

Los adolescentes son capaces de evaluar el riesgo cuando están en un entorno no emocional, pero cuando están en un entorno emocional, se hiperactivan sus sentimientos de recompensa.

Las cuestiones que les suelen resultar más difíciles se toman siguiendo cuatro patrones (Janis y Mann, 1977):

1. **Patrón de vigilancia**. Se adaptan a la situación.
2. **Patrón de complacencia**. Las decisiones se toman para complacer a otros.
3. **Patrón de hipervigilancia**. Se actúa por pánico.
4. **Patrón de evitación**. Se trata de solucionar los problemas escapando de la situación.

Estrés en la adolescencia

Carla se levanta por la mañana y descubre que le ha venido la menstruación por primera vez. Ya estaba preparada. Su madre le había explicado que en cualquier momento esto podía ocurrir. Además, ya habían hablado en el colegio de esto, por lo cual para ella no era un proceso desconocido. Sin embargo, ahora siente vergüenza. Cuando salga del cuarto de baño, tendrá que contárselo a su madre. Su padre y sus hermanos estarán desayunando, toda la familia lo va a saber. A esto se une que, cuando llegue al colegio, tendrá que contárselo a sus amigas. Sabe que alguna de ellas ya ha pasado por esto. Ahora no entiende por qué a ella le supone tanta vergüenza.

Lucas ha ido a clases de inglés. No ha tenido muy buen día. Cuando el profesor le ha preguntado en clase, se ha quedado en blanco y no ha sabido qué responder. Esto le hace tener dolor de tripa y, cuando llega a su casa para cenar, no tiene hambre. No le gusta quedarse en blanco, ha estado estudiando y se lo sabía todo. No entiende qué le ha podido ocurrir. Estuvo el verano pasado de intercambio en Irlanda, por lo cual cree que sabe expresarse bien. Le entran sudores solo de pensar que se ha quedado en blanco.

A lo largo de los últimos meses las discusiones en casa no han parado. Mario ha estado viendo cómo su padre y su madre discuten por cualquier tontería. Cuando intenta intervenir, le dicen que es cosa de ellos y no le hacen caso. A él le gustaría que las cosas volviesen a ser como antes, pero sabe que esto ya no va a ocurrir. Sus padres le han comunicado que se van a divorciar y sabe que ya no hay esperanza. Los próximos días, su padre saldrá de casa y no sabe si van a llegar a un acuerdo de custodia compartida o se va a ir a vivir con alguno de ellos. Mientras está en el colegio, está triste, pero se encuentra bien con sus compañeros, le ayudan a no pensar. Cuando llega a casa, los nervios se le disparan. No quiere que sus padres discutan delante de él estos días.

Desde que Alba nació, ha tenido a Thor como mascota. Thor es un perro pastor con el que ha jugado mucho y pasado muy buenos momentos. Thor es mayor ahora, sus padres le han contado que tiene una enfermedad y que no vivirá mucho tiempo. No quieren que el perro sufra y van a tomar la decisión en los próximos días de hacerle el final más fácil: ponerle una inyección. Alba está triste, le produce palpitaciones el hecho de ver a Thor y pensar que se tiene que despedir de él.

Los adolescentes pueden sufrir estrés, al igual que también lo padecen los adultos. Cuando perciben cualquier situación como peligrosa, dolorosa, difícil y no tienen recursos para afrontarla, como vemos en estos ejemplos, aparece el estrés. La adolescencia constituye un período de vulnerabilidad al estrés, puesto que es un momento de muchos cambios físicos y psicológicos. Los cambios hormonales juegan un papel importante. Al final de la infancia, entre los nueve y los 14 años, dependiendo del individuo, se empiezan a segregar todas las hormonas que producen los cambios. Estas hormonas influyen en el comportamiento de los adolescentes. Estos pueden mostrarse más irritables y agresivos. Se ha probado una relación directa entre los **niveles de hormonas** y la función cognitiva. En este periodo los amigos resultan muy importantes, se desarrollan nuevas relaciones y esto puede resultar difícil.

Durante esta etapa también es necesario adaptarse a las **normas sociales.** Estas muchas veces vienen impuestas por la sociedad y el entorno y, ante la búsqueda de individualidad, a los adolescentes les cuesta adaptarse a ellas algunas veces.

Estos niveles de estrés suelen ir en aumento desde la preadolescencia hasta los siguientes años.

ESTRESORES EN LA ADOLESCENCIA

Se pueden considerar factores estresantes a los estímulos con los que el adolescente interactúa y para los que no cuenta con recursos para afrontarlos de la manera correcta. De acuerdo con Estévez *et al.* (2016), estos estresores están relacionados con:

- **Los conflictos con los padres,** principalmente durante el periodo de la primera adolescencia.
- **Las alteraciones del estado de ánimo** en la adolescencia media.
- **Las conductas de riesgo** en la adolescencia tardía.

Otra clasificación de los estresores se puede hacer con base en el tipo de eventos (Carter *et al.*, 2006):

- **Eventos normativos.** Son los acontecimientos por los que pasan la mayoría de los jóvenes, como pueden ser el paso a bachiller, la primera relación, el cambio del cuerpo.

- **Eventos no normativos.** Son eventos que no experimentan todos los adolescentes, como la pérdida de trabajo de uno de los progenitores, el fallecimiento de un familiar, el divorcio o la mudanza a otra ciudad.

- **Problemas cotidianos.** Son los problemas que surgen a diario entre la persona y su ambiente.

Se van a analizar seguidamente los estresores más frecuentes.

Los estresores familiares

Cuando los padres viven situaciones de estrés, estas van a influir en los hijos, ya que el adolescente no va a contar con el apoyo de sus padres. En estos casos el estrés interacciona entre padres e hijos, y todos van a ver cómo sube su tasa de estrés.

Otra situación es aquella en la que los padres son **primerizos.** Para estos padres, todo puede ser una fuente de estrés y el desconocimiento de saber cómo actuar cuando se presenta un problema ante los cambios que el adolescente experimenta puede hacer que el hijo no se sienta comprendido.

Los estilos de **padres democráticos** van a provocar menos nivel de estrés en los hijos, porque la comunicación va a facilitar la expresión de cómo se sienten, van a poder expresar emociones y pensamientos.

Padres extremadamente centrados en su **trabajo** también pueden ser una fuente de estrés para el adolescente, por cuanto que, cuando intenta recurrir a ellos, estos están ocupados con tareas laborales y no le prestarán la suficiente atención.

Otra causa de estrés puede ser la **presión académica** que los padres ejercen sobre sus hijos. Se crean expectativas con respecto a él y le llenan de responsabilidades. El adolescente puede notar una carga enorme para poder cumplir estas expectativas, y en algunas ocasiones ni siquiera son capaces de expresarles a los padres cómo se sienten por miedo a defraudarles, por lo que esta situación se convierte en una espiral en la que los padres exigen y se crean expectativas y los hijos sienten que tienen que cumplirlas; los padres, a su vez, pueden generar más presión si los hijos no llegan a lo que ellos quieren.

El estrés por **mudanzas familiares** influye de manera que el adolescente ha de integrarse en el nuevo lugar y puede culpar a sus padres de este cambio, viéndose afectada la comunicación familiar; además, pueden aparecer conductas de aislamiento y soledad.

La **situación económica** por la que atraviesa la familia puede influir, de manera que unos padres estresados por el hecho de que su capacidad económica es baja pueden retransmitir este estrés a los hijos. Los hijos, igualmente, pueden estar preocupados por la situación que está atravesando la familia.

La exposición a la **violencia familiar** puede asociarse con niveles de estrés que afectan negativamente a la orientación del adolescente en el futuro. Se puede mostrar alta sensibilidad al conflicto y falta de regulación.

El contexto académico

El contexto académico es una alta fuente de estrés en los adolescentes, ya que es un período donde la enseñanza es obligatoria y el aprendizaje forma parte de la vida diaria. Se pueden tener dificultades en la realización de las tareas y exámenes, las **altas expectativas**, la **competitividad**, seguir el ritmo de clase y tener que **exponer en público** (Palacio et al., 2016). Existe también otro tipo de estresor, que es la relación que se tiene con los profesores y compañeros, como pueden ser desacuerdos, exigencia elevada y falta de comprensión y apoyo.

Las familias también juegan un papel importante en el contexto académico, dado que muchas veces se carga al adolescente con la responsabilidad de cumplir las expectativas de los padres. El tiempo de ocio puede disminuir, al haber muchas actividades extraescolares, y puede que no exista tiempo para realizar actividades de índole personal.

Otros adolescentes son **muy exigentes consigo mismos** y presentan altas tasas de perfeccionismo y de no querer defraudar. Al mismo tiempo, el hecho de sentir que les pueden juzgar por sacar malas notas puede provocar síntomas de estrés.

El estrés académico se manifiesta a través de miedos, inseguridad, falta de concentración y atención, irritabilidad, mala regulación de las emociones, dolores de cabeza, alteraciones del sueño, acné, gastritis, úlceras o dolores musculares.

La relación con los iguales

La relación con los iguales durante esta época reviste un gran valor, la persona siente que se puede sentir integrada y que pertenece a un grupo que reafirma la propia identidad (Young, 2014).

Durante este tiempo cobra especial importancia la relación con los amigos. La presión social puede ser un estresor muy fuerte. Pensemos en un adolescente que se relaciona con chicos metidos en el mundo de las drogas o chicos que tienen conductas no saludables. Quiere que le acepten y para ello va a empezar a fumar marihuana, incluso puede traficar con ella. En esta época vital se quiere **pertenecer al grupo** y para ello se adoptan las mismas normas que lo rigen, sin tener en cuenta si los comportamientos son adecuados o no. Sin pensar en conductas disruptivas, por ejemplo, un adolescente que pertenece a un grupo donde todos los demás escuchan trap para tratar de ser aceptado va a vestir como ellos y va a tratar de escuchar la misma música. Siendo dos tipos de conductas diferentes las que hemos descrito, una con conductas no saludables y la otra con conductas saludables, van a hacer que el adolescente trate de pertenecer al grupo y esto puede conllevar estrés. El poder **ser aprobado** por los demás es una prioridad en este ciclo vital, y ello va a condicionar la autoestima y el autoconcepto. Muchas veces se trata de imitar a los adultos y se adoptan conductas de riesgo. Un adolescente que tenga dificultades va a padecer estrés.

Merece especial atención el estrés que puede generar en esta época el acoso que se puede sufrir, ya sea presencialmente o a través de redes sociales. El *bullying* se puede realizar mediante insultos, gritos o intimidación; se puede difamar a la víctima en redes y se la puede llegar a aislar del resto de compañeros mediante humillaciones, burlas, risas y empujones. Ser víctima de esta situación puede provocar estrés.

Otro tipo de estrés social es el que viven las personas que pertenecen al **colectivo LGTBIQ+.** Este colectivo no siempre es aceptado por todas las personas. Tratar de ser aceptado por la familia y los iguales puede conllevar situaciones de estrés prolongado.

Las relaciones románticas y sexuales

Estas relaciones se inician durante este periodo y constituyen la satisfacción de necesidades de apego. Dotan a la persona de apoyo emocional y afianzan la autonomía.

Las relaciones pueden resultar estresantes cuando se teme el hecho de poder ser rechazado, cuando se realizan sobresfuerzos para que la pareja vaya bien, y cuando existe poca libertad o desengaño. Aquí es cuando aparecen los problemas y la sintomatología asociada al estrés (Anderson *et al.*, 2015).

Las relaciones sexuales pueden ser **efectos de riesgo** y fuente de estrés. Situaciones como lograr y mantener una erección, o problemas de eyaculación en el caso de ellos, pueden suponer fuentes de estrés. En el caso de las chicas, el miedo al embarazo, usar apropiadamente los medios anticonceptivos o la dificultad para alcanzar el orgasmo.

En esta etapa puede haber también una presión social por parte de los iguales para que mantengan relaciones sexuales.

El *sexting* (el envío y recepción de contenido erótico como fotos, vídeos y mensajes de texto) también puede actuar como un estresor, puesto que en algunas ocasiones se pierde el control sobre el contenido y la privacidad, ya que puede acabar compartiéndose a otras personas, lo que deja al adolescente expuesto a los demás.

Las expectativas de futuro
En esta etapa se comienza a planificar la vida futura. Esto implica **tomar decisiones** sobre el futuro laboral o académico, se fijan metas y objetivos, y el no poder alcanzarlos o ser demasiado exigente puede acarrear síntomas de estrés.

Las presiones económicas
No poseer el mismo nivel económico que los amigos, o tener dificultades económicas a nivel familiar, va a representar un riesgo de el estrés.

La imagen corporal
En esta etapa la preocupación por la apariencia física es muy importante. Las hormonas en la adolescencia van a hacer que el niño se vaya convirtiendo en un adulto. En las niñas este cambio se suele producir a los 12 años, aunque puede ocurrir desde los nueve años. En los niños es habitual que se dé alrededor de los 14 años, y puede ocurrir desde los 10 años. Estos **cambios hormonales** influyen en el comportamiento. Los adolescentes que maduran tardíamente

se pueden comparar con otros de la misma edad, y ello puede afectar a sus relaciones.

Los adolescentes que sienten insatisfacción tendrán una **baja autoestima.** Hoy en día juega un papel muy importante la imagen que se proyecta. Existe un modelo de imagen que hay que seguir, que viene marcado por la moda, los famosos, los *influencers*. Poder cumplir los estándares que marcan las **redes sociales** y la sociedad puede ser foco de estrés.

SÍNTOMAS DEL ESTRÉS EN LA ADOLESCENCIA		
SEÑALES PSICOSOCIALES	**SEÑALES FISIOLÓGICAS**	**SEÑALES PERSONALES**
Absentismo escolar, apatía • Irritabilidad • Ausencia de comunicación, discusiones, desorden en casa	Disminución del rendimiento físico • Palpitaciones y aceleración del ritmo cardiaco • Dolores de cabeza • Gastritis, náuseas • Disminución de las defensas • Acné • Sensación de ahogo y opresión en el pecho	Malestar estomacal • Tensión muscular • Pensamientos negativos • Miedos sobre la muerte • Magnificación de problemas • Culpa • Miedo a perder el control • Aislamiento • Evitación de estímulos • Inquietud • Hiperactividad

CÓMO CONVIVIR CON EL ESTRÉS EN LA ADOLESCENCIA

Cada individuo presenta una serie de estresores, así como cada persona va a tener diferentes estrategias de afrontamiento. El afrontamiento representa la manera de actuar y pensar ante las diferentes situaciones (Arica, 2015) y supone un esfuerzo para manejar el estrés.

En el afrontamiento va a jugar un papel fundamental **lo cognitivo;** la persona genera imágenes y pensamientos sobre lo que ocurre y cómo afrontarlo. También aparecen **las emociones asociadas.** Imaginemos a un adolescente que está sometido a la presión de sus padres. El chico genera una imagen de sus padres cuando él llega a casa riñéndole por las notas; su pensamiento se traduce en que no puede más con la situación, y su emoción expresada es el agobio. Partiendo de estas creencias, el adolescente puede crear una actuación: hablar con ellos para tratar de que no le pongan tanta presión, preguntar cómo puede hacer para mejorarlo y encontrar qué necesita para mejorar. La solución podría ser la de tener una profesora particular y su esfuerzo para poder estar menos estresado. Cuando hable con sus padres y estos vean el esfuerzo que ha realizado, valorarán lo que ha hecho por mejorar; si no lo ha conseguido al nivel de exigencia que ellos quieren, pueden ser más comprensivos y no reñirle.

LOS RECURSOS PARA EL AFRONTAMIENTO

Son las habilidades que cada persona tiene ante una determinada situación. Estos recursos pueden ser habilidades como la resiliencia, el crear pensamientos positivos, la meditación, el hablar con personas que formen parte de la red de apoyo como familia y amigos, la planificación de tareas, la toma de decisiones, la resolución de problemas, la evitación de conflictos, dar un paseo, quedar con amigos o escuchar música, entre otros muchos.

Lazarus y Folkman (1984) engloban estas estrategias en:

- **Estrategias conductuales.** Son aquellas en las que se enfrenta la amenaza y se trata de solucionar. En un caso de *bullying*, sería contarlo a las autoridades o confrontar a las personas que están haciéndolo.

- **Pensamiento mágico.** Son los pensamientos que ayudan a resolver lo que está ocurriendo. Son fantasías acerca de lo que le gustaría que pasase. Por ejemplo, pensar que en un caso de *bullying* las personas que lo hacen se van a olvidar de acosarlo en redes.

- **Distanciamiento.** Tiene lugar cuando se evita la situación estresante. Si alguien está sufriendo acoso, puede evitarlo no asistiendo al instituto.

- **Búsqueda de apoyo social.** Recurriendo a personas que se sabe que van a ayudar y buscar una solución. En el caso del bullying, consistiría en hablar con los profesores o padres.

- **Dirigirse hacia lo positivo.** Tratar de ser optimista y encontrar qué tiene uno de bueno, fortalecer la autoestima y apoyarse en compañeros que están a su lado.

- **La autocrítica.** El adolescente piensa que él es el culpable y que tiene algo malo por lo que los demás se meten con él.

- **Reducción de la tensión.** El esfuerzo que se hace por reducir el estrés buscando actividades que le ayuden a estar mejor o realizando conductas inapropiadas, sin tener en cuenta los riesgos que puede comportar para la salud. Estas conductas pueden traducirse en fumar hachís o marihuana, que le ayuden a sentirse mejor, o en beber alcohol. También puede buscar reducir el estrés realizando conductas adecuadas como pueden ser practicar algún deporte para reducir la tensión.

- **La introyección.** Se refiere a los sentimientos y pensamientos que provoca la situación y que no se comparten con nadie.

CÓMO AYUDAR A LOS ADOLESCENTES CON ESTRÉS

Veamos ahora, siguiendo para ello a Alvord y Halfond (2022), algunas pautas y recomendaciones a fin de apoyar a los adolescentes que sufren estrés:

- **Pasar tiempo juntos.** Saber qué actividades le gustan, y asistir, por ejemplo, a partidos de fútbol, ir a verle practicar algún deporte, llevarle a algún concierto.

- **Fomentar la comunicación.** Es importante escuchar las preocupaciones y sentimientos del adolescente, así como compartir pensamientos. Se pueden hacer preguntas, intentar conocerle más, y es conveniente no dar consejos a menos que se pidan. Esto puede hacer que el adolescente se sienta escuchado y logre abrirse para contar sus problemas de estrés.

- **Ser un modelo a seguir.** Los padres en esta etapa son importantes, aunque los hijos no lo demuestren continuamente. Los padres siguen siendo modelos y el cómo se encuentren va a influir en él. Cuando un padre está estresado, es mejor no retransmitir este estrés, ya que si el hijo se encuentra viviendo una situación de estrés, va a hacer que este aumente.

- **Tratar de activar al adolescente.** El deporte es una actividad que ayuda a disminuir el estrés. Alentarle para que practique algún deporte hará que su nivel de estrés disminuya. También se puede buscar algún deporte que se pueda realizar con él y de esta manera reforzar los vínculos familiares.

- **Limitar las horas frente a las pantallas.** Esto puede parecer algo contraproducente para el adolescente, quien se puede negar a ello, pero se trata de generar rutinas, como puede ser dejar el móvil o el ordenador a una determinada hora para que las horas de sueño sean las adecuadas y de calidad.

- **Enseñar habilidades relacionadas con diversas tareas.** Hoy se le pueden explicar técnicas para la toma de decisiones sobre cómo realizar horarios, cómo planificarse y cómo tomar decisiones acerca de la organización de tareas para que se puedan hacer de una manera adecuada.

- **No intentar resolver los problemas.** Cuando se trata de resolver los problemas del adolescente, este puede sentir una invasión de su espacio. Es mejor trabajar juntos para hacer una lluvia de ideas y aumentar su creatividad y pensamiento reflexivo.

- **Comer saludablemente.** La comida influye en cómo funciona el organismo; llevar una alimentación sana ayuda a sentirse mejor. De otro modo también influye en que los adolescentes no asocien el sentirse mal con comer cualquier tipo de comida no saludable para sentirse mejor.

- **Crear rituales familiares.** Tener espacios en familia como la comida o la cena juntos, o ir al cine, o hacer un viaje en familia puede ayudar a aliviar el estrés.

- **No pedir perfección.** El tratar que haga todo siempre perfecto va a generar estrés, y en el fondo podemos preguntarnos nosotros mismos: ¿quién es perfecto en todo...?

Ansiedad en la adolescencia

A Adrián, de 15 años, acaba de dejarle su primera novia y se siente totalmente bloqueado ante una situacion tan nueva para él: estaba bien con ella. Han pasado dos meses y comienza a pensar que quizás él ha tenido la culpa; se pregunta si ha hecho algo mal. Estos pensamientos están comenzando a aparecer cada vez que la vuelve a ver en clase y ve que ella está de buen humor y que se relaciona con todo el mundo, como si nada hubiese ocurrido. Sin embargo, él es incapaz de acercarse a otra chica porque piensa que todo le va a ir mal y se pone muy nervioso ante la idea de comenzar otra relación.

Carla suspendió cinco asignaturas el último trimestre. Sus padres le dijeron que, si no aprobaba, tendría que ir a una academia en verano. El curso está a punto de acabar y sus notas no han mejorado. Solo se imagina en la academia y sin poder ir de vacaciones a ningún sitio. Siente que se le acelera el corazón cada vez que sus compañeras hablan sobre dónde irán de vacaciones. No quiere mencionar a nadie que va a suspender. Teme decepcionar a su familia y a ella misma. No encuentra qué hacer para poder mejorar, puesto que no logra concentrarse, y tampoco sabe por qué.

Nicolás ha pasado los últimos meses encerrado en su cuarto, jugando a videojuegos. No tiene ganas de salir ni ver a nadie. Vio en Instagram unos comentarios dirigidos hacia sus fotos que le hicieron sentirse mal, pero no ha tenido el valor de contárselo a nadie. No ha vuelto a hacerse ninguna foto y prefiere no quedar con nadie. Así no tendrá que aparecer en las fotos que publican sus amigos continuamente en Instagram. La idea de que sus amigos le propongan hacerse una foto juntos le provoca sudores, y solo ha tratado de evitar que le tomen una foto con el móvil apartándose y escondiéndose para no salir en primer plano. No le gusta la idea de volver a ver que ha sido etiquetado y que alguien puede hacer algún comentario que le haga sentirse mal.

Marina sueña con poder llegar a ser tiktoker o instagramer y tener un montón de seguidores en las redes. Trata de estar a la moda y para ello busca vídeos de otras personas en las redes. No soporta tener el pelo alborotado o no llevar los pantalones que le gustan a todo el mundo. Cuando alguien no le dice lo guapa que está, empieza a pensar que hay algo mal en ella y que no está perfecta. Últimamente se fija en cómo se sienta, cómo se mueve, cómo sonríe; en definitiva, todo le preocupa muchísimo y, si no se ve perfecta, se pone triste y alterada.

Todas estas situaciones suponen unas emociones por las que el adolescente se puede llegar a ver desbordado. Son situaciones, unidas a ansiedad, que, además, pueden alterar diversas áreas de la vida como son la autoestima, el autoconcepto, el rendimiento y las relaciones sociales, en particular con la familia. Del mismo modo, se podrían desarrollar otras sintomatologías como depresión o trastorno obsesivo compulsivo. Tal y como se puede apreciar, los estados emocionales pueden influir en diferentes áreas y desarrollar diferentes tipos de trastornos.

Es importante, a lo largo de este periodo, aprender a identificar qué está ocurriendo a nivel emocional, físico y cognitivo, y de este modo poder poner solución a lo que está pasando, a fin de que no se generen trastornos que luego podrán acompañar a la persona a lo largo de su vida.

En los últimos años se puede ver que se ha producido un empeoramiento de la salud mental. La OMS ha indicado que la ansiedad es uno de los trastornos más frecuentes y que más interfiere en el funcionamiento de los adolescentes. Después de la pandemia mundial, los datos, a partir de los 12 años en familias vulnerables, han aumentado considerablemente. Muchos de los adolescentes con ansiedad presentan síntomas de ansiedad graves; los trastornos comienzan antes de los 18 años y, en algunos casos, antes de los 14 años (Fonseca, 2023).

IDENTIFICAR LAS SEÑALES DE ANSIEDAD EN ADOLESCENTES

La adolescencia, como ya se ha referido, es un periodo que viene acompañado de cambios emocionales que van a influir en la conducta y en cómo se sienten. Es un periodo en el que se plantean qué van a ser en el futuro y qué les gustaría que les fuese pasando en la vida. Se plantean, en suma, el futuro.

Uno de los primeros pasos para saber qué está ocurriendo es identificar las señales de la ansiedad en este periodo (Wright, s. f.).

SEÑALES FÍSICAS	SEÑALES EMOCIONALES	SEÑALES CONDUCTUALES
Dolores de cabeza o estómago Palpitaciones Dificultad para respirar Cambio de hábitos alimentarios Inquietud, agitación, hiperactividad o distracción Temblores o sudores ante diversas situaciones Dificultades para conciliar el sueño	Llanto frecuente Enfados sin ninguna razón aparente Nervios ante los exámenes Duda ante las capacidades propias Temor a ser juzgados Miedos que hacen que todo parezca muy difícil Preocupación ante el futuro lejano Pesadillas Pensamientos obsesivos Dar demasiadas vueltas a las cosas Preocupación por las personas a las que quieren Sensación de inseguridad	Falta de ganas para participar en actividades con otros adolescentes Silencios No tener ganas de asistir a clase Evitación de situaciones sociales No querer hablar con compañeros Enfado cuando los familiares no están Reacciones explosivas Abandono de actividades que antes gustaban Búsqueda de aprobación Conductas compulsivas

FACTORES DE RIESGO Y PROTECTORES EN LA ANSIEDAD

Aprendamos a prever que adolescente tiene más o menos posibilidades de sufrir ansiedad en función de su carácter y circustancias.

Factores de riesgo

De acuerdo con Diago y Mascaraque (20123), existen ciertos factores a nivel individual, familiar y social que pueden hacer que se desarrolle ansiedad. Estos factores son acumulativos; esto es, a mayor acumulación de ellos, mayor riesgo de padecerla.

- **Nivel individual.** Ser de sexo femenino, con temperamento irritable, tendencia a la emocionalidad negativa, fracaso escolar, disforia de género, homosexualidad, presencia de eventos traumáticos, dificultades de aprendizaje, consumo de sustancias con abuso, etc. Igualmente, puede estar ligada a la genética, con un 25 % de posibilidades si un familiar de primer grado la ha padecido.

- **Nivel familiar.** Padres consumidores de tóxicos o con patologías, conflictos entre los padres, traumas de vinculación, historias de maltrato, negligencias, abusos o estilos educativos rígidos.

- **Nivel social.** Conflictos sociales, ausencia de amistades, *bullying*, migraciones, no tener hogar, ser refugiados, sufrir marginación, pobreza, etc.

Factores protectores

Del mismo modo que hay factores de riesgo, también existe otra serie de factores que van a hacer que el adolescente tenga menos riesgo de desarrollar ansiedad:

- **Tener sentido del humor.** El humor induce la secreción de hormonas que van a hacer que aparezca una sensación de bienestar y van a influir positivamente en tener una mejor salud y sensación de felicidad. Estas sustancias son la melatonina, la oxitocina, la serotonina, la dopamina y las endorfinas.

- **Disfrutar de buenas relaciones con la familia y los amigos.** Suponen redes de apoyo que previenen la ansiedad.

- **Tener logros personales.** Llegar a conseguir estos logros influye en el estado anímico positivo.

- **Nivel socioeconómico medio o elevado.** No padecer necesidades ayuda a vivir más relajado.

- **Tener inteligencia emocional.** Este tipo de inteligencia ayuda a desarrollar recursos que ayudan a regularse mejor.

- **Hábitos de vida saludables.** Comer bien, practicar deportes, descansar cuando es necesario, tener una correcta higiene y evitar el uso de sustancias nocivas como son el alcohol y las drogas.

- **Valores positivos.** Podemos considerar valores positivos la bondad, el amor, la justicia, la paz, la solidaridad... El tener unos valores positivos ayuda a regular la conducta y a sentirse bien.

TIPOS DE ANSIEDAD EN LA ADOLESCENCIA

En esta época tan fundamental de la vida hay variantes que pueden tener más o menos prevalencia.

Trastorno de ansiedad generalizada

Lupe se ha apuntado al gimnasio. Cuando empieza a hacer los ejercicios de cardio, nota cómo le sube el pulso y tiene que parar. Esto le preocupa mucho, piensa que no puede permitirse pasar de una determinada pulsación que le marca su reloj. Lo malo es que pensar que no puede tonificar le preocupa excesivamente, por lo que, cuando sale del gimnasio, siente que no está haciendo los ejercicios bien. En el momento en que llega a casa, sigue pensando en ello, se pone a hacer los ejercicios en casa y le vuelve a ocurrir lo mismo. Últimamente esta situación se repite bastante.

Surge cuando existe una **preocupación excesiva** y ansiedad crónica, y esta interfiere en la vida normal del adolescente. El adolescente piensa que siempre existe algo por lo que inquietarse, como puede ser la preocupación por los estudios, por tener pareja, por hacer las cosas bien, por poder asistir a todos los eventos que le gusten, por lograr tener un buen físico, por caer bien a todo el mundo… Los síntomas son náuseas, fatiga, tensión muscular, problemas para conciliar el sueño o falta de concentración.

Trastorno de pánico

Diego se encontraba en la puerta de acceso al recinto donde iba a tener lugar el concierto que tanto tiempo había estado esperando. Entonces miró alrededor. Ahora solo recuerda que había muchísima gente. Empezó a sentirse incómodo y notó escalofríos; era como si saliese de sí mismo. De repente se encontró en el suelo.

Es un trastorno por el que el adolescente sufre de ataques de pánico recurrentes y sin que los espere. Siente un **miedo intenso** a que estos episodios ocurran. Los síntomas principales son palpitaciones y falta de aliento, sudores, temblores, náuseas, sensación de mareo, escalofríos, sensación de hormigueo, desrealización o despersonalización, miedo a morir. Como se puede comprobar, los síntomas son los mismos que los que puede tener un adulto.

Trastorno de estrés postraumático

Ruth se ha levantado muy agitada. De hecho, está llorando. Ha tenido una pesadilla horrible, ya que ha soñado que la figura de una persona se abalanzaba sobre ella, y no podía hacer nada, simplemente estaba tirada en el suelo. No es la primera vez que ocurren estas pesadillas. Pero no siempre son iguales: en algunas ocasiones está escondida en el armario y alguien quiere abrir la puerta, en otras ocasiones nota cómo una sombra la envuelve. Estas pesadillas son horribles y no sabe qué hacer con ellas. Cada vez duerme peor.

El adolescente se ha visto expuesto a una situación traumática. Los síntomas son pesadillas, ira, irritabilidad, fatiga emocional, intranquilidad, confusión. El adolescente presenta problemas para realizar actividades frecuentes como ir a la escuela o quedar con amigos, es decir, en general, **dificultades sociales.** Este trastorno se puede desarrollar por eventos que le ponen en riesgo a él o a personas cercanas, como pueden ser enfermedades graves, accidentes, desastres naturales, ataques personales, abusos o violaciones, haberse quedado atrapa-  dos en algún lugar, separación de los padres durante periodos prolongados, etc. Este **trauma** puede aparecer no inmediatamente al suceso. El riesgo de poder desarrollarlo depende de factores como:

- **La gravedad percibida del trauma.** La experiencia personal del adolescente va a determinar cómo se recuperan. El mismo hecho en dos adolescentes diferentes puede provocar un trauma distinto dependiendo de cómo se reacciona y cómo se minimizan o maximizan los eventos.

- **La frecuencia.** No es igual haber estado expuesto al trauma una vez que haberlo padecido de manera continuada.

- **La proximidad al trauma.** Ha ocurrido en casa, en el colegio, en la escuela.

- **La relación con la víctima.** Los adolescentes que han sido víctimas de un trauma pueden tener un mayor riesgo de desarrollarlo que aquellos que lo han presenciado. Es frecuente encontrar culpa y vergüenza en ellos.

Ansiedad social

Gael ha quedado con una chica. Su mejor amigo les presentó por Internet y han estado hablando varios días. Ella tenía muchas ganas de conocerle en persona, por lo que han fijado el sábado para ir a tomar algo. Gael tiene pensamientos en los que se dice que seguro va a pensar que es un aburrido y no ha elegido bien el sitio donde van a quedar, o que a lo mejor a ella no le gusta; además, se plantea Gael de qué va a hablar con ella, y espera él, sobre todo, que ojalá no se ponga rojo, porque de ser así... qué va a pensar ella de él. Lo peor es que ella le comentó que luego quedarían con sus amigos. No sabe por qué ha quedado con ella; Gael cree que es mejor seguir hablando por internet.

Miedo en situaciones sociales a ser observado por los demás, aparece la vergüenza. El adolescente cree que va a hacer las cosas mal y tiene **miedo al ridículo.** En este tipo de ansiedad se evitan las celebraciones, hablar en público, dirigirse a personas desconocidas. El adolescente se puede poner rojo, tener sudores, notar los latidos, sentir que se ha quedado en blanco, le puede costar establecer contacto visual y puede sentirse inseguro.

Ansiedad por separación

Teo está de viaje de intercambio en Londres. Él no quería ir, pero sus padres estaban muy emocionados con la idea de que mejorase su inglés. Él sentía miedo de estar con otras personas. El día que subió al avión pasó todo el viaje llorando, además de tener dolores de tripa. Estando allí, tiene la necesidad de llamar a su madre tres veces al día. Siente que quiere contarle todo. Su madre, mientras Teo está fuera, ha aprovechado para hacer un viaje de trabajo, por lo que cuando el adolescente la llama, esta no siempre puede contestar. Teo se plantea qué va a hacer si no puede contarle lo que está haciendo en Londres, y esto le genera muchos nervios.

La ansiedad por separación es un miedo irracional a separarse de los padres. Se idealiza el pasado y existe un miedo a que a la familia le ocurra algo malo. Este transtorno es más frecuente durante la infancia, pero puede extenderse hasta la adolescencia.

ÁREAS AFECTADAS POR LA ANSIEDAD EN LA ADOLESCENCIA

El ambiente escolar y doméstico, así como el grupo de amigos y la sociedad influyen en las conductas del adolescente y afectan a la ansiedad que pueda sentir en distintas áreas:

- **El rendimiento escolar.** Una de las principales áreas afectadas cuando un adolescente sufre ansiedad es la disminución del rendimiento. La ansiedad escolar en la adolescencia se encuentra ligada a un factor clave como es el autoconcepto. Una baja percepción de sí mismo puede afectar al rendimiento. Hay adolescentes que se exigen mucho a sí mismos y no quieren defraudar, lo cual les afectará a la hora de realizar los exámenes.

- **La autoestima y el autoconcepto.** El autoconcepto se refiere a la imagen que uno tiene sobre sí mismo, los calificativos que uno se asigna. La autoestima es la valoración y afectividad que uno da a esa autoimagen. La autoestima hace que exista una buena relación con los demás. La ansiedad puede ser predictora de la autoestima. Los adolescentes que presentan mayor ansiedad tienen más baja autoestima. Cuando un adolescente percibe el entorno amenazador, por ejemplo, la realización de un examen y no asimila que pueda manejarlo, es cuando se produce la crisis de ansiedad. Por cierto, la autoeficacia no formaría parte del autoconcepto (Vázquez y Pérez, 2016).

- **El funcionamiento familiar** (Ginsburg *et al.*, 2020). El funcionamiento familiar y la ansiedad se pueden ver influidos de diferentes maneras:

  - Familias donde existen problemas como **maltrato** o un contexto de peleas o padres divorciados a ausentes afectan a la emocionalidad del adolescente.

  - Padres que funcionan **bajo ansiedad** van a actuar como modelos y van a determinar el rasgo ansiedad o el estado ansiedad.

  - El hecho de **asumir responsabilidades que no le corresponden** también puede afectar. Del mismo modo, cuando un adolescente padece ansiedad, la familia puede ver cómo sus relaciones varían. El adolescente puede mostrar enfado y aislamiento o tristeza y nervios. Su estado emocional va a estar afectado y va a repercutir en su relación con sus padres y hermanos.

  - La **comunicación familiar** que no fluye va a ocasionar que el adolescente pueda sentir que no tiene nadie en quien confiar y a quien recurrir.

- **Las relaciones sociales.** Un adolescente puede tener ansiedad porque le están haciendo *bullying*, y su respuesta va a ser desconfiar de los demás, mostrarse retraído, va a aparecer el temor a la crítica de los demás, a ser juzgado y va a intentar no fomentar el quedar con los demás. Los adolescentes con ansiedad van a mostrarse temerosos de los demás.

- **El aprendizaje.** Altos niveles de ansiedad hacen que disminuya la atención cuando se observa algo, la concentración necesaria y los procesos de retención (Spielberger *et al.*, 1985). Esto influye en el rendimiento escolar y, a su vez, afectará a la autoestima.

ANSIEDAD Y NUEVAS TECNOLOGÍAS EN ADOLESCENTES

Violeta descubrió que, cuando jugaba en línea, podía conectar con personas de cualquier parte del mundo. Alguien le habló en clase de los juegos en línea y probó. Antes se sentía sola, ahora cree que tiene un montón de amigos repartidos por el mundo. No los conoce personalmente, pero se siente acompañada cada vez que juega. Total, no necesita quedar con esa gente de clase que se metía con ella. Ya no tenía ganas ni de ir al instituto. Empezó jugando los fines de semana. Ahora siente la necesidad de jugar todos los días, De hecho, se levanta dos horas antes para poder jugar al menos una hora. Además, sabe que sea la hora que sea alguno de sus amigos estará en línea. No es la misma hora para todos dependiendo del país. En este momento sabe que, aunque sea de día o de noche, siempre habrá alguien en línea. No sabe la vida de sus amigos online, pero eso no le importa. Solo le importa saber que cada vez que se conecta otras personas estarán en línea. Los últimos meses le está dedicando a los videojuegos una media de cinco horas diarias. No le gusta que sus padres le propongan ir a algún sitio los fines de semana; solo le apetece jugar. A veces se pone muy nerviosa porque, cuando tiene misiones online, quiere intentar demostrar que ella es una de las mejores. No puede perder el tiempo haciendo otras cosas en casa o estudiando. No comprende por qué sus padres le riñen por estar tantas horas delante de la pantalla, piensa que no la entienden y se enfada cuando le recriminan las horas que dedica. Si está haciendo otras cosas o su hermana entra en la habitación para hablar, le molesta que la interrumpa, pues su hermana no es consciente de que ella, Violeta, está concentrada y pensando en su misión online. Todavía recuerda que hace un mes se rompió el ordenador y estuvo dos días sin poder jugar. ¡Qué mal lo pasó! Ella solo quería seguir jugando y estuvo llorando, aunque nadie la entendía.

El siglo XX fue el siglo donde se produjo la llegada de internet al mundo (Fernández, 2024), y con él, el mundo cambió, sobre todo el mundo adolescente. Veamos solo un par de datos:

• Casi dos tercios de la población mundial está conectada a internet y las redes sociales; el comercio electrónico y las plataformas de *streaming* han logrado captar la atención de la gente. Unos 5 400 millones de personas utilizan internet.

• Se sabe que la población de entre 13 y 17 años accede más a las tecnologías que los adultos. En España, por ejemplo, los adolescentes entre 16 y 18 años utilizan internet; en un 99,9 % en el caso de los chicos, y en un 99,7 % en el de las chicas (Instituto Nacional de Estadística, 2023). El uso de ordenadores e Internet entre los adolescentes es una realidad, por ende, a nivel mundial, de la que es muy difícil mantenerse al margen.

Por tanto, las tecnologías son herramientas imprescindibles, pero tienen un doble rasero:

IMPACTO POSITIVO DE LAS NUEVAS TECNOLOGÍAS	IMPACTO NEGATIVO DE LAS NUEVAS TECNOLOGÍAS (Plaza, 2018)
Facilitan la vida • Ayudan a comunicarse con los semejantes • Contribuyen a realizar las tareas y tener fácil acceso a la información • Una fuente de ocio y entretenimiento	No se dedique tiempo a otras actividades • Se produzca aislamiento • Pueda aumentar la inseguridad, al quedar expuesto a los demás, y se pueda sufrir ciberbullying • Se genere dependencia, que puede llevar a adicción • Favorezca el sedentarismo y la obesidad • Se dé agresividad • Aparezcan dificultades de concentración • Se acceda a información inapropiada

El grupo de adolescentes representa un **grupo de riesgo** por el excesivo uso que hacen de las tecnologías de la información y la comunicación. Esto puede causar problemas en las relaciones con los padres y dependencia de estas herramientas para todo. Su uso es fácil, por cuanto que se utilizan como elementos que provocan placer ante estados de ánimo no placenteros. Si un adolescente está aburrido o triste, una manera rápida de apartar ese sentimiento es ver un vídeo en redes sociales. Sin embargo, el problema es que el adolescente no entra en  contacto con qué función tiene esa emoción y por qué ha aparecido, por lo que seguirá existiendo y aparecerá en otro momento.

Uno de los marcadores más importantes, según el estudio realizado por Haidt (2024), revela que, antes de la llegada de las tecnologías actuales, los adolescentes acudían más frecuentemente al hospital por rotura de huesos, estaban en la calle y se caían. Actualmente, con la llegada de internet, los adolescentes están más seguros en sus casas delante del ordenador y se producen menos visitas al hospital. De igual modo, las **autolesiones** están ligadas a procesos de ansiedad y de no saber regularse emocionalmente. Hace años las adolescentes acudían a una edad mayor a hospitales por autolesiones. Sin embargo, hoy en día vemos que ese número ha aumentado entre adolescentes de 10 a 14 años. Esto se debe a una **peor regulación emocional** más temprana. Todos estos datos indican que hay un inicio más temprano de la dependencia tecnológica y de los riesgos que ello conlleva (Villano, 2024).

Hemos de tener en cuenta que el no poder parar de utilizar las nuevas tecnologías y hacer un **uso compulsivo** no surge de un día para otro, sino que es un proceso que se desarrolla de modo paulatino, según la persona, por el cual esta se hace dependiente. De ahí que sea tan importante darse cuenta de indicadores como dedicar muchas horas y aislarse. En todo caso, existen perfiles más propensos, como por ejemplo las personas tímidas, depresivas y las que se sienten solas.

Es en la adolescencia cuando se forma la identidad de cada uno, por lo que esta etapa deviene fundamental para poder desarrollar el **autoconcepto** y la **autoestima.** El uso de las redes sociales puede ayudar a realizar tareas, a buscar información, a compartir, etc. No obstante, su uso excesivo o el utilizar páginas que pueden contener información perjudicial, el uso frecuente de videojuegos o el constante aumento de mostrarse en redes puede resultar perjudicial. La imagen que se muestra muchas veces no se corresponde con la real; se trata de buscar la aceptación de los demás a través de esa imagen que muchas veces es ficticia. En estos casos existe un riesgo de desarrollar ansiedad, depresión, insomnio... Las horas que se dedican a ello pueden provocar que se procrastine y que se dejen de realizar actividades como las tareas escolares o actividades de trato personal. La preocupación por tratar de conseguir esa aceptación, ese tratar de demostrar ser el mejor, puede derivar en ansiedad y terminar convirtiéndose en un trastorno. Una baja autoestima puede conducir a estados de ansiedad. Hay diversos estudios que demuestran la relación que existe entre los estados de ansiedad y la creencia de no alcanzar las expectativas de los demás. En el caso de los jóvenes la autoestima social y personal tiene una relación significativa con su salud mental.

LA ANSIEDAD Y EL CONSUMO DE SUSTANCIAS EN LOS ADOLESCENTES
Rubén ha estado muy nervioso últimamente. Se acerca la fecha de tener que elegir la carrera y no sabe a qué se quiere dedicar. Ha estado investigando, preguntando a familiares que se dedican a diversas profesiones. Sin embargo,

no encuentra su lugar. Solo el hecho de pensar que no sabe qué quiere le tiene alterado. Siente nervios… ¿qué carrera escoger? Siente palpitaciones. Durante las últimas semanas estos síntomas han ido en aumento. Cuando se cansa de pensar, solo quiere olvidarse. Está evitando tomar una decisión, le cuesta. Baja al parque que hay cerca de su casa y fuma marihuana. Al principio era una vez a la semana, pero últimamente está bajando todos los días y fuma varias veces. Se ha convertido en una rutina para él quedar con los amigos y fumar, siente que puede reírse y olvidar. Eso le hace sentir bien. No obstante, se ha dado cuenta de que cada vez piensa más en fumar y no estar dedicando tiempo a tomar una decisión. Además, está pendiente de conseguir marihuana, no quiere quedarse sin ella.

La adolescencia se puede considerar un periodo vulnerable en el que se pueden sufrir **conductas adictivas,** abuso de nuevas tecnologías y de drogas, además de problemas conductuales (Castellana *et al.*, 2007). Por lo general, el consumo de una sustancia puede conducir a algunos síntomas asociados a la ansiedad. Sin embargo, la relación entre la ansiedad y el consumo de sustancias puede ser bidireccional: por un lado, el consumo de una sustancia puede llevar a tener sintomatología ansiosa, y, por otro lado, padecer síntomas de ansiedad puede inducir a consumir sustancias.

Los adolescentes pueden consumir drogas como la marihuana para intentar reducir su malestar o por curiosidad. Muchos adolescentes piensan que la marihuana es menos perjudicial que el alcohol. Creen que así pueden llevar mejor el día a día y no sufrir ansiedad al encontrarse en un estado adormecido. Ellos pueden sentir ansiedad por intentar hacer todo bien o por estresarse cuando tienen que tomar decisiones, como puede ser el decidir a qué se van a dedicar en un futuro. También les puede estresar el pensar cómo son percibidos ante los demás o la  apreciación de su cuerpo. En ocasiones puede resultar incómodo el cambio de niño a adulto. En definitiva, cualquier situación que implica un cambio o mostrar una imagen.

Pero ¿qué lleva a los jóvenes a iniciarse en el consumo de sustancias estupefacientes? Muchas veces las situaciones en las que quieren sentirse más adultos o quieren experimentar. Se suele empezar con el alcohol, posteriormente se comienza a fumar marihuana, y después se pasa a otro tipo de drogas como la cocaína o las drogas de diseño. Todo empieza como un juego y, finalmente, termina convirtiéndose en una **dependencia.** Aquí también podríamos incluir el consumo de fármacos como la codeína (Valls-Llobet, 2019). Muchas veces, para poder evitar cualquier situación que conlleve ansiedad, se cae en el consumo. Y otras veces es el propio consumo el que genera los síntomas de ansiedad, es decir, la necesidad de querer obtener la sustancia.

Ansiedad y ansiolíticos

Un ansiolítico es un fármaco psicotrópico con una función depresora en el sistema nervioso central. Su principal efecto es el de ralentizar las funciones del cuerpo, por el cual la persona entra en un **estado de relajación y somnolencia.** La gran mayoría de los ansiolíticos pertenecen a las benzodiacepinas, que logran inhibir el sistema nervioso central.

Podemos considerarlos como la cuarta droga más consumida detrás del alcohol, el tabaco y el cánnabis. Su consumo se suele iniciar a la edad de 14 o 15 años (Observatorio Español de las Drogas y las Adicciones, 2023).

La encuesta EDADES 2022 muestra que el consumo de hipnosedantes en adolescentes ha crecido, siendo mayor en el sexo femenino. Los ansiolíticos pueden generar **dependencia,** y, cuando esto ocurre, se necesitan en mayor cantidad. Después de comenzar el tratamiento, solo son necesarias cuatro semanas para poder iniciar la dependencia. Una vez que esta existe, el síndrome de abstinencia incluye la ansiedad. Por ello es preferible evitar su consumo, a fin de no generar dependencia, exceptuando las ocasiones en las que por prescripción médica es necesario.

CÓMO AYUDAR A LOS ADOLESCENTES A MANEJAR UNA CRISIS DE ANSIEDAD

Una crisis de ansiedad tiene lugar cuando aparecen emociones de una manera que logra sobrepasar al adolescente; aparece el miedo, la ira o la frustración. Se puede ayudar al adolescente de las siguientes maneras (Schluger, 2024):

- Cuando una crisis aparece, lo mejor que se puede hacer es sentarse con el que la está padeciendo y **tratar de conversar.** El tono ha de ser relajado, de manera que se perciba acercamiento y comprensión. La postura ha de estar dirigida a la persona y debe existir contacto visual. Se deben acoger y validar las emociones, y es muy importante que el otro no se sienta juzgado. Posteriormente, lo recomendable es escuchar sin interrumpir.

- Cuando se conocen **ejercicios de respiración,** se debe acompañar en la realización de estas respiraciones y mostrar empatía. El poder realizar respiraciones profundas va a hacer que el malestar disminuya. Veamos una propuesta: para comenzar, cerramos los ojos sin apretar los párpados o mantenemos la mirada perdida hacia el suelo, a unos dos metros del lugar que ocupemos, de manera que no haya que realizar ningún esfuerzo sobre la musculatura ocular.

A partir de este momento, solo debemos ocuparnos de la respiración, dejando consciente y voluntariamente para después poder dejar pasar cualquier tema pendiente o preocupación que pueda interferir en la práctica. Si durante la misma, como suele suceder con mucha frecuencia, apareciesen pensamientos relacionados con dichos temas, simplemente los dejaremos pasar tratando de no engancharnos a ellos y volviendo la atención hacia la respiración con amabilidad y sin crítica cuantas veces sea necesario. Esa focalización hacia la respiración constante y repetitiva, sin tratar de modificarla hará que la tensión baje o se aminore.

- Cuando encuentra dificultades en las tareas que tiene que realizar, se puede ayudar a hacer una **buena planificación.**

- **Utilizar la motivación.** Que encuentren qué les puede ayudar, qué recursos pueden utilizar; que aprendan que el esfuerzo les ayudará a lograr sus objetivos. Ayudarles a identificar y cortar con personas tóxicas, a reconocer qué valora en sí mismo y en los demás.

- **Buscar actividades** que les puedan ayudar a sentirse comprendidos e integrados. Pueden ser campamentos de verano, intercambios de estudiantes o formar parte de un equipo deportivo.

- Ayudarles a **centrarse en el presente** y no anticipar acontecimientos.

- Fomentar un **uso adecuado de redes sociales e internet.**

- **Desarrollar la resiliencia.** Ayudarle a recuperar la confianza en sí mismo y tener una actitud positiva que contribuya a reponerse en momentos malos. Una manera es fomentar el afecto y el apoyo, y ayudarle a tener habilidades emocionales que le permtian ver los errores como oportunidades de aprendizaje. Se puede ayudar a identificar qué les hace sentirse mal y tratar de encontrar una actitud positiva con la que afrontarlo.

- **Ayudarle a fijar objetivos realistas.** Muchas veces el adolescente quiere alcanzar metas y objetivos que no están dentro de sus posibilidades, por lo que es esencial ayudarle a reconocer cuáles son sus capacidades y cuáles pueden ser sus logros.

CLAVES IMPRESCINDIBLES

Haciendo un breve repaso ante situaciones que puedan llegar a provocar la pérdida de control entre los adolescentes, se les debe brindar ayuda para evitar que se sientan sobrepasados, como hemos visto a lo largo del capítulo.

1 Conversar con él desde la comprensión, sin juicios de valor.

2 Proponerle ejercicios de respiración para centrarse en ella y protegerse del problema que le preocupe.

3 Dirigirle para que organice una buena planificación de las actividades a realizar, fijando unos objetivos realistas.

4 Fomentar su implicación en actividades de equipo que le permitan sentirse bien e integrado con un grupo.

5 Mostrarles recursos que les resulten motivantes y dirigirles hacia el camino que les refuerce para conseguir sus metas.

6 Dejar que viva el presente con tranquilidad, sin atosigarle con nuevos acontecimientos.

7 Evitar el uso abusivo de redes sociales e internet.

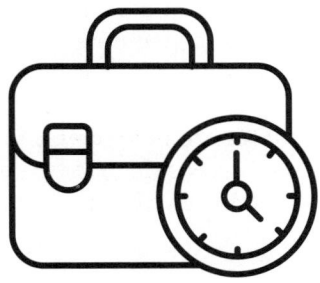

LA ADULTEZ

E s un periodo del desarrollo humano que sigue a la adolescencia y que va aproximadamente desde los 20 hasta los 65 años, aunque al final de este capítulo vamos a hablar también de la etapa posterior a los 65 años.

Existen varias etapas en la adultez:

Adultez temprana

De acuerdo con Berger (2009), durante este estadio el individuo ha alcanzado su desarrollo. Se trata de una etapa larga de la vida, aquella donde más cambios ocurren. Va desde el fin de la adolescencia hasta los 40 años, aproximadamente. Es una etapa en la que, por lo general, se goza de buena salud, independencia y autonomía. Se producen algunos cambios como:

- **Características físicas.** La fuerza y la resistencia suelen ser las más altas de toda la vida. El nivel de energía aumentará hasta alcanzar los 40 años, momento en el que puede empezar a disminuir.

- **Características y capacidades cognitivas.** Durante este periodo se estabiliza el pleno desarrollo cognitivo que se establece alrededor de los 35 años. Las personas empiezan a ver que no todas las cosas son blancas o negras y que hay puntos intermedios. Las personas tratan de buscar maneras de cumplir las metas y objetivos que se han ido fijando en cuanto a lo laboral y personal, y se asentarán los valores. Es un momento en el que la persona es capaz de percibir cuál es su mundo ideal.

- **Características conductuales y relacionales.** En términos generales, entre los 18 y los 40 años todos los sistemas del cuerpo se encuentran a pleno rendimiento. Una de las características de esta época es la interdependencia o el acercamiento a ella.

- **Sexualidad.** En esta época, el deseo sexual es grande debido al aumento de las hormonas sexuales. Se pueden buscar parejas estables dependiendo del ambiente cultural o simplemente buscar parejas sexuales. Es frecuente en esta época el cambio de pareja.

- **En cuanto a la salud mental,** durante este periodo si la persona no posee recursos para enfrentar las adversidades, se podrán desarrollar problemas psicológicos. Es en esta época cuando aparecen muchos de los problemas mentales que han podido ir desarrollándose en la infancia.

Adultez media

Siguiendo a Delval (1994), estamos ante una etapa que va desde los 40 años hasta los 65 años aproximadamente. Estos años son característicos por el hecho de que las personas se centran en la carrera profesional, en la educación de sus hijos (si es que se tienen) o en la preparación de la jubilación. Sin embargo, esto puede variar de unas personas a otras.

- En esta época empiezan a disminuir las **capacidades cognitivas.**

- Las **capacidades físicas** experimentan cambios notables, como por ejemplo la pérdida de fuerza. Puede aparecer un aumento de peso, además de una pérdida de masa muscular.

- **Otras capacidades** como la memoria, la atención y la orientación se pueden ver reducidas.

- El **deseo sexual** puede seguir siendo intenso, aunque normalmente no alcanza los niveles de la época anterior.

- Comienza un **declive a nivel sensorial.** La piel puede perder su elasticidad, los órganos pueden experimentar un deterioro como la vista, las articulaciones se pueden volver más rígidas y los huesos pueden volverse más frágiles.

- Es frecuente asentar los **valores morales.**

- Existe mayor flexibilidad para **adaptarse** al ambiente.

- La **resiliencia** aumenta.

- Está más presente la **búsqueda del bienestar y la tranquilidad** que en las etapas anteriores.

El estrés en la adultez

El estrés forma parte de la vida, es un proceso que nos permite reaccionar a las situaciones imprevistas a todos los cambios que se pueden presentar en la rutina diaria. Se pueden oír frases como: «tengo estrés, tengo que ayudar a mis hijos a hacer sus tareas», «tengo estrés, hoy tengo que llevar el coche a revisión, acompañar a mi madre al médico, ir al trabajo, hacer la compra», «tengo estrés, tengo que estudiar mucho», «tengo estrés no acabo de recuperarme de la enfermedad»... El hecho de que una persona sea capaz de identificar los síntomas que está teniendo le ayudará a controlar su nivel de estrés. El estrés aparece ante situaciones cotidianas, excepcionales o situaciones de tensión. El proceso de evaluación del estrés puede tener lugar en **tres fases** (García-Mina, 2006):

1. **Evaluación primaria.** En ella se hace una valoración de la situación. Y se ve si esta no tiene importancia, si puede resultar beneficiosa o si amenaza a la persona. La última hará que se active el estrés, ya que veremos la situación como peligrosa o como un desafío; en este caso, se producirá una sobre activación del organismo, la cual hará que tengamos mayor capacidad para recopilar la información necesaria y así poder resolver la situación.

2. **Evaluación secundaria.** Canalizan las estrategias necesarias para hacer frente a la situación, y se evalúan detrás de aquellas de las que uno no dispone.

3. **Fase de selección de respuesta.** Se decide qué estrategia llevar a cabo. Puede ser de una manera proactiva (centrada en la resolución), o no haciendo frente a lo que ocurre (centrada en la evitación).

El nivel de activación ante una situación influye en la energía, en la conducta y en los pensamientos, de manera que, cuando se padece estrés, puede afectar al rendimiento de manera positiva o negativa. Cuando una persona se sienta delante del ordenador y se dispone a hacer un trabajo, puede sentir estrés positivo, por lo que será resolutiva; si, por el contrario, no está lo suficientemente activa, puede descuidar su trabajo, ya que, en vez de centrarse en la tarea que tiene que realizar, puede comenzar a mirar redes sociales o noticias y no enfocarse. Si se encuentra demasiado activada, estará enfocada en todos los síntomas de preocupación y agobio. El estrés es un **factor de riesgo** para desarrollar algunas enfermedades como la hipertensión, y puede favorecer una serie de factores de riesgo para que aparezcan otras. Digamos que el estrés nos ayuda y también puede hacer que uno pueda ser más vulnerable, por lo que lo idóneo es alcanzar un nivel de activación óptimo.

PRINCIPALES FACTORES QUE PUEDEN CAUSAR ESTRÉS
Un autor como Martín (2021) distingue los siguientes:

- **Factores económicos.** Los gastos que no se esperan, la gestión del patrimonio, el no poder ahorrar, el tener carencias o las crisis económicas a nivel mundial pueden influir en que la persona tenga mayores preocupaciones.

- **Sobrecarga de trabajo.** Cuando se tiene mucho trabajo y este sobrepasa las capacidades, puede hacer que la persona no confíe en sí misma, se sienta agotada física y mentalmente, y que desarrolle estrés.

- **Insatisfacción con el trabajo.** El acudir a un trabajo cuando no existe la motivación puede provocar sentimientos de infelicidad; cuando esta situación se mantiene en el tiempo, va a provocar que se sienta malestar.

- **Relaciones sociales.** El contacto social es algo necesario para el ser humano, para compartir, recibir apoyo, alegrarse, tener un sentido de pertenencia. Las relaciones brindan una red de seguridad y promueven el bienestar.

- **Atención familiar.** La familia está formada por las personas con las que pasamos gran parte de nuestro tiempo y nos suelen acompañar durante nuestra vida, exceptuando algunas ocasiones en las que surgen conflictos o problemas. Cuando las personas a las que se quiere no tienen una buena salud y hay que cuidarlas, surgen sentimientos de preocupación. En los casos en los que se necesita recompensar a la familia, porque se siente gratitud y esto no ha podido hacerse, puede surgir también el estrés.

- **Presión en vacaciones.** A pesar de que las vacaciones se presentan como un momento de satisfacción y desconexión para muchas personas, se puede convertir en una fuente de preocupación. El solo hecho de tener que preparar las vacaciones, organizar todo, sentir que se sale de la zona de confort o las diversas situaciones que pueden ocurrir durante esta pueden ser una fuente de malestar. En algunos casos, el hecho de pasar más tiempo del habitual con determinadas personas puede ser fuente de discusiones y malestar.

- **Falta de asertividad.** Cuando una persona no es capaz de decir que no, frecuentemente va a tener dificultades para poder expresar cómo se siente, qué necesidades tiene o cómo poder establecer límites. Esto va a provocar que la persona pueda tener una baja autoestima o que se sienta vulnerable ante otros, por lo que emociones como la frustración pueden aparecer y ocasionar estrés.

- **No contar con tiempo libre.** El hecho de no contar con tiempo libre puede provocar una ausencia de descanso y de relajación. La persona también puede comenzar a acumular tareas que no ha resuelto, puede dejar de cuidarse y cuidar a otros, puede aumentar la sensación de no poder controlar todo lo que tiene delante y, a la vez, la falta de tiempo hará que no se relacione con otras personas. Todo ello conllevará sensaciones de malestar y falta de equilibrio.

- **Estar obsesionado con la perfección.** Cuando una persona busca que todo a su alrededor esté perfecto, puede influir en el estrés, debido a que estos individuos siempre se pondrán ante sí altas expectativas. Ante cualquier cosa que tengan que hacer, la exigencia para llevarla a cabo será desmedida. En algunos casos, pueden incluso aparecer críticas hacia uno mismo sobre el desempeño de tareas, y esto generará estrés y ansiedad. Del mismo modo, las personas perfeccionistas pueden posponer tareas o proyectos porque piensan que no los van a poder realizar de la manera adecuada. Esto también puede generar estrés cuando se acercan los plazos y aumentará la tensión. La rigidez mental que los caracteriza también lleva a una falta de pensamiento flexible y, cuando las cosas no salen como planean, volverá a aparecer la crítica a sí mismos.

- **Falta de interés.** En el momento en que una persona no tiene interés en sus actos, es probable que esté desmotivada, lo cual le llevará a sentir apatía y podrá hacer acto de presencia el aburrimiento. La persona puede sentirse desconectada de su ambiente y pueden aparecer la insatisfacción personal. La falta de interés en algo puede provocar dificultad para concentrarse, y es susceptible de tener un impacto en las relaciones con otros (puede no apetecer tener conversaciones o realizar actividades con otros). Surgen frases como: «no sé qué hacer con mi vida», «no me gusta nada, me estresa no saber que quiero», etc.

- **Desorden.** Si una persona siente desorden en su cabeza, puede afectarle a la hora de tomar decisiones y establecer metas, surgirá la confusión, y pueden aparecer el agobio y el caos, que afectan a otras áreas como el sueño, lo social o lo laboral.

PRINCIPALES SITUACIONES DE ESTRÉS

Holmes y Rahe (1967) construyeron una escala para medir las principales situaciones de estrés. En ella pusieron los acontecimientos vitales más frecuentes y la valoración del grado de estrés que pueden causar a una persona:

ACONTECIMIENTOS VITALES	VALOR DEL ESTRÉS
Muerte del cónyuge	100
Divorcio	73
Separación de la pareja	65
Encarcelamiento	63
Muerte de un familiar próximo	63
Lesión o enfermedad de uno mismo	53
Matrimonio	50
Despido laboral	47
Reconciliación de pareja	45
Jubilación	45
Enfermedad de un familiar	44
Embarazo	40
Dificultades o problemas sexuales	39
Incorporación de un nuevo miembro familiar	39
Cambios en el trabajo	39
Cambio en la situación económica	38
Muerte de un amigo íntimo	37
Cambio de trabajo	36

Discusiones de pareja	35
Pedir un crédito o hipoteca de alto valor	31
Hacer efectivo un préstamo	30
Cambio de responsabilidad en trabajo	29
Hijos que dejan el hogar	29
Problemas legales	29
Logro personal notable	28
Pérdida de trabajo o de pareja	26
Comienzo o fin de escolaridad	26
Cambio en condiciones de vida	25
Cambio en hábitos personales	24
Problemas con el jefe	23
Cambio de condiciones o turno en trabajo	20
Cambio de residencia	20
Cambio de colegio	20
Cambio de actividad de ocio	19
Cambio de actividad religiosa	19
Cambio de actividad social	18
Pedir una hipoteca o préstamo de bajo valor	17
Cambio de hábito de dormir	16
Cambio en número de reuniones familiares	15
Cambio de hábitos alimentarios	15
Vacaciones	15
Navidades	12
Incumplimiento de la ley (multas, etc.)	11

Sumando las puntuaciones obtenidas en el último año:

- **Menos de 150:** habría un riesgo bajo de padecer una enfermedad psicosomática.
- **Entre 150 y 250:** el riesgo de padecer una enfermedad psicosomática sería moderado.
- **Más de 250:** habría un grado elevado de poder padecer una enfermedad psicosomática.

EFECTOS DEL ESTRÉS EN LOS ADULTOS

Cuando las personas cumplen años, el organismo reacciona al estrés de manera más intensa que en las etapas anteriores de la vida. Así, los efectos de este pueden acabar resultando perjudiciales. Al mismo tiempo, el organismo tardará más en recuperarse (Broudy, 2023).

Los adultos deben enfrentar más situaciones que le supongan un **reto,** tales como cambios en el trabajo, cambios físicos, enfermedades, problemas económicos, la educación de los hijos, etc. Todo esto puede provocar reacciones de estrés durante años. Como contrapartida, los adultos manejan mejor las situaciones estresantes que las personas jóvenes. Esto es debido a la cantidad de **recursos y habilidades** que las personas van acumulando. También se cuenta con la capacidad de poder distinguir las situaciones que van a causar estrés, y la persona puede alejarse de ellas. Las personas mayores son capaces de reconocer los estímulos emocionales positivos e ignorar los negativos. Las habilidades con las que los adultos cuentan son:

- Han vivido más experiencias vitales.
- Tienen un mayor autoconocimiento.
- Saben mirar los hechos con perspectiva.

Un adulto enfrenta problemas que pueden ser poco importantes y se da cuenta de que no merece la pena enfadarse por cosas triviales. Un ejemplo claro: cuando se está hablando sobre asuntos que provocan puntos de vista distintos. Una persona joven, si no está de acuerdo, podrá entrar en una discusión acalorada y se sentirá molesta con el punto de vista del otro y tratará de convencerle, mientras que un adulto que percibe que no va a poder dialogar con el otro puede cambiar de tema de manera más hábil.

Cuando se van cumpliendo años, las personas concentran su energía en relacionarse con personas que sean buenos amigos, y se puede prescindir de las relaciones con conocidos casuales. Las relaciones sociales se vuelven más sólidas con el tiempo.

Con los años se pueden desarrollar habilidades para sobrellevar los momentos estresantes como son los estallidos de ira y las situaciones peligrosas. Sin embargo, existen otras situaciones de las que no se puede escapar, como es cuidar a los familiares enfermos, la educación de los hijos, el pagar los estudios, la hipoteca, poder contar con una determinada tasa de ingresos mensuales, etc. El estrés que todas estas situaciones provocan también puede afectar al organismo, de manera que este es más vulnerable con la edad.

El estrés ocasiona que se libere **cortisol.** Este puede afectar a los adultos mucho más que a los jóvenes y causa más inflamación. El cortisol impacta además en la capacidad física, ya que se debilita la transmisión de señales a los músculos. Cuando un adulto está estresado, puede resultarle más difícil subir escaleras o realizar actividades y puede provocar cansancio cuando el estrés se vuelve crónico, el cerebro produce más cortisol y aumenta el riesgo de padecer demencia. El cortisol, igualmente, produce un desequilibrio en el sistema inmunitario. Cuando el sistema inmunitario se encuentra debilitado, es más fácil contraer cualquier enfermedad, como un resfriado. Cuando se practica deporte, se puede disminuir el nivel de cortisol en la sangre, lo cual resulta muy beneficioso para el organismo.

Cuando hay estrés, el organismo también **libera adrenalina.** La frecuencia cardiaca aumenta y cambia el flujo sanguíneo. El corazón recibe más oxígeno, igual que el sistema musculoesquelético. La presión arterial sube a fin de poder distribuir la energía adonde sea necesario. Al mismo tiempo, otros vasos sanguíneos se contraen y hacen que aumente la presión arterial, a la vez que el flujo sanguíneo va a todos los órganos vitales. Cuantos más años se cumplen, la resiliencia física disminuye. Es decir, el cuerpo tarda más en volver a su estado normal. Por ejemplo, cuando estamos leyendo, los ojos pueden estar antes cansados o ante luces intensas se tarda más en recuperar la visión normal. Ocurre lo mismo cuando se tiene estrés: si aumenta el ritmo del corazón, este tarda más en relajarse. En estudios con profesores se ha observado que tanto jóvenes como adultos en situaciones de estrés tienen la presión elevada; sin embargo, los jóvenes se reponen más rápido, después de la jornada laboral. La explicación a la falta de reponerse puede estar en que los vasos sanguíneos se endurecen y el flujo de sangre es menor, lo que puede provocar un derrame cerebral o un ataque al corazón.

Los adultos pueden calmar mejor el estrés, **encontrando soluciones** que le ayuden a la percepción de la amenaza. Lo que causa estrés no siempre es el estímulo estresante, sino la sensación de que no se puede hacer nada al respecto. De ahí que poder cambiar esas creencias sea tan importante.

ESTRÉS LABORAL

Rubén ha estado trabajando toda la noche, sentado delante del ordenador, debido a una amenaza de ciberseguridad. No le dio tiempo a cenar, no ha podido dormir y ha tenido mucha presión todo el tiempo, dado que cuanto más tiempo pasaba, más grande era el riesgo. Tuvo que estar en contacto con compañeros de otros países. Ahora está muy irritado, le duele la espalda y no quiere hablar con nadie. Lo peor es que le espera un largo día: el problema en el trabajo no se ha solucionado, tiene que llevar a sus hijos al colegio y tiene cita con su abogado por un asunto relacionado con la compra de su nueva vivienda.

Diana ha estado toda la noche en el turno de urgencias. Hoy llegaron varias personas procedentes de un accidente de tráfico muy grave y, además, la sala de urgencias estaba repleta.

Actualmente el estrés laboral cuenta con una alta prevalencia entre las personas que trabajan. El estrés laboral es aquel que ocurre cuando se altera el estado psicológico de la persona y aparecen respuestas de tipo emocional, cognitivo, fisiológico y del comportamiento. Cuando la persona se encuentra en situaciones que exigen una **alta demanda** y esto sobrepasa los recursos y habilidades personales, aparecerá el estrés laboral (Buitrago-Orjuela *et al.*, 2021).

Las **causas** generadoras de estrés laboral son, según Bhui *et al.* (2016):

- **La sobrecarga** o el exceso de trabajo.

- **La falta de apoyo** por parte de la organización y compañeros. Trabajos en los que no se reconoce el esfuerzo o donde existe poco compañerismo. Los sueldos no son adecuados, puede haber falta de conciliación familiar.

- **Desorganización.** No existen recursos suficientes, la comunicación no existe entre supervisores y subalternos, no hay buenas relaciones sociales, el trabajador no logra adaptarse a las dinámicas de trabajo, se mantienen estilos de gestión inadecuada y tampoco hay roles bien definidos.

- **Clima de la organización.** Se refiere al ambiente laboral; por ejemplo, si existe competitividad, no hay posibilidad de ascenso, mucha exigencia, rotación de personal, etc.

- **Horarios extensos** o que se prolongan en exceso.

- **Poco personal trabajando.** El trabajo no se reparte adecuadamente.

- **Condiciones físicas** relacionadas con el ruido, la temperatura y el entorno donde se desarrolla la actividad.

Todos estos puntos suelen darse frecuentemente en el sector de la salud, en el terciario en general, así como, específicamente, en el sector de la enseñanza y entre el personal ejecutivo y administrativo.

Consecuencias del estrés en los trabajadores

El estrés puede tener en los trabajadores consecuencias físicas y cognitivas como enfermedades cardiovasculares, cefalea, problemas musculoesqueléticos, trastornos del sueño, problemas intestinales, alteraciones psíquicas, dolor de cabeza, dependencia de sustancias, altos niveles de glucosa y lípidos, cansancio, trastornos de la voz, conflictos familiares y absentismo.

El síndrome de desgaste profesional o *burnout*

Este síndrome es el del trabajador que aparece desgastado, agotado, consumido, quemado por el trabajo. Es un síndrome que aparece como resultado de la **vulnerabilidad del trabajador.** Muchos trabajadores lo identifican con estar a disgusto, sentirse harto agobiado, tener un mal día en el trabajo. Se da principalmente por la exposición a unas condiciones de trabajo estresantes que terminan afectando a la salud, como poco o nada de **control** sobre el trabajo que se realiza, poco o nada de **reconocimiento** cuando se hace un buen trabajo, expectativas poco claras, ambiente laboral sometido a **presión,** demasiado trabajo y un largo etcétera.

Sus **características** principales son las siguientes (Maslach y Jackson, 1981):

- **Agotamiento emocional.** Sentimiento de no poder dar más en el trabajo. Falta de energía y agotamiento de los recursos, que surge de las excesivas demandas en la interacción con los usuarios.

- **Despersonalización,** sentimientos y actitudes negativos por parte del trabajador hacia las personas con las que trabaja y hacia las personas a las que presta servicio.

- **Baja realización personal** en el trabajo. Es la tendencia a evaluarse negativamente y a sentirse incompetente. Afecta a la habilidad en el trabajo y a la relación con las personas. Hay un sentimiento constante de estar descontento con uno mismo e insatisfecho con los resultados laborales.

El desarrollo del *burnout* ocurre en **cuatro etapas** (Edelwich y Brodsky, 1980):

1. **Entusiasmo.** Alegría ante el nuevo puesto y altas expectativas.
2. **Estancamiento.** El trabajador no obtiene el reconocimiento esperado.
3. **Frustración.** El trabajador se cuestiona su valía, y hay condiciones hostiles en el trabajo.
4. **Apatía.** Distanciamiento, además de conductas de evitación e inhibición.

Figura: Modelo de proceso de Síndrome de Burnout (Leiter y Maslach, 1988)

En cuanto a las **características de la personalidad** que pueden influir en que una persona padezca este síndrome, cabe destacar el neuroticismo o la extraversión, que provocará que las personas que tienen que realizar tareas monótonas puedan sentir estrés. La capacidad y las habilidades personales también jugarán un papel importante, así como la valoración que uno hace de sí mismo, el control de impulsos, la motivación, la empatía y la capacidad de relacionarse (Montes, 2009).

Los **síntomas** del agotamiento mental en el *burnout* son:

- Agotamiento mental.
- Irritabilidad a la hora de trabajar.
- Desmotivación y falta de interés en el trabajo.
- No ser capaz de enfrentar retos.
- Sentimiento de pavor por el trabajo.
- Procrastinación.

- Desidia.
- Cansancio.
- Malos hábitos de sueño.
- Agotamiento emocional.
- Sentimientos de desesperanza.
- Querer aislarse de los demás.
- Baja autoestima.

Como recomendaciones a fin de **prevenir el *burnout*,** se aconseja lo siguiente (Kumareswaran, 2023):

- Fomentar técnicas de resiliencia.
- Mantener relaciones sociales y apoyos en el trabajo.
- Comunicación.
- Mantener un entorno motivador y que se pueda adaptar.
- Ser amable, responsable y mostrar extraversión son factores protectores.
- Cuidarse y marcar límites.

EL ESTRÉS POSTRAUMÁTICO EN ADULTOS

Amaya tiene 45 años, trabaja, vive con su pareja y aparentemente tiene una vida funcional. Recientemente, en el trabajo se han producido cambios y hay una nueva jefa. Últimamente, Amaya piensa que esos cambios le van a afectar. Por la noche no es capaz de conciliar el sueño; piensa sin parar en qué va a ocurrir. Amaya decide acudir a terapia por los problemas con el sueño. Ha estado de acuerdo en trabajar los acontecimientos de su pasado. Pensaba que no iba a parecer nada nuevo para ella… total, conoce a la perfección su vida. Después de trabajar con su terapeuta, Amaya se dio cuenta de que durante su infancia, debido al trabajo de su padre, cambiaron de ciudad cuando ella tenía nueve años. Cuando llegaron a esa nueva ciudad, su madre no lograba adaptarse y continuamente hablaba con Amaya de lo mal que se sentía. Amaya tampoco había logrado atarse al nuevo colegio; de hecho, casi no había intimado con ninguna amiga y recordaba mucho a sus anteriores amistades. Por las noches no lograba conciliar el sueño, incluso recuerda haber tenido pesadillas. A pesar de lo mal que se encontraba, había decidido no contarle nada a su madre para no hacerle sufrir más. Su madre, durante esa época, se refugió en las compras, y se le diagnosticó depresión. Amaya, durante el año siguiente, vivió todo esto en soledad. Su padre, para intentar animar a su madre, salía mucho con ella a cenar, mientras Amaya y su hermana se quedaban en casa con una cuidadora. Ahora está empezando a darse cuenta de que todo aquello le dolió mucho.

Cuando hablamos de estrés postraumático, pensamos en el trauma que puede generar una situación que aparece de manera repentina, que resulta incontrolable, que pone en peligro la vida y que tiene consecuencias psicológicas dramáticas en la persona. Los sucesos más habituales suelen ser las agresiones sexuales, la violencia, el terrorismo, la muerte, el abuso sexual y el maltrato en la infancia, así como accidentes y catástrofes naturales. Sin embargo, también se puede hablar del **trauma complejo,** que ocurre en niños y adultos cuando se ven expuestos a traumas interpersonales durante un tiempo prolongado.

Pueden existir varios **tipos de trauma:**

- **Trauma agudo:** un solo evento estresante.
- **Trauma crónico:** ha ocurrido una exposición prolongada al trauma.
- **Trauma complejo:** se ha estado expuesto a múltiples eventos traumáticos.

No todas las personas que viven una situación difícil desarrollarán estrés postraumático. Los **factores de riesgo** son:

- Haber pasado por circunstancias traumáticas durante la niñez.
- Haber visto a personas heridas o que fallecieron.
- Terror, miedo extremo.
- No contar con apoyos después de la experiencia.
- Haber padecido estrés después de la experiencia traumática.
- Antecedentes personales o familiares de enfermedades mentales o haber abusado de sustancias.

Cuando una persona vive alguna situación dolorosa, como cuando tenemos una herida, puede tapar la situación porque está en *modo sobrevivir,* pero la herida sigue ahí. Muchas veces, cuando se experimenta un acontecimiento traumático, se decide no pensar más en él ni volver a hablar del tema. Sin embargo, este hecho puede seguir afectándonos. Cuando tratamos de pensar en él, se puede ver que la sensación que sentimos al recordarlo no es tan neutra como parece. Si un **recuerdo** tiene carga emocional negativa, puede llevarnos a reaccionar con patrones que no encajan en la realidad presente. Por eso es tan importante reconocer lo que ha pasado, para poder sanarlo.

Las personas que han vivido traumas pueden presentar diversos **síntomas:**

- Dificultades para dormir y pueden revivir el trauma en sueños.
- Sentimientos de miedo, terror, tristeza, ira o enfado.
- Aparición de recuerdos indeseados.
- Síntomas físicos como pueden ser aceleración del pulso, falta de aire, sudoración, temblores.
- Sensaciones de que el evento traumático está ocurriendo.
- Mostrar desinterés en actividades cotidianas.

- Episodios de aislamiento social.
- Sufrir sustos y sobresaltos.
- Sentir irritación y preocupación.
- Gritar a otras personas o golpearse.
- Pensamientos de ser mala persona o críticas hacia uno mismo.
- Sentimientos de culpa, frustración o tristeza; no se sienten emociones positivas.

Afrontar el trauma

Se puede tratar de no recordar, de no exponerse a situaciones o personas que recuerden el trauma, pero esto no hará que desaparezca. El trauma es necesario abordarlo.

- **No hay una forma correcta de sentir;** cada persona puede tener diferentes reacciones al trauma en las que pueden aparecer distintos pensamientos, sentimientos, sensaciones e imágenes.

- **Es necesario reconocer qué se está sintiendo** y qué sensaciones aparecen en el cuerpo.

- **Asistir a terapia** en la que se procesen los recuerdos y se aborden los síntomas presentes y los cambios hacia el futuro. Terapias como la cognitivo-conductual y la de desensibilización y reprocesamiento por movimientos oculares están enfocadas en el trauma.

- **Autocuidarse.** Realizar ejercicio físico, practicar *mindfulness* y relajación.

- **Apoyarse en los demás.** Amigos y familiares pueden ayudar a superarlo con su apoyo.

- **Llevar un estilo de vida equilibrado** en el que se evite el alcohol y las drogas, se cumplan horarios, etc.

La ansiedad en adultos

En la edad adulta hay una serie de trastornos generados por la ansiedad entre los que vamos a destacar los siguientes.

LA ANSIEDAD GENERALIZADA

Raúl lo está pasando muy mal últimamente. El simple hecho de levantarse le hace pensar que algo malo va a ocurrir ese día. Conduce hasta el trabajo y no puede evitar ponerse nervioso cada vez que oye a otro coche pitar. Cuando llega al trabajo, piensa que tiene mucha carga y no confía en él mismo, cree siempre que no le va a dar tiempo a terminar las tareas. Además, últimamente su novia no queda con él todos los días como antes; ella le ha comentado que está preparando oposiciones, pero él no puede evitar pensar que le va a dejar.

La ansiedad generalizada es el trastorno que más se presenta en la adultez. Suele ser más frecuente entre las mujeres. Los adultos que la padecen suelen:

- Preocuparse mucho por los eventos diarios.
- Tener problemas para controlar las preocupaciones y los nervios.
- Ser conscientes de que se están preocupando mucho.
- Tener dificultades para relajarse.
- Tener problemas de concentración.
- Sorprenderse fácilmente.
- Padecer problemas para dormir.
- Presentar dolores de cabeza.
- Sufrir temblores o movimientos nerviosos.
- Sentirse irritables.
- Sudar mucho.

Se preocupan por situaciones como:

- La seguridad en el trabajo.
- La salud de ellos y sus familiares.
- Los temas financieros.
- Las responsabilidades.

EL TRASTORNO DE ANSIEDAD SOCIAL

Carmen no puede asistir a reuniones del trabajo porque piensa que la van a juzgar los compañeros y la van a estar observando. Ante la idea de reunirse, padece taquicardias y temblores.

Lorenzo ha sido invitado a la fiesta de graduación de su mejor amigo. Después habrá una comida, pero no quiere asistir porque sabe que habrá familiares de él presentes y no quiere que le miren cuando come; eso le hace ponerse rojo y sudar.

Este tipo de trastorno se caracteriza por un miedo y una ansiedad excesivos. Estos adultos se sienten muy ansiosos cuando están con otras personas porque temen sentir vergüenza o ser juzgadas por otros. La persona puede sentirse muy temerosa en diferentes situaciones sociales. Las situaciones más frecuentes son:

- Tener que hablar en público.
- El hecho de conocer gente nueva.
- Iniciar o mantener una conversación.
- El hecho de acudir a reuniones sociales.
- Tener una cita.
- Tener que hablar con figuras de autoridad,

Las personas adultas que padecen esta forma de ansiedad también pueden padecer otros trastornos como trastorno depresivo, trastorno por consumo de sustancias, TOC, etc.

LAS FOBIAS

Fabián tiene que coger un vuelo para visitar a su familia. Las últimas veces ha ido en tren, aunque de ese modo tarde más horas. No sabe por qué, pero le produce un miedo terrible tener que pensar en el momento en que el avión despega y aterriza.

Las personas adultas que lo padecen sienten un miedo y una ansiedad excesivos ante situaciones o cosas que no son peligrosas para la mayoría de la gente.

Se presentan síntomas como sudoración, respiración anormal, palpitaciones, sequedad en la boca y pensamientos intrusivos sobre el objeto de la fobia. Además, las personas tienden a evitar los lugares donde se presenta ese estímulo tan temido.

ANSIEDAD POR LA SALUD. HIPOCONDRÍA EN ADULTOS

Adriana ha estado hablando con una amiga que le ha comentado que tiene una dermatitis. Cuando Adriana llega a casa, nota que a ella también le pican los brazos; piensa que seguramente tiene lo mismo que su amiga. Se dirige al ordenador para buscar toda la información posible y va a pedir cita con su médico para comentárselo.

La **hipocondría** es un miedo excesivo a tener una enfermedad física o mental. La persona se preocupa mucho por su salud y realiza constantes visitas médicas para vigilar su salud. Cualquier síntoma puede resultar preocupante para ellos y, si otra persona les habla de alguna enfermedad, hace que se sugestionen y que crean que también padecen estos síntomas. La persona puede llegar a estar obsesionada con la salud. Puede resultar incapacitante en algunos casos, llevando al aislamiento social y la incomprensión de otros.

La persona adulta puede llegar a experimentar:

- Vértigos.
- Mareos.
- Dolor de cabeza.
- Palpitaciones.
- Dolores musculares y articulares.
- Sudoración.

Las causas por las que aparece suelen ser un componente genético o ambiental, o bien la interrelación de ambos.

ECOANSIEDAD

Este término lo ha definido la Asociación Americana de Psicología como el temor a un cataclismo ambiental. Surge del estrés causado por la observación de los impactos irrevocables que está produciendo el cambio climático. Este hace que la persona sienta preocupación por su futuro propio y por las futuras generaciones (Schreiber, 2021).

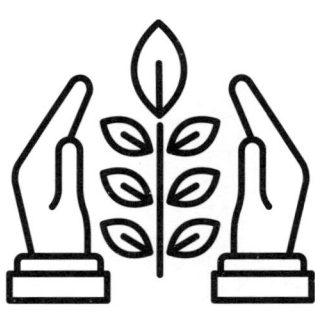

La palabra antecesora de este término es *solastalgia*, un neologismo formado por la combinación de la palabra latina *solacium* (confort) y la raíz griega *algia* (pena, sufrimiento). *Solastalgia* fue acuñada en 2005 por el filósofo Courtney Howard cuando describía la angustia que genera el observar que el ser humano está destruyendo el planeta.

Esta ansiedad afecta sobre todo a los jóvenes adultos entre 18 y 34 años, quienes pueden llegar a sentir tristeza, ansiedad, enfado, culpa, impotencia o indefensión. Los que la padecen aseguran que afecta negativamente a su vida y funcionamiento diario.

Entre las causas destacan la preocupación por que los representantes políticos y los adultos manifiesten una falta de acción ante los cambios climáticos. Algunos reaccionan no hablando del tema, otros sienten desesperanza y dejan de actuar, y otros ponen su grano de arena para que las cosas cambien (Landry *et al.*, 2018).

Cómo afrontar la ecoansiedad, de acuerdo con Rodríguez (2022), hay diversas maneras:

- **Actuar en positivo.** Cuando se cambian comportamientos, no hacerlo como un sacrificio, sino como algo que se gana y que aporta emociones positivas.

- **No despreciar los cambios individuales.** No fijar todo el cambio en uno mismo; se trata de observar en qué medida se puede colaborar.

- **Conectar con personas que piensan igual.** Uno no está solo en el proceso de cambio. De ahí la importancia de conectar con otros que quieren emprender medidas y unir fuerzas para que la energía y la motivación personal aumenten.

- **Acudir a instituciones** sobre el tema e informarse de manera responsable. Se puede aprender sobre los procesos de cambio para realizar en organizaciones e instituciones fiables.

- **Cuidar la salud.** Observar qué dice el cuerpo y ver de qué manera se le puede cuidar para disminuir la ansiedad o para evitar caer en ella.

CÓMO AFRONTAR LA ANSIEDAD

La mejor manera de poder afrontar la ansiedad es, en primer lugar, reconocer que está ocurriendo y, con posterioridad, seguir una serie de **pautas** para que esta disminuya:

- Dormir las suficientes horas para despertarse descansado.
- Tener una vida saludable. Practicar algún deporte y mantener una alimentación sana.
- Intentar no consumir sustancias adictivas.
- Mantener buenas y variadas relaciones sociales.
- Aprender a pedir ayuda cuando sea necesario.
- Hacer actividades que reporten satisfacción personal.
- Acudir a terapia si es necesario y cuando los síntomas no se puedan llegar a controlar.
- Tomarse descansos cada cierto tiempo.
- Hacer ejercicios de relajación como los propuestos en las prácticas.
- Mantenerse en el presente, en el aquí y en el ahora.

Estrés y ansiedad en la adultez tardía

Como dijimos al principio del capítulo, el estrés y la ansiedad también pueden darse a partir de los 65 años, lo que llamamos adultez tardía.

De acuerdo con Papalia (2017), la etapa a partir de los 65 se conoce como vejez, **adultez mayor o adultez tardía,** y suele comenzar con la jubilación. Actualmente también se empieza a hablar de *cuarta edad* para referirse a la población que sobrepasa los 80 años. En general, se habla de la percepción de funcionalidad y autoestima.

La jubilación es una época que puede marcar considerablemente, ya que a algunas personas les cuesta adaptarse a ella. Es fundamental conocer las actividades que pueden resultar agradables a fin de que cada uno pueda disfrutar de esta época. Se puede hablar de otros rasgos que caracterizan este periodo como la rigidez, la pasividad o la preocupación por la salud, el alimento o la seguridad.

La adultez tardía se caracteriza por el **declive gradual** del funcionamiento de todos los órganos, la pérdida de capacidades cognitivas y un conjunto de problemas físicos a nivel muscular y esquelético. A nivel general, la piel adelgaza y posee menos colágenos y elastina. La masa ósea y muscular se ve disminuida, y pueden aparecer enfermedades en órganos como la vista y el oído.

Las capacidades cognitivas pueden variar de unas personas a otras. Conforme se envejece, el esplendor neuronal que se alcanza en la juventud se va perdiendo y baja la plasticidad neuronal considerablemente. En esta etapa se poseen más conocimientos y aprendizaje **(inteligencia cristalizada),** pero pueden aparecer falta de memoria, dificultades de concentración y de falta de capacidad de resolución de problemas **(inteligencia fluida).**

En la manera de afrontar este periodo pueden influir factores como la extraversión, que hará que las personas vivan experimentando la vida como una oportunidad. Algunos aprovechan mientras la viven para aprender y hacer cosas nuevas, viviendo cada experiencia como un nuevo aprendizaje y disfrute. En personas con tendencias neuróticas ocurrirá lo contrario, dado que este periodo lo pueden experimentar de manera negativa sintiendo preocupación y miedo ante la incertidumbre, y pueden percibir que ya no son útiles a la sociedad, además de que pueden exhibir emociones como la desesperanza y la apatía.

Esta etapa se concibe como la última etapa de la vida, aquella en la que las personas evalúan y aceptan su vida; es, por tanto, un periodo para conectar y aceptar el sentido de la vida y la muerte.

FACTORES DE RIESGO EN LA ADULTEZ TARDÍA

Según datos de la OMS (2023), se estima que en el año 2030 una de cada seis personas del planeta tendrá más de 60 años. Se espera que en el 2050 la cifra actual se duplique, y se prevé que el número de personas de 80 años o más se triplique. Estas cifras indican que los adultos mayores constituyen una gran parte de personas que contribuyen a la sociedad como comunidad y como trabajadores. Cuando nos hacemos mayores, aumenta la probabilidad de padecer trastornos y enfermedades; somos más frágiles, pero estos riesgos de sufrir problemas de salud mental no vienen marcados solo por el deterioro físico y social, sino también por las experiencias de vida acumuladas. Entre los **factores de riesgo** podemos citar los siguientes (Teo *et al.*, 2023):

- Las personas mayores pueden tener **más probabilidad de experimentar sucesos adversos.** Entre estos sucesos puede estar el experimentar el duelo por la pérdida de personas queridas, puede haber una disminución de la capacidad económica o un menor propósito de realizar actividades.

- Los adultos mayores también **pueden ser discriminados** por la sociedad (lo que llamamos *edadismo*) y esto puede afectar a su salud mental. **El edadismo** fue un término acuñado por Robert Butler que está relacionado con la forma que tenemos de entender el proceso de envejecimiento y los prejuicios existentes en torno a la pérdida de capacidades en la vejez. Consiste en:

  - Discriminar a los mayores desde la sociedad (edadismo institucional), creando leyes y normas que les marginan.
  - A nivel personal, hablarles y tratarles como si no entendiesen o como si fuesen niños.
  - De manera intencionada, discriminar a las personas mayores y aprovecharse de su vulnerabilidad.

- **El aislamiento social.** Afecta a un cuarto de la población mayor, a veces porque no tienen ya familia, o porque estos no se relacionan frecuentemente con ellos o por decisión propia.

- **El maltrato** que pueden sufrir de manera verbal, física, psicológica, sexual o económicamente, o el abandono.

- **Ser cuidadores de personas mayores** que padecen enfermedades crónicas como el alzhéimer o la demencia. La responsabilidad que tienen es enorme, y en ocasiones no reciben ningún tipo de ayuda.

EL ESTRÉS EN LA ADULTEZ TARDÍA

Iván lleva 40 años en la misma casa. La compró cuando era joven, recuerda haber hecho una reforma hace 15 años. Se divorció hace 10 años y hace 3 conoció a una persona con la que ha decidido irse a vivir. Para que se pueda sentir bien ha decidido reformar algunas cosas de su casa, por lo que está de obras. No sabe muy bien por qué se siente agobiado con tanto polvo y todavía no ha decidido si van a cambiar los muebles de algunas habitaciones. Siempre ha sentido que no tenía muy buen gusto y antes no tenía que elegir él.

Los análisis de personas mayores muestran que puntúan mejor que las personas más jóvenes en **autoestima,** en satisfacción con la vida. Las personas mayores suelen informar de menos acontecimientos estresantes que los jóvenes. Esto es debido a que se regulan emocionalmente mejor, son capaces de predecir los acontecimientos estresantes y los afrontan mejor. Tienen **mecanismos** para fijar los objetivos, valorar sus capacidades y poder alcanzar las metas que se han propuesto.

Las principales fuentes de estrés en las personas mayores vienen determinadas por los sucesos menores o el **estrés diario de los microeventos** que pueden ocurrir en el día a día o eventos traumáticos intensos. Los principales acontecimientos suelen relacionarse con la muerte de seres queridos, el haber perdido salud, problemas familiares o económicos, como por ejemplo:

- Cambios de rutinas.
- Deterioro en sus capacidades.
- Enfermedades.
- Aislamiento.
- Pérdida de familiares y amigos.
- Falta de apoyos.
- Dificultades económicas.

En cuanto a las **consecuencias** del estrés, podemos mencionar las siguientes:

- Menor capacidad pulmonar.
- Músculos debilitados.
- Sistema inmunitario vulnerable.
- Insomnio.
- Indigestión.
- Dolores de cabeza.
- Riesgo de ataques cardiacos o derrames cerebrales.
- Arritmias.
- Presión arterial alta.
- Dificultad para tomar decisiones.

LA RESILIENCIA EN LA TERCERA EDAD

Existe una *paradoja del bienestar* en las personas mayores. Llama la atención que, a pesar de las dificultades que pueden enfrentar, la disminución del funcionamiento físico o el cambio en las relaciones personales, muchos de ellos comentan que sienten **satisfacción** en diferentes aspectos de su vida. Esto se debe a que la adultez tardía es un periodo que se puede caracterizar por la resiliencia, es decir, la **capacidad para adaptarse** a las exigencias de todas las áreas de su vida, alcanzando el equilibrio y el bienestar (Ambriz, 2011).

Este concepto está relacionado con el envejecimiento con éxito. Las personas logran mantener la salud física, cognitiva y social y hacen adaptaciones para conservar la calidad de vida y el bienestar. Para ello ponen en marcha los recursos necesarios a fin de involucrarse en aspectos y actividades importantes para ellos.

Entre los componentes fundamentales de la resiliencia están las **estrategias de afrontamiento.** El afrontamiento se dirige a replantearse los objetivos y lo que da sentido a la vida. Los sucesos y cambios que no se pueden controlar de manera directa, simplemente, se aceptan.

Junto a la resiliencia, son relevantes las **emociones positivas.** Las personas en esta etapa prestan atención a los estímulos que pueden resultarles emocionalmente positivos. Otras variables que influyen son el sentido de autoeficacia, verse a uno mismo de manera positiva, el sentido de control, el optimismo y el buen humor. El hecho de poder practicar alguna actividad física, como pasear o practicar algún deporte, eleva los niveles de bienestar. Recursos como el apoyo de la familia y los amigos son fundamentales. Se trata de reducir los factores de riesgo y fortalecer los protectores.

ESTRATEGIAS DE AFRONTAMIENTO EN LA TERCERA EDAD

El hecho de poder utilizar las estrategias internas con las que cuenta implica: (Ayuda a domicilio en Burgos, 2023):

- **Técnicas de meditación y relajación**, como la respiración profunda, puede ayudar a suavizar el estrés y promover un estado de calma.

- **Mantener un estilo de vida socialmente activo** puede tener un efecto beneficioso, pues se incrementan las emociones positivas y el foco deja de ser la fuente de estrés; se crea mayor apertura mental.

- **Hacer ejercicio físico** de manera regular ayuda a que la persona no esté enfocada en las fuentes de estrés.

- **El poder expresarse de manera creativa.** Constituye una vía de escape para las emociones negativas realizar actividades como escribir, pintar, hacer actividades manuales o expresar los sentimientos a través de la escritura. Estas actividades pueden proporcionar el sentido del logro.

- **Acudir a terapia de grupo o individual.** Es una herramienta para manejar el estrés. Aquí las personas pueden compartir la situación que están atravesando y pueden aprender estrategias de afrontamiento y cómo regularse.

- **Uso de tecnología.** El uso de las redes sociales puede hacer que la persona esté en contacto con familiares y amigos. Asimismo, también existen numerosas aplicaciones con las que se puede aprender a manejar el estrés.

- **Mantener una alimentación sana** y unos hábitos de sueño saludables.

LA ANSIEDAD EN LA ADULTEZ TARDÍA

Bárbara ha sido una persona muy activa. Cuando era joven, decidió marcharse del pueblo y fue a la ciudad. Comenzó trabajando en una casa. Allí realizaba pequeños trabajos de costura para la dueña de la casa. Pronto se dieron cuenta de que se le daba muy bien coser, y muchas amigas de la dueña de esa casa comenzaron a encargarle vestidos y otros arreglos. Poco después comenzó a trabajar en una sastrería que pertenecía a unos amigos de la familia donde trabajaba. Un tiempo después pensó que por qué no iba a tener ella su propia sastrería, y decidió ponerse por su cuenta. La empresa comenzó a crecer y decidió que podía vender la ropa que hacía. Su historia ha sido un claro ejemplo de superación constante. En estos años se casó y tuvo dos hijos que actualmente residen en otros países. Su marido está enfermo y ella no puede cuidarle sola, por lo que ha contratado a una chica que les ayuda en casa. Sus hijos quieren que se vayan a una residencia porque piensan que estarán mejor atendidos. Bárbara está muy nerviosa porque siempre ha vivido en su casa y siente que no tiene necesidad de salir allí. Además. ¿dónde va a estar mejor que en su casa? Sabe que pueden encontrar una solución, pero tampoco quiere preocupar a sus hijos y no sabe cómo explicarles los miedos que siente.

Cuando se habla de trastornos en las personas mayores, se suele pensar en trastornos cognitivos y demencia, dejando de lado otros cuadros que pueden venir de síndromes antiguos o de eventos que ocurren por primera vez. Las **demencias** suelen ser trastornos con un carácter neurológico, fisiológico y biológicamente determinados, y también cursan con problemas de conducta y emocionales.

Aquí juega un papel importante el edadismo, con base en ideas preconcebidas como que son personas rígidas, intransigentes, deprimidas, los de menos edad tienden a pensar que «las cosas se agravan con la edad», «con esa edad no se puede esperar más», «con esa edad es normal», etc. Todo lo que se da por hecho no se confronta. Se ha visto que los trastornos más frecuentes en esta franja de edad son **la ansiedad, la depresión y el abuso del alcohol.**

Las personas mayores presentan cuadros relacionados con las amenazas, el temor a que ocurra algo malo o tener percepción de la realidad como peligrosa. En todo caso, ser mayor no es un factor de riesgo para la aparición de los síndromes ansiosos, los cuales son menos frecuentes que en otros periodos. Lo más frecuente es que **se cronifiquen** otros que existían previamente, con una modificación de sus síntomas que se pueden somatizar a través de temblores, vértigos, opresión en el pecho, sensación de que falta el aire, etc.

Puede aparecer también ansiedad como síntoma de otros cuadros como la depresión. La angustia y los ataques de pánico pueden disminuir en intensidad según uno se hace mayor. El trastorno de pánico que ya esté cronificado puede aparecer, pero lo hará atenuando sus síntomas; aparecerán síntomas como dificultad en la respiración, mareo y miedo a caerse.

FACTORES PREDISPONENTES DE ANSIEDAD EN LA ADULTEZ TARDÍA
Puede haber una serie de condicionantes que pueden influir en tener mayor riesgo de padecer ansiedad (Azurin y Grajeda, 2021):

- Ser mujer.
- Ser frágil física y emocionalmente.
- Tener alguna enfermedad crónica.
- No contar con apoyo social.
- Haber sufrido un trauma.
- Tomar múltiples medicamentos.
- Vivir solo.
- Tener pensamientos relacionados con la mala salud.
- Tener limitaciones físicas que impidan realizar las actividades diarias o depender de alguien.
- Tener poca educación. Estas personas pueden contar con menos recursos.
- Sufrir eventos adversos durante la infancia.
- Haber vivido acontecimientos vitales especialmente estresantes.

CONSECUENCIAS DE LA ANSIEDAD EN LA ADULTEZ TARDÍA

Las consecuencias de la ansiedad en las personas que la padecen pueden ser de varios tipos:

- **Consecuencias físicas:** existe un riesgo de padecer enfermedades cardíacas, además de un deterioro de las capacidades, un incremento de los dolores musculares y el hecho de tener que depender de otra persona.

- **Consecuencias mentales:** la persona que padece ansiedad se muestra más irritable de manera injustificada, existe un nerviosismo que perdura en el tiempo, problemas de concentración, se muestra una sensación de insatisfacción con todo lo que se hace o rodea a la persona, puede aparecer deterioro cognitivo y emociones como el miedo y el enfado están presentes.

- **Consecuencias conductuales:** el sujeto que padece ansiedad se muestra más agresivo. A veces pueden gritar, se encierran en sí mismos. Puede existir hipoactividad o hiperactividad.

Cuando la ansiedad provoca todas estas consecuencias y la persona no pone remedio, puede llegar a ser un problema significativo. También se puede llegar a cronificar, afectando a la vida del que la padece.

TRASTORNOS DE ANSIEDAD EN LA ADULTEZ TARDÍA

Vamos a ver, uno por uno, los principales trastornos que la ansiedad puede crear en esta atapa de la vida.

Trastorno de ansiedad generalizada

Se considera que el trastorno de ansiedad generalizada suele ser el más frecuente. Se manifiesta a través de preocupaciones en torno a la propia salud o a la de las personas cercanas, preocupaciones sobre la soledad, miedo a que les ocurra algo y nadie lo sepa o a sufrir pérdidas. Este trastorno generalmente se ha iniciado en las etapas previas y pueden aparecer situaciones que lo reactiven.

Esta etapa viene marcada por la jubilación, pueden aparecer problemas de salud, pérdida de autonomía, preocupaciones capaces de afectar al ánimo. Se estima que la ansiedad puede sufrirla un 10 % de esta población, aunque es difícil saber la cifra, ya que suele haber dificultad o negación para verbalizar qué ocurre.

La soledad y el aislamiento pueden ser factores de riesgo para que aparezcan cambios en los estados anímicos.

Sintomatología de ansiedad en la adultez tardía (Centro de Psicología Integral, 2021):

Existe una ansiedad adaptativa que hace falta para afrontar los cambios que se producen a esta edad. Cuando ocurre durante mucho tiempo, puede cronificarse y provocar problemas más graves como:

- **Percepción de miedos de forma más constante.** Los sujetos pueden preocuparse más por situaciones habituales, pueden sentir más inseguridades o ver más peligros. Por ejemplo, algunas personas pueden pensar, si notan que tienen más dificultades para moverse, que se pueden caer o también pueden creer que su jubilación está en riesgo.

- **Necesidad aumentada de realizar actividades.** Cuando se jubilan, les puede parecer que no tienen nada que hacer, y entonces buscan un montón de actividades para estar siempre ocupados, lo cual los lleva a estar sobrecargados de actividades y no parar.

- **Aumento de los pensamientos hipocondríacos.** Surge el miedo a que estén enfermos. Algunos acuden constantemente a revisiones médicas. Cada señal de que algo ha cambiado en su organismo los puede llevar a sentirse preocupados.

- **Confusión con síntomas de envejecimiento o deterioro mental.** Los síntomas del envejecimiento se pueden confundir con los síntomas del deterioro mental. Es frecuente, por ejemplo, no acordarse de los nombres cuando se cumplen años. Esto puede provocar que algunas personas lo confundan con demencias.

- **Otros síntomas** pueden ser inquietud, irritabilidad, dificultades con el sueño, problemas para poder concentrarse o conductas evitativas.

El trastorno obsesivo compulsivo

Se puede detectar después de los 65 años. Es también menor el número de casos detectados que en otras etapas. Se puede presentar igualmente una menor intensidad de los síntomas, de las conductas rituales y del malestar ante sus manifestaciones. Las ideas obsesivas también pueden perder intensidad.

Puede haber un síndrome denominado **síndrome de inundación ansiosa** (Agüera y Cervilla, 2002), que en este periodo cursa con ansiedad grave, síntomas asociados a la depresión y deterioro cognitivo moderado. Este estado lleva al paciente a tener una dependencia de los familiares con los que convive. La personalidad puede ser demandante, y pueden aparecer síntomas regresivos. Son personas que no pueden quedarse solas en casa, que presentan quejas y peticiones durante el día y la noche, que demandan soluciones médicas por las molestias que sienten. La enfermedad del paciente llega a convertirse en la enfermedad de la familia.

El trastorno de estrés postraumático
Este trastorno se desencadena cuando se han vivido situaciones extremadamente amenazantes, por lo que puede desarrollarse años después. Por ejemplo, personas que han vivido una guerra, o un terremoto, pueden seguir teniendo síntomas como reexperimentar el duelo, la depresión...

Los trastornos adaptativos
Pueden aparecer a esta edad ante cualquier nuevo cambio que tenga que afrontar. Imaginemos una persona que va a vivir a una residencia. Puede experimentarlo debido a varios factores como son que el ingreso haya sido voluntario, si ingresa acompañada, si participa en las actividades, etc.

Hipocondría
El hecho de recibir un diagnóstico médico puede generar ansiedad. Si la persona, además, tiene tendencia a preocuparse, puede hacer que se desencadene ansiedad. Estos **temores hipocondríacos** llevan a que la persona sienta temor ante cualquier síntoma que pueda estar relacionado con una enfermedad. Se puede dirigir la atención hacia determinados órganos o zonas corporales.

El síndrome poscaída (Salva, 1997) es el miedo a padecer una nueva caída. Puede conllevar una disminución de la movilidad y de la capacidad funcional. Entraña la pérdida de confianza para poder desarrollar una actividad de manera habitual.

Las fobias en la edad adulta
Una causa importante de la ansiedad en este periodo suele ser el no estar preparado para los cambios que el paso de etapa implica. Se tienen ideas y sentimientos relativos a no tener recursos o no contar con una red social. Los cambios bruscos en el estilo de vida también pueden representar un problema. La edad más común de presentar las fobias es de los 65 a los 74, posteriormente la frecuencia disminuye.

Los miedos más comunes entre las personas con fobias son:

- **Pérdida de control.** Relacionado con el miedo a perder el control sobre la propia vida, si uno se vuelve dependiente o necesita la ayuda de otro para tomar decisiones.

- **Miedo a caídas.** El miedo hace que se evite realizar actividades y hace ser más cauteloso.

- **Pobreza e inseguridad financiera.** El hecho de pasar de tener un salario a cobrar una jubilación puede disminuir el poder adquisitivo, lo que hará que enfrenten miedos sobre cómo cubrir gastos imprevistos.

- **Tecnofobia.** Existe la creencia de que el ser mayor implica mayor fobia a la tecnología, pero se ha visto que la fobia a las nuevas tecnologías no es algo característico de las personas mayores, sino que puede ocurrir a cualquier edad (Luque *et al.*, 2006).

- **A fraudes y estafas.** Temores relacionados con poder ser estafados de manera digital o por familiares. La confianza en los demás puede disminuir. Existe una vulnerabilidad al fraude entre personas que están solas y tienen poco autocontrol (Wen *et al.*, 2022).

- **Al cambio.** Cambios como tener que ir a vivir a una residencia o casa de los hijos suponen tener que adaptarse a nuevas rutinas.

- **Miedo a salir.** Entre las fobias más comunes a esta edad destaca **la agorafobia** (Ausín *et al.*, 2022). Las situaciones más temidas son el transporte público, las multitudes, los lugares cerrados, caminar solo y alejarse de casa. Existe miedo a que no se pueda escapar o no se pueda pedir ayuda.

CÓMO CALMAR LA ANSIEDAD EN LA ADULTEZ TARDÍA
Estos son algunos consejos para prevenir la ansiedad o calmarla si ha aparecido.

- **Practicar actividad física diaria.** El hecho de poder iniciar una rutina de ejercicios físicos y poder mantenerla hará que la persona pueda segregar neurotransmisores que le ayuden a encontrarse mejor y poder calmar su ansiedad. Existen ejercicios indicados para cada condición física; no es necesario forzar, una buena rutina de ejercicios de estiramientos y de cardio será adecuada. Se han encontrado mayores niveles de autoestima en personas que son mayores de 65 años que realizan actividad física (Froment y González, 2018).

- Las personas que utilizan **estrategias** centradas en la resolución de problemas y que se centran en las emociones y en regularse o controlarse padecen menos ansiedad.

- **Hacer ejercicios de respiración.** La correcta respiración, que implica inhalar por la nariz profundamente y exhalar por la boca despacio, contribuye a mejorar el ritmo cardíaco y ayuda a mejorar los síntomas de la ansiedad.

- **Relaciones sociales.** Se trata de poder dedicar tiempo a la familia y los amigos. Es el hecho de sentirse querido por otros y poder dar cariño a los demás; esto hace que la autoestima pueda crecer, se alivie el estrés y se eliminen los pensamientos negativos.

- **Alimentación sana.** Mantener una alimentación saludable va a contribuir a que el organismo se encuentre en un estado óptimo. Se recomienda evitar las comidas copiosas. De esta manera, las digestiones no serán tan pesadas y el organismo podrá funcionar mejor. La alimentación tiene que ver con la salud psicológica, la ingesta baja de ácidos grasos omega 3 y minerales como el manganeso, el cobre y el zinc se ha relacionado con mayores niveles de ansiedad (Nakamura *et al.*, 2019). El consumo elevado de dulces y comida rápida, así como la insuficiente ingesta de frutas y verduras, muestra relación con el estrés (Mikolajczyk *et al.*, 2009).

- **Las técnicas de relajación.** Conocer técnicas como el *mindfulness*, el taichí o el yoga nos ayuda a evadirnos de las preocupaciones durante el tiempo que se realizan y, al mismo tiempo, va a hacer que focalicemos nuestra atención en el presente, olvidando las preocupaciones asociadas al futuro y el pasado.

- **La risa.** El poder compartir la risa con otros o reírse uno, por ejemplo, hablando con alguien o viendo una película de humor ayuda a estar en contacto con las emociones que son beneficiosas para tener una sensación de bienestar plena.

- **Hábitos sanos.** Mantener hábitos sanos como no fumar, no consumir alcohol, tener una buena higiene del sueño o no dedicar horas a las tecnologías mantiene la ansiedad calmada.

- **Actividades gratificantes.** Cada persona necesita poner en práctica actividades que le ayuden a sentirse bien. Pueden ser actividades artísticas como pintar, cerámica o croché, o actividades culturales como leer, visitar museos, ir al cine, también actividades sociales como acudir a conferencias, celebraciones, fiestas o actividades medioambientales como jardinería, excursiones, etc. En definitiva, se trata de encontrar actividades que ayuden a sentirse pleno.

- **Establecer un orden de prioridades.** Es importante establecer un orden para que se pueda atender primero lo más importante. De esta manera no habrá una saturación y la persona no se verá agobiada por la acumulación de tareas.

- **Descansar.** Resulta beneficioso poder tomar periodos de descanso, a fin de que la persona pueda realizar las tareas de manera satisfactoria, sin sentirse agotada.

- **Autonomía.** A veces el organismo presenta deficiencias y no se pueden realizar las actividades de igual manera que se hacían anteriormente. Sin embargo, es recomendable que la persona no se rinda ante los signos de cambio. De esta manera, se podrá conservar la autonomía el mayor tiempo posible. Esto afectará de manera positiva a su autoestima. Se trata de valorar hasta dónde se puede hacer sin necesidad de forzarse y sin delegar en otros si todavía lo puede hacer.

- **Evitar la autoexigencia.** Muchas personas se marcan altos niveles de exigencia. De ahí surgen estados de insatisfacción y crítica que pueden llevar a la ansiedad.

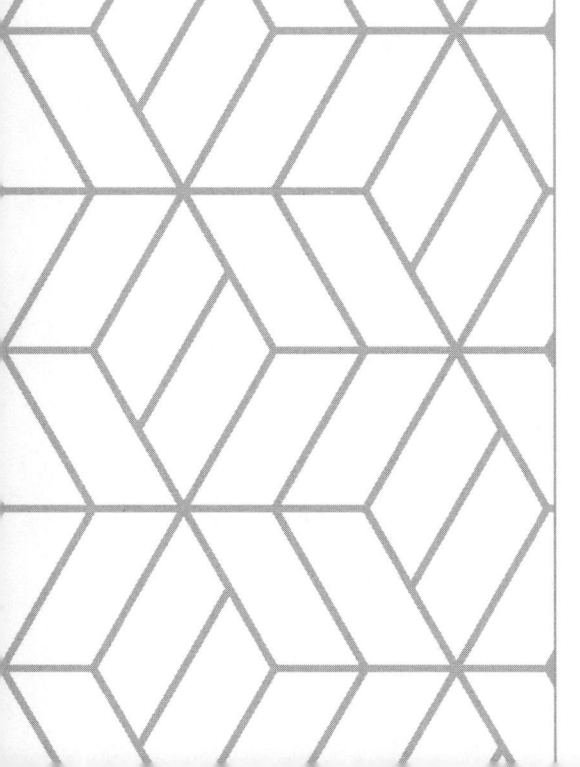

PARTE 3

PRÁCTICAS

CÓMO AFRONTAR EL ESTRÉS Y LA ANSIEDAD

Para poder hablar de cómo manejar el estrés hay que definir, en primer lugar, qué es *afrontar* y qué es la *resiliencia*. Estos dos conceptos son muy importantes a la hora de poder enfrentarnos a una situación potencialmente estresante.

Afrontar significa adoptar un conjunto de respuestas que las personas utilizan para manejar una situación (*Macías et al.*, 2013). Puede haber dos tipos de afrontamiento:

1. **Positivo.** La persona se concentra en el problema. Utiliza estrategias para poder manejarlo o solucionarlo. El afrontamiento positivo va a permitir que la persona tenga un aprendizaje, gracias a lo cual en el futuro podrá solucionar situaciones similares. La persona resolverá las situaciones difíciles de manera calmada, para lo cual hará una planificación adecuada. Los factores que influyen son el bienestar personal, el sentido del humor, el nivel de tolerancia, la capacidad creativa y la facilidad de comunicación y disponibilidad.

2. **Negativo.** Cuando hay un problema, la persona huye o rechaza el problema y de esta manera no se soluciona; la persona se concentra en las emociones negativas. El individuo va a sufrir malestar, va a tener sentimientos de tristeza o negativos, lo que hará que no responda adecuadamente a lo que le está estresando, y pueden existir conductas de riesgo. Supongamos una persona que siente malestar porque tiene mucho trabajo acumulado y, cuando sale de trabajar para sentirse bien, echa unos tragos o consume alguna sustancia dañina y potencialmente adictiva.

Cuando estas estrategias de afrontamiento positivo las utilizamos para responder a los estímulos adversos, podemos hablar de resiliencia. La resiliencia es la capacidad para adaptarse al ambiente a pesar de las circunstancias amenazantes o de riesgo.

Podemos encontrar múltiples maneras de afrontamiento. Las principales son las siguientes (Lazarus y Folkman, 1984):

- **Afrontamiento activo centrado en el problema.** Cuando una persona siente que tiene un problema y que puede cambiar su situación, se pone en marcha, busca información, intenta buscar soluciones, sigue hábitos saludables, etc. Las estrategias por tanto se centran en el problema y se visualizan las opciones de solución, analizando cuál puede resultar más efectiva, se planifica y se lleva a cabo la acción. Se puede también buscar el apoyo de otras personas. Ejemplo: una persona recibe un diagnóstico de una enfermedad, se informe sobre ella y se toma la medicación y sigue las pautas que le ha indicado el médico.

- **Afrontamiento pasivo centrado en la emoción.** Son estrategias destinadas a regular la respuesta emocional. Se busca apoyo en familiares y amigos y se trata de aminorar el impacto de la emoción.

- **Afrontamiento pasivo evitativo.** Este tipo de afrontamiento muchas veces suele resultar desadaptativo, no se ponen en marcha estrategias. La persona no quiere enfrentarse a ningún tipo de problema, por lo que tratará de evitarlo para no resultar dañado psicológicamente. Algo que se agravará si estamos ante una situación en la que el estrés aparece porque los compañeros de trabajo no hacen su parte, y ante esto, por miedo a ser echada, la persona hace el trabajo de todos. La persona no quiere contárselo a su jefe, por temor a que los demás le tengan manía. En este caso sería un afrontamiento evitativo negativo. En algunas ocasiones puede ser positivo; por ejemplo, si estoy en peligro en una manifestación porque veo que la gente está empezando a tener conductas violentas y, a partir de ahí, decido alejarme del sitio.

Las estrategias de evitación más habituales son:

- **Evitación situacional**. Se refiere a la evitación de situaciones como son ir a una reunión de vecinos para intentar no dar mi opinión y que los demás vean que no pienso igual que ellos.

- **Evitación cognitiva**. Se evitan los pensamientos y emociones para no sentir. Una persona que está de duelo y evita hablar con la gente para no tener que conectar con las emociones.

- **Evitación somática**. La somatización se refiere a trasladar las emociones y los pensamientos al plano puramente físico, como son las personas que tienen taquicardias cuando están en las alturas. Se evita subir a edificios altos para no tener estos síntomas.

- **Evitación emocional**. Se cambia una emoción por otra. Una persona cambia, por ejemplo, el sentimiento del odio por el del asco. Se generan en estos casos altas cargas emocionales. Si una persona odia a su padre porque le maltrató y lo cambia por el asco, no soporta verle y le provoca repulsión; en este caso, se sustituye una emoción por otra, sin haber llegado al sentimiento de fondo de dolor.

- **Evitación protectora**. Siempre se mantiene un estado de seguridad en la zona de confort. Una persona evita ir a casa de un amigo porque tiene un perro, y estos le dan miedo.

• **Afrontamiento cognitivo.** Incluyen solo pensamientos del tipo: «las cosas van a terminar saliendo bien».

• **Afrontamiento conductual.** Se basan en la conducta, como por ejemplo salir con amigos o tomar una medicina.

El estilo de afrontamiento activo suele resultar el más útil cuando la situación se encuentra bajo control de la persona. El pasivo o el evitativo pueden resultar útiles cuando los problemas escapan al control de la persona. Ejemplo: Ruth ha roto con su pareja recientemente y está muy estresada porque piensa que tiene que recoger todas las cosas de él para devolvérselas. Durante días ha evitado abrir el armario y sacar las cosas de él, dado que piensa que puede volver. Está evitando enfrentarse a la situación. Finalmente llama a su hermana para que sepa qué ha ocurrido y pueda ayudarla. En este caso ha empleado varios afrontamientos: el evitativo, al pensar que no iba a hacer nada por si volvía; el pasivo, que le ha ayudado a llamar a su hermana y desahogarse, y el activo, dejándose ayudar y resolviendo una situación que le estaba haciendo daño.

Pasos en la gestión del estrés en los niños

Muchas veces nos podemos quedar enganchados o atrapados al estrés. Esta actitud o conducta se manifiesta de las siguientes formas:

1. Enfocarse en lo que está preocupando. Hacerse preguntas de qué ocurre: «¿por qué me duele la tripa?», «¿por qué se me cae el pelo?», «¿cuál es la causa del estrés?», etc.

Para ello puede ayudar centrarse en el presente y en qué ocurre. En este sentido, se pueden practicar ejercicios como saborear la comida, beber despacio, notar cómo nos duchamos, observar qué vemos cuando damos un paseo y un largo etcétera.

2. Identificar sentimientos y pensamientos. Pueden aparecer pensamientos negativos como: «todo es mucho para mí solo», «es culpa mía», «soy débil»...

Cuando uno se queda enganchado a los pensamientos, una manera de salir es notar qué hay alrededor, sentir la respiración, fijarse en cómo voy al colegio. Centrarnos en desengancharnos de las emociones y pensamientos no va a hacer que estos pasen, pero sí nos ayuda a no sentirlos con mayor intensidad.

Una manera es conectar con algo a través de los sentidos. Por ejemplo, si estoy dando un paseo, puedo sentir cómo se mueven mis pies (tacto), puedo oír el ruido de alrededor (oído), puedo ver los objetos de alrededor (vista), puedo oler algo (olfato) y puedo tratar de saborear el momento (sabor).

3. Identificar las consecuencias de lo que está ocurriendo y poner nombre a pensamientos y sentimientos. «Estoy enfadado con el mundo», «paso mucho tiempo sin salir de casa», «no quiero ver a nadie»...

Puedo tratar de estar más relajado. Para ello puedo inspirar lentamente y notar de la misma manera cómo el aire sale por las fosas nasales y, mientras, observar cómo se mueve el pecho.

Se observa el modo en que nos tratamos de deshacer de los pensamientos. A veces puedo tratar de enterrarlos, otras no voy a querer salir de casa, otras voy a intentar no pensar en ellos viendo la televisión o evitando ver a ciertas personas. Se conecta con el cuerpo y con el mundo cuando nos invaden los pensamientos.

4. Conectamos con los valores. Los valores son la guía de lo que queremos ser. Supongamos a un padre que no puede más con su hijo adolescente, que no para. Esto le provoca enfado. A pesar del enfado del progenitor, el valor es educar a los hijos, por lo que se puede seguir poniendo en práctica la educación, pese a estar enfadado. La idea es centrarse en lo que uno hace, poniendo en práctica los valores personales.

5. Poner en marcha la actuación según los valores, uno se puede ir, cambiar lo que puede o aceptar lo que ocurre y vivir según los valores o rendirse y alejarse de ellos.

6. Ser amable con uno y con los demás, darse tiempo y espacio.

Ejercicios para disminuir el estrés en niños

A continuación presentamos algunos ejemplos.

EJERCICIOS DE RESPIRACIÓN
Se adquiere un estado de relajación.

Modo de realización:
Poner la mano en el estómago y notar cómo se eleva la mano cuando se coge aire y cómo desciende la mano cuando se echa el aire. Repetir este ejercicio cinco veces.

USAR UNA PELOTA ANTIESTRÉS
Ejercicio para soltar la tensión.

Modo de realización:
El niño puede coger una pelota o algo blando como plastilina y apretarla. Esta actividad también ayuda a que el niño esté centrado en algo.

IMAGINAR UN PAISAJE QUE APORTE CALMA Y TRANQUILIDAD
Sirve para relajarse.

Modo de realización:
Con la imaginación ir creando un paisaje, situar los elementos que quiera, árboles, flores, un río, montañas...

RECORDAR COSAS PASADAS AGRADABLES
Promueve los sentimientos positivos.

Modo de realización:
Buscar un recuerdo en el que el niño haya estado feliz, hablar con él sobre qué

ocurrió y cómo se sintió. Cuantos más detalles se aporten sobre las emociones, más se conectará con ellas. Hablar de la postura corporal en esa situación.

MOVERSE
Es una manera de canalizar la energía.

Modo de realización:
Animar al niño a echar una carrera, hacer algún ejercicio o dar un número determinado de saltos.

IMAGINAR UN LUGAR DONDE SE SIENTA BIEN
Ayuda al niño a relajarse y sentir tranquilidad.

Modo de realización:
Preguntarle cuál es su lugar favorito y hacer que describa cómo es ese lugar, se puede ir preguntando por detalles según va dando información.

ESCUCHAR MÚSICA
Conectar con la calma a través de la música.

Modo de realización:
Buscar canciones que le ayuden a estar bien y sentir calma y alegría.

COLOREAR Y DIBUJAR
Ayuda al niño a conectar con lo que siente.

Modo de realización:
Buscar un cuaderno con dibujos y colorearlos o animarle a que dibuje personas que conoce o lugares. Invitarle a que dibuje qué le ocurre y cómo se siente.

CANTAR
Favorece la oxigenación del cerebro, ayuda a centrarse y aumenta la autoestima y confianza.

Modo de realización:
Escoger una canción que le guste y ponerla en un karaoke o radio y cantarla siguiendo la letra del tema. Otra manera es cantarle una canción (esto le ayudará a controlar el estrés).

TENSAR Y DESTENSAR MÚSCULOS

Contribuye a mejorar la circulación sanguínea y es uno de los ejercicios recomendados para controlar las emociones.

Modo de realización:

Se le puede pedir que abrace su almohada fuerte y, luego, que la suelte lentamente. Si el niño es mayor, puede abrazarse a sí mismo y pedirle que mantenga esa posición durante un rato y luego dejar que se mueva.

TÉCNICA DEL GLOBO

Estimula la concentración y ayuda a estar menos tenso.

Modo de realización:

El niño tiene que imaginar que es un globo y que se está inflando y desinflando.

BOTE DE PURPURINA

Aporta calma y relajación.

Modo de realización:

Poner purpurina en un bote cerrado, moverlo y observar cómo va cayendo hacia el fondo.

Ayudar a los niños con la ansiedad en diversas situaciones

De acuerdo con Pearce (1995), podemos apoyar a los niños con ansiedad en distintos ámbitos y ambientes. Hagamos un repaso de las mejores pautas.

- **En la guardería.** Permitir al niño que se adapte. Cada niño necesita un tiempo de adaptación. Si un padre se va muy pronto, el niño se puede enfadar, y si se va muy tarde, puede que no quiera que se marche el padre que lo acompaña. Lo mejor es seguir las pautas de la guardería e irse un poco antes cada vez.

- **En el colegio.** Hablar con el niño sobre cómo es ir al colegio, visitar el colegio antes de que vaya e intentar que conozca al profesor.

  Los niños pueden mostrar fobia a ir al colegio si no hay una razón aparente. Conviene, pues, hablar con él y mostrarle qué es el colegio, hablar de sus miedos y ver qué los está causando para poder buscar una solución.

- **En el dentista o médico.** Mostrarle al niño que no tiene nada malo ir al médico o dentista y mostrarle cómo va el cuidador.

  Ver qué le da miedo al niño: si son los ruidos, la posición, etc.

  Hacer que el niño se sienta cómodo con el dentista o médico, buscar uno que trabaje bien con los niños.

  Utilizar frases como: «mira, ahora viene el médico que te va a ayudar».

  Se puede representar la visita al médico con juguetes para que aprendan cómo va a ser el proceso y que puedan confiar. Recordad que todo lo previsible es más fácil de llevar.

- **Con los amigos.** Hacer actividades con otros niños, fiestas de cumpleaños o actividades como la piscina pueden ser una primera manera de relacionarse con otras personas que no son de la familia. Si se piensa que algún niño ejerce una mala influencia, es pertinente supervisar la interacción y poner límites si es necesario. También hay que fijar las normas de antemano. Muchas familias tienen normas diferentes. Se puede ver si estás normas coinciden con las familiares y observar de qué manera pueden repercutir en la relación del niño. Si estamos en un parque y es muy importante que, si se cae, venga a por un abrazo y en la otra familia no, se ha de seguir manteniendo este abrazo, aunque los otros no lo hagan.

- **Enfrentar miedos.** Supongamos una situación en la que el niño tiene ansiedad por el hecho de que tiene que ir a un parque de atracciones y tiene miedo a las alturas. Es importante hacerle saber que «no pasa nada por decirles a los demás que no quiere subir a las más altas; eso no va a hacer que lo pases mal; por el contrario, se puede ir al parque con amigos y pasarlo bien subiendo cada uno a las atracciones que desee».

- **No sobrepasarle.** Evitar dar tareas para las que no está preparado, hay que ajustarse a su nivel para que el niño no desarrolle pensamientos que estén relacionados con una exigencia o una perfección excesivas.

- **No crear dependencia respecto de los padres.** Se trata de estar ahí y que los niños se persuadan de que pueden ser autónomos. La idea es dejar que vayan adquiriendo responsabilidades según su nivel. Veamos un ejemplo. Si un niño hace algo mal, como la cama, y su madre le riñe, el aprendizaje del niño será: «tengo miedo de hacerlo mal y que me riñan». En lugar de esto, se puede decir: «mira, vamos a hacerla entre los dos y así vemos qué fácil es, ya verás qué bien nos va a quedar». Los niños tienden a imitar, por lo que esto será como un juego para ellos.

Ejercicios para la ansiedad en niños

Hoy en día existe una gran cantidad de ejercicios y actividades especialmente diseñados para manejar adecuadamente el estrés y la ansiedad en niños. Veamos algunos de ellos acudiendo al aporte de Plummer (2013).

ATRAPAR PENSAMIENTOS

Este ejercicio ayuda a que los niños se den cuenta de que son los sentimientos los que causan preocupación, no las situaciones.

Modo de realización:

Aprender a capturar los pensamientos. Cuando se note un pensamiento de preocupación, imaginar que sale volando de la cabeza y que se puede atrapar con una red. Ayudarle a ver qué puede hacer con ese pensamiento una vez que lo ha atrapado.

EJERCICIO DE LA CIUDAD

Sirve para identificar las preocupaciones.

Modo de realización:

Se propone un juego en el que todos están en una ciudad. Uno es detective y los demás pueden hacer de panadero, jardinero, pescadero, frutero... Cada persona ha de buscar una preocupación que tenga que ver de algún modo con su trabajo, y el detective tratará de identificar y descubrir estas preocupaciones interrogando a todos.

LA CAJA DE LAS PREOCUPACIONES

Se identifican las preocupaciones del niño y se trabaja sobre ellas.

Modo de realización:

Se fabrica una caja que puede estar pintada con colores que al niño le gustan. Se le invita a guardar ahí cualquier preocupación que tenga. Para ello se pueden escribir y guardar dentro. Una vez a la semana se va a esa caja y se revisa; se trata de resolver las preocupaciones que hay dentro. Se le indica al niño que no tiene que pensar en sus preocupaciones una vez que las ha depositado ahí, ya que el día elegido se hablará de ellas y se tratarán de resolver.

EL PARQUE MÁGICO

Se conecta con cómo sería estar sin preocupaciones.

Modo de realización:

Se pide al niño que cierre los ojos y que imagine que está en la entrada de un parque donde hay una caseta en la que podrá dejar las preocupaciones antes de entrar. Se pide que piense en sus preocupaciones. Cada vez que encuentre una, la entregará en la caseta, donde la guardará dentro una caja. Cuando en la cabeza no quedan preocupaciones, se irá hacia la entrada del parque. El parque puede ser como el niño lo quiera crear. Se le puede decir que con la imaginación lo vea y nos explique cómo es. Se le pide al niño que se observe allí jugando feliz, sin preocupaciones, ya que las dejó en la caseta. Se le pregunta cómo sería poder jugar y estar allí sin ninguna preocupación. Después de un rato, se le pide al niño que vaya hacia la salida. Al salir, dejará sus preocupaciones en la caseta. Puede volver con nosotros en el momento en que él lo desee y entonces abrirá los ojos. Se habla con él sobre cómo se siente sin preocupaciones.

EL VIAJE AL FUTURO

Se le muestra cómo puede alcanzar los cambios que se proponga.

Modo de realización:

Imaginar que puede viajar al futuro. Hay una máquina del tiempo que le llevará hasta allí. Se le pide que se vea sentado en esa máquina del tiempo y que se contemple en el futuro. Allí hay alguien esperándole. ¿Qué metas le gustaría lograr en el futuro?, ¿cómo sería su vida?, ¿qué habría cambiado?, ¿qué necesita para conseguir lo que ve? La persona del futuro le puede ayudar a conseguir las cosas, le dice qué tiene que hacer. Cuando ha recopilado toda la información, vuelve al presente.

Ejercicios contra el estrés para adolescentes

EJERCICIO DE AUTOCONOCIMIENTO

Este análisis ayuda a identificar las amenazas y ver con qué fortalezas y oportunidades se cuenta (Gobierno de México, 2022).

Modo de realización:

Se puede hacer una lista de las emociones y las situaciones más habituales de interacción con el entorno en una agenda personal o en un cuaderno de notas. Colocar detrás de cada frase lo que se piensa sobre uno mismo:

1. Necesito ....
2. Quiero ....
3. Me gusta ....
4. Ahora mismo me siento ....
5. Amo ....
6. Espero ....
7. Deseo ....
8. Ganaré ....
9. Pronto ....
10. Me importa ....
11. Todas y todos...
12. Me enfada ....
13. Me da miedo...
14. Mi grupo favorito..
15. En mi clase...
16. Mi mejor amigo/a ....
17. Me pone triste ....
18. Mi secreto es..
19. Yo soy ....
20. Me agrada ....
21. Jamás...
22. Los otros piensan de mí ....
23, Me alegra ....
24. Pienso que tú crees que yo ....

Posteriormente se presenta un cuadro con las debilidades, amenazas, fortalezas y oportunidades (análisis DAFO). Se coloca cada uno de los puntos anteriores en cada uno de los cuadros:

FORTALEZAS	DEBILIDADES
-	-
-	-
OPORTUNIDADES	**AMENAZAS**
-	-
-	-

EJERCICIO DE RESPIRACIÓN CONTROLADA

Este ejercicio ayuda a que el cuerpo se relaje, oxigenando el cerebro, relajando los músculos y contribuyendo a que aparezcan la calma y el equilibrio.

Modo de realización:

Se busca una postura cómoda. Los ojos pueden estar ligeramente abiertos o cerrados. Se inhala por la nariz durante cinco segundos, se retiene el aire durante cuatro y, por último, se exhala durante otros cinco segundos.

RELAJAR EL CUERPO

Tomar conciencia de la buena alimentación.

Modo de realización:

Comer un alimento sano y buscar qué efectos beneficiosos tiene en el cuerpo. Este ejercicio se puede hacer con un alimento de bollería industrial y buscar los efectos perjudiciales que tiene en el cuerpo.

RISOTERAPIA

Facilitan la modificación de conductas y permiten explorar las habilidades.

Ejercicio de dirigir la orquesta. Modo de realización:

En grupo. Se forman dos grupos: uno dirige la orquesta y los demás se van a reír con la sílaba *ja* o *je*, que se le asignará a cada persona. Cuando el director de orquesta señala a una persona, esta habrá de reírse con la sílaba asignada.

Ejercicio de moverse como un muelle. Modo de realización:

Moverse por la habitación siguiendo el ritmo de una música que suena. Cuando se pare la música, habrá que saltar como un muelle y lo más alto posible.

Ejercicio de espiga. Modo de realización:

Se forma una rueda y se colocan las personas apoyando la cabeza en la tripa de otra persona. Una vez tumbados, se provoca la risa. Se puede mandar hablar con una vocal solo, o tratar de contar algo que ha pasado de manera graciosa y exagerada.

EJERCICIO DEL GLOBO

Ejercicio para tomar conciencia de cómo puede funcionar la ira.

Modo de realización:

Meter en un globo todas las preocupaciones que previamente se han escrito en un papel, inflar el globo y explotarlo. De esta manera se visualiza cómo la ira se va acumulando en el interior y cómo puede salir de manera explosiva.

Ejercicios contra la ansiedad para adolescentes

Vamos a ver algunas ideas concretas para guiar a los adolescentes.

AFRONTAR LA ANSIEDAD CON ACEPTACIÓN

- Buscar la aceptación y la atención plena. Estas son pilares fundamentales con los que se puede desarrollar la flexibilidad psicológica y la efectividad (Hayes y Greco, 2008).

  Los adolescentes suelen guiarse por reglas del tipo: «tengo que vestir así para ser aceptado», «tengo que jugar al fútbol, es lo que hacen mis compañeros», etc. Muchas veces el intentar seguir esas reglas provoca sentimientos de ira, enfado o ansiedad. Las personas se fusionan con sus pensamientos, y se pierde el contacto con uno mismo y con el presente. Se trata de poder aumentar la flexibilidad psicológica (Mandil et al., 2017).

- Ver la cadena de cómo suceden las cosas que nos preocupan o, cuando tengo ansiedad, identificar los antecedentes: ¿qué está pasando antes?, ¿con quién estoy?, ¿cómo me siento?, ¿qué sensaciones aparecen en el cuerpo?...

  Después de que haya sucedido el hecho, ¿qué consecuencias tuvo?, ¿qué beneficios y perjuicios tuvo?...

- Anotar en una hoja la cadena antecedentes-conductas-consecuencias (las consecuencias son a nivel emocional, corporal y cognitivo, que son los pensamientos que uno se dice o puede llegar a decir de sí mismo, como: «soy torpe», «no valgo», etc.).

- Imaginar proyectados en una pantalla de cine los pensamientos que tenemos sobre nosotros mismos.

- Identificar si funciona lo que estoy tratando de hacer y las soluciones que busco.

- Ser consciente de lo que está ocurriendo, observar la mente y dejarla tranquila, no hacerla ni más fuerte ni más débil. La mente es como un ordenador que trata de decir lo que está bien y está mal, que etiqueta y juzga.

- Los pensamientos no tienen el poder, podemos repetirlos cantando o verbalizarlos de manera seguida, rápida o lenta.

- Decidir qué reglas se quieren seguir y cuáles no sirven.

EJERCICIO DEL RÍO

Ejercicio para dejar marcharse los pensamientos que no sirven.

Modo de realización:

Imaginarse sentado al lado de un río, donde hay un árbol cuyas ramas están sobre el agua. Notar la respiración y conectar con los pensamientos, emociones o sensaciones del cuerpo. Imaginar que las hojas del árbol van cayendo sobre el agua y visualizar cómo la corriente las va alejando. Colocar encima de cada hoja un pensamiento, sensación o emoción negativo. Simplemente, observar cómo las hojas van transportando nuestros pensamientos, emociones y sensaciones negativos y se los lleva río abajo. Puede haber momentos en los que se quiera ver el modo en que las hojas se alejan rápidamente; dejar, simplemente, que la corriente las arrastre.

CONECTAR CON EL PRESENTE

Sirve para tomar conciencia del presente.

Modo de realización:

Detenerse, respirar hondo y notar qué se siente.

- Sentido del tacto. Poner atención en el lugar donde estamos: ¿dónde nos encontramos?, ¿estamos de pie o sentados?, ¿qué ropa llevamos puesta?, ¿sobre qué estamos sentados?, ¿cuál es la posición de los pies?

- Sentido del oído. Poner atención a los sonidos que están alrededor: ¿el volumen es alto?, ¿el ruido es cercano o lejano?, ¿es un ruido agradable?, ¿o es un ruido molesto?

- Sentido del gusto. ¿Qué sabor tengo en la boca? Pasar la lengua por los dientes: ¿cómo se sienten?

- Sentido del olfato. ¿Qué olores noto?, ¿me gusta el olor que percibo?

- Sentido de la vista. ¿Qué colores hay alrededor?, ¿qué formas veo?, ¿de qué tamaño son los objetos que me rodean?

Poner en práctica este ejercicio durante la semana. Parar en algún momento del día y observar qué se está haciendo.

PROMOVER LA COMPASIÓN

Se conecta con uno mismo y con los demás.

Modo de realización:
Tres maneras de promoverla:

- Uno se puede permitir estar mal, identificar qué palabras podrían ayudar a sentirse bien, qué canción o espacio. Escribir sobre situaciones difíciles que vemos que atraviesan otros y pensar cómo se les puede ayudar.

- Crear un lugar seguro, pensar en un sitio que nos ayuda a sentirnos bien, dar ese espacio. Visualizar los colores que tendría, los sonidos, la temperatura, la luz. Conectar con ese lugar cuando uno se siente mal.

- Amabilidad. Pensar en un momento que hizo a la persona sentirse bien: cuando alguien la abrazó, cuando alguien le dio una palabra de calma. Se trata de enfocarse en esa experiencia y sentir la alegría de poder ser confortado y ayudado.

IDENTIFICAR VALORES

Los valores representan la dirección que se quiere tomar en la vida. Es una orientación hacia el desarrollo personal y guía las conductas. Para reconocerlos en la adolescencia se pueden utilizar varios ejercicios:

Ejercicio «¿Quién quiere ser millonario?»
Ejercicio para identificar valores.

Modo de realización:
Imaginar que se ganan en la lotería dos millones de euros y nos preguntamos: ¿a qué se destinaría el dinero?, ¿qué diría de ti que destinases el dinero a esas cosas y no a otras?

Si se modifica sustancialmente la situación: por ejemplo, si ganaras solo 30 000 euros, ¿qué harías con todo ese dinero?, ¿qué acciones puedes llevar a cabo que te representen?

Si ahora ganases 20 euros, ¿qué acciones llevarías a cabo que representen tus cualidades?

Si no tuvieses nada, una situación radicalmente distinta a la primera, ¿qué puedes hacer que te represente?

EJERCICIO DE AMISTAD Y VALORES

Este ejercicio sirve para identificar los valores.

Modo de realización:
Imagina que es tu cumpleaños y que tus amigos de regalo tienen una gran pancarta donde están escritas las cualidades que ven en ti.

¿Qué te gustaría leer en esa pancarta? ¿Qué crees que aprecian de ti? ¿Qué hace que esas cualidades sean importantes para ti? Imagina acciones que puedes hacer con relación a ellos para actuar de acuerdo con esas cualidades.

EL MENSAJE FUTURO
Sirve para identificar cuáles son los propósitos hacia el futuro.

Modo de realización:
Imagina que viajas en el tiempo. ¿Qué cosas le dirías a tu yo futuro para que pueda enfrentar situaciones que todavía no han pasado?, ¿qué recursos o habilidades pueden serle útiles?, ¿qué otro mensaje le darías?

Ejercicios para trabajar la ansiedad del adolescente
Estos cuatro ejercicios son buenas ideas para pasar a la práctica en el combate de la ansiedad.

EL FRASCO DE LAS PREOCUPACIONES
Este ejercicio sirve para identificar pensamientos, emociones y sensaciones negativos.

Modo de realización:
Tener un tarro de cristal y anotar las preocupaciones que pueden surgir en el día a día. Por la noche, guardar las preocupaciones en el tarro y cerrarlo con tapa. De esta manera, se libera la mente de los pensamientos y sensaciones.

ÁRBOL DE SOLUCIONES
Ayuda a identificar las opciones ante un problema.

Modo de realización:
Identificar el problema, escribirlo, trazar varias flechas que salen de él y escribir posibles soluciones, entre ellas seleccionar la que se piensa que lo solucionaría mejor.

EJERCICIO DE «¿QUÉ PUEDO CONTROLAR?»
Ayuda a identificar cuáles son los estímulos sobre los que se puede actuar.

Modo de realización:
Dibujar sobre qué creo que tengo el control y puedo modificar, y en otro círculo qué es lo que no se puede cambiar.

EJERCICIO DE GRATITUD
Ayuda a tener una visión optimista de la vida. Se focaliza la atención y se alejan los pensamientos negativos.

Modo de realización:
Hacer una lista sobre las cosas por las que se está agradecido.

Situaciones frecuentes en adolescentes

Hemos seleccionado situaciones concretas propias de la adolescencia donde puede brotar la ansiedad.

ANSIEDAD ANTE UN EXAMEN, UNA PRESENTACIÓN O UN PARTIDO
De acuerdo con Solís (2012), cuando una persona tiene que hacer un examen y siente nervios, la ansiedad puede ayudarle a estar más estimulado a enfocarse en el examen. Sin embargo, la ansiedad, cuando es muy intensa, puede causar problemas, de manera que la persona no puede concentrarse en lo que está haciendo y empieza a tener dudas sobre su propio rendimiento.

Pueden aparecer **síntomas físicos,** emocionales y cognitivos, como dolores de cabeza, temblores, sudoración, molestias gastrointestinales, etc., que pueden provocar que cueste tomar decisiones o pensar con claridad. El hecho de tener síntomas y pensamientos puede crear un bucle en el que los unos alimentan a los otros. Para poder disminuir esta ansiedad, es bueno sentirse preparado a fin de poder alcanzar el objetivo. Esto puede hacer confiar en uno mismo y aumentar el optimismo. Muchas veces existe el pensamiento de no ir a hacer el examen por miedo a hacerlo mal o poder quedarse en blanco. A este respecto, es bueno reconocer las emociones y sensaciones que la ansiedad produce y no tratar de evitarlas, pues eso hará que disminuya la tensión. El pensamiento de que otras veces ya se ha suspendido también puede hacer que esa creencia se presente como una profecía que va a volver a cumplirse **(profecía autocumplida).** El hecho de poder reconocer los errores ayuda a tomarse la nueva situación como un reto. Descansar antes de realizar un examen resulta igualmente fundamental para no tener la sensación de estar agotado y poder tener la mente más ágil. Practicar ejercicios de relajación ayudará a que el cuerpo esté en calma y relajará la mente. Se trata de poder ganar seguridad en uno mismo y afrontarlo como un nuevo reto (Solís, 2012).

ANSIEDAD SOCIAL

Aquí podemos englobar la ansiedad de conocer gente nueva, estar en entornos sociales o tener una cita. El hecho de poder reconocer los pensamientos que surgen cuando la persona se enfrenta a una situación, como: «me gusta estar solo», «la gente me cae mal», etc., permite analizar si realmente eso es lo que cree o lo que quiere. Esta sintomatología puede ayudar a conocer cuáles son los síntomas más leves e intensos para ir trabajándolos. Preguntarse: «¿qué me gustaría?», «¿qué me puede ayudar a cambiarlo?», o fijarse objetivos que vayan acompañados de menor sintomatología a mayor, ayuda a dar pequeños pasos y sentirse más seguro. Poder contarle a la gente con la que uno está en contacto los miedos y lo que se siente contribuye a liberar la carga. Se puede buscar una motivación y pedir ayuda a los que están en condiciones de conseguirlo.

ANSIEDAD POR PERTENECER AL GRUPO

Siguiendo a Oriental (2022), muchas veces se oye la frase: «haría cualquier cosa por mis amigos» durante el periodo de la adolescencia. Esta frase demuestra lo importante que puede llegar a ser el grupo. Esta época es una de las etapas vitales en las que más tiempo se comparte con los amigos.

El adolescente elige hacer cosas que no haría en otras circunstancias para sentirse aceptado e integrado en el grupo. El grupo puede ejercer una presión positiva cuando ayuda a tomar iniciativas, a involucrarse en la escuela, pero también puede ser negativa cuando se hacen cosas que normalmente no interesaría, como fumar, beber o drogarse. Se pueden ver conductas como adoptar el mismo peinado, la misma ropa, la forma de hablar, los gestos. El problema no reside en querer pertenecer al grupo, sino en a qué grupo se quiere pertenecer. La presión por sentirse integrado puede ser tal que en algunas ocasiones aparecen la ansiedad y el estrés (Orientak, 2022).

De acuerdo con Orientak (2022), para poder manejar la situación es importante saber quién se quiere ser, qué cosas son importantes como persona, no como grupo. Una vez que se tiene eso claro, se puede elegir pertenecer a un grupo. Imaginemos a un chico al que le gustan la naturaleza y los deportes al aire libre. Obviamente, si estuviese en un grupo al que le gustan las discotecas y la ciudad, estaría en desacuerdo con sus valores y no se sentiría bien.

El hecho de fomentar la confianza en una ayuda para poder tomar decisiones, para saber decir no cuando sea necesario.

A la hora de tomar decisiones importantes, es fundamental valorar los pros y los contras. Esto nos puede ayudar, pero a veces no es fácil encontrar la que será la decisión más acertada. Imaginemos a una persona que está buscando trabajo y a la que llaman de dos sitios a la vez. La decisión sobre en qué empresa quedarse puede hacerse valorando las ventajas y desventajas de cada una, pero si son dos sectores diferentes, puede costar. Ahora bien, el hecho de identificar los valores que uno tiene puede ayudar a tomar la decisión.

Saber que se puede contar con los padres u otras personas cuando haya problemas también ayuda a sentirse más seguro. Por eso es esencial el vínculo entre padres e hijos. No se trata de estar agobiado todo el día persiguiendo a los hijos para que cuenten todo, sino que salga de ellos el contar las cosas. Y eso surge cuando el vínculo existe. Asistir a actividades que sean del agrado del adolescente le hará encontrar gente afín, y poder contar con varios grupos estimula igualmente el poder decidir y ver opciones de lo que uno quiere.

Ejercicios contra el estrés para adultos

Cuando se siente estrés por una situación o estímulo, uno de los primeros objetivos es identificar las emociones asociadas. Se trata de preguntarse qué se está sintiendo, conectar con las emociones, notando qué nos hacen sentir y qué ha hecho que surja dicha emoción. Cada emoción va asociada a una percepción corporal. Para ello se puede hacer un **escaneo corporal** de la cabeza a los pies, identificar las zonas donde se siente tensión. Cada experiencia también conlleva una conducta; se actúa de una manera determinada que para cada persona es única.

RELAJACIÓN DE JACOBSON

Esta relajación es una de las más utilizadas para afrontar el estrés y la ansiedad. Con ella se consigue un estado de calma, gracias a la relajación de los músculos. Se incide en el sistema nervioso autónomo, que es el que controla las acciones involuntarias, como es el funcionamiento de los órganos. (Recordemos que el sistema nervioso simpático nos prepara para la acción, mientras que el parasimpático nos prepara para el descanso.) Esta relajación disminuye la activación debida al estrés y la ansiedad. Se basa en una alternancia entre tensión y relajación del tono muscular.

Los grupos musculares que se van a tensionar y relajar son:

- Mano, antebrazo y bíceps.
- Cabeza, cara y cuello.
- Tórax, estómago y región lumbar.
- Muslos, nalgas, pantorrillas y pies.

En posición sentada o estirado en el suelo, se pueden cerrar los ojos si se desea. Hay que notar la respiración, centrarse en ella; notar las sensaciones que hay en el cuerpo. Dirigir la atención hacia el brazo derecho, y ejercer tensión en la mano, el antebrazo, el bíceps, presionar con fuerza sin notar daño durante cinco segundos y poner todo el brazo lo más rígido posible, notar la tensión en los dedos, la mano y el brazo, luego soltar de golpe y ser consciente de cómo la tensión se disipa. Asimismo, hay que centrarse en la sensación de relajación que se siente, respirar normal y sentir el brazo flojo, relajado; notar que no hay tensión en él. Esto es fundamental para percibir la diferencia entre la tensión y la relajación. Luego, se ha de pasar a la mano y el brazo izquierdos, y hacer lo mismo sintiendo la relajación posterior. Hay que hacer lo mismo en hombros, cuello, cara, boca, pecho y nalgas, y en los grupos musculares que se han descrito.

RESPIRACIÓN DIAFRAGMÁTICA
Nos ayuda a respirar de manera correcta.

Colocar una mano en el diafragma y la otra en el pecho. Respirar normalmente y notar qué mano se mueve cuando se respira. Se trata de llevar la respiración al diafragma. El diafragma es el músculo que está situado debajo de las costillas y arriba del estómago. Para conseguir esto, respiramos de manera profunda; con cada respiración se trata de que la mano que se mueva sea la situada en el diafragma, ya que, cuando tenemos ansiedad o estrés, respiramos agitadamente y la mano que se mueve es la situada en el pecho. Cuando llevamos la respiración al diafragma, el corazón late más despacio y alcanzamos un estado óptimo de relajación.

EJERCICIO DE SACUDIR EL POLVO
Con este ejercicio se libera estrés y tensión del cuerpo.

Modo de realización:
Se recorren con las manos la cabeza, los hombros y los brazos, como si nos estuviésemos sacudiendo. Se frotan con energía el pecho, la espalda, las piernas y los pies. Una vez hecho esto, se sacude el cuerpo, como hacen los animales, a fin de poder soltar tensiones. Luego, se conecta con las sensaciones del cuerpo.

EJERCICIO DE *GROUNDING*
Esta técnica sirve para tomar conciencia corporal y salir del estado de ansiedad.

Modo de realización:
Hay varias maneras de realizar este ejercicio.

1. Quedarnos descalzos y sobre una superficie con arena, césped o tierra. Caminar descalzos durante unos tres minutos y notar los movimientos y las sensaciones que se producen en los pies cuando toman contacto con la superficie.

2. Hay ocasiones en las que no tenemos la posibilidad de caminar sobre una superficie. En este caso, sentarse en una silla y apoyar los dos pies descalzos en el suelo. Realizar respiraciones y llevar toda la atención a la planta de los pies. Concentrarse en las sensaciones que hay, volver de regreso al presente. La concentración se realizará durante tres minutos. Así se notarán las sensaciones de tranquilidad y calma.

LA ESFERA DE LUZ
Ejercicio de imaginación para quitar las tensiones que haya en el cuerpo.

Modo de realización:
Situarse sentado o tumbado en una posición cómoda. Imaginar que una esfera de luz se coloca sobre la cabeza. Esta esfera de luz tiene el poder de, allá por donde pasa, atrapar las tensiones. Mantener una respiración tranquila y llevar la esfera de luz hacia donde se notan las tensiones en el cuerpo. Dejar que la esfera esté ahí situada unos minutos y visualizar cómo su luz reparadora atrapa las tensiones, mantenerla ahí hasta que la tensión haya desaparecido. Después, visualizar cómo sale y se aleja. Hacer tres respiraciones profundas y abrir los ojos.

CAMBIAR LAS SENSACIONES NEGATIVAS
Sustituir las sensaciones negativas en el cuerpo por sensaciones positivas.

Modo de realización:
Se piensa en un evento positivo en el que la persona se haya sentido bien y se lleva la mano hacia el lugar donde se siente la respiración. Se percibe el bienestar y la sensación de felicidad. Posteriormente se piensa en lo que produce preocupación y se pone la mano donde se siente la respiración. Se ha de colocar la mano donde estaba con el recuerdo positivo y llevar la respiración hasta donde se encuentra la mano.

EJERCICIO DE GRATITUD
Contribuye a mejorar los vínculos con los demás. Nos ayuda a confiar en el otro y, cuando tengamos problemas, a saber que podemos contar con él. Asimismo, la gratitud ayuda a mejorar la salud física y a reducir emociones negativas como el enfado. La gratitud ayuda a mostrarse menos agresivo y sentirse mejor con respecto a los demás.

Modo de realización:
Hacer una lista de las cosas por las que se siente agradecimiento. Puede ser un objeto, algo que ha hecho alguien por nosotros, algo que nos ha ocurrido y nos hace sentirnos bien. Se identifican las emociones que esto produce y se siente agradecimiento.

LA ESPIRAL DE EMOCIÓN
Este ejercicio ayuda a disipar la sensación de malestar.

Modo de realización:
En primer lugar, concentrarse allí donde se note el sentimiento en el cuerpo. Imaginar que el sentimiento es energía y pensar en que la energía se mueve y visualizar en qué dirección se movería esa energía si fuese una espiral. Pensar qué ocurriría si se moviese en dirección contraria. Notar qué ocurre cuando se mueve en las dos direcciones. Una de las direcciones puede hacer sentir que la energía se está yendo.

DAR VOZ A LOS PENSAMIENTOS
Con este ejercicio se le quita poder al pensamiento.

Modo de realización:
Imaginar que la voz crítica que dice pensamientos del tipo: «no estás haciendo las cosas bien» o «eres mala persona» las pronuncia con la voz de un personaje de dibujos animados. La voz pierde poder.

EJERCICIO EN LA PLAYA
Se llevan los pensamientos que generan malestar y se desvanecen.

Modo de realización:
Imaginar que se llega a una playa, acercarse al lugar donde las olas llegan hasta la arena. Se pueden escribir en la arena los pensamientos negativos y observar cómo las olas llegan y los borran de manera que los pensamientos desaparecen y se los llevan las olas. La orilla queda libre de pensamientos. Hacer esto con cada pensamiento negativo.

EL LIMÓN EN LA BOCA
Cuando una persona está estresada o ansiosa, la boca se seca. Esto es debido a que el sistema nervioso en esas situaciones detiene el sistema digestivo, y por tanto, en estas ocasiones la finalidad es volver a activarlo.

Modo de realización:
La manera de volver a activar el sistema digestivo y la respuesta de relajación es beber agua o alguna bebida, pero en ocasiones no contamos con ellas. En esos casos la saliva puede ayudar, pero el hecho de pensar en generarla no funciona *per se*. Una manera de generar saliva es pensar en que estamos comiendo un limón. Llevar a la mente el limón y visualizarse quitando la cáscara, partiéndolo y tomando un gajo y pensar en llevarlo a la boca, masticarlo y saborearlo.

METÁFORA DEL CONDUCTOR DEL AUTOBÚS
Esta metáfora sirve para ver cómo funcionan los pensamientos y emociones y el peso que les damos.

Modo de realización:
Imaginar un autobús en el que eres el conductor. Los pasajeros son pensamientos. Algunos pasajeros son catastrofistas, malos, no quieren ir donde les llevas. Te molestan y amenazan intentado que cambies de ruta. Finalmente, les haces caso, les pides que se sienten y vas hacia donde quieres. Puedes decidir si siguen allí o puedes intentar echarlos. Muchas veces se cede el control por miedo y pueden seguir en el autobús para no molestar. Esto puede hacer que nos sintamos mal y se justifica diciendo que tenían razón. Ellos van a seguir allí y de vez en cuando van a volver a molestar. Otros pensamientos se refieren a que no tienes ni idea de conducir, que vas muy despacio y lo haces mal. Vuelves a escucharlos y piensas que a lo mejor tienen razón y aceleras. ¿Hay algo similar a cómo actuamos a veces? ¿Crees que algo coincide contigo?

METÁFORA DEL INVITADO INDESEADO
Metáfora para tomar conciencia de qué ocurre cuando intentamos controlar nuestros pensamientos.

Modo de realización:
Imagina que un día estás dando una fiesta para todos tus amigos. Estás muy contento porque llevas mucho tiempo preparándola. Todos los invitados están allí y lo estás pasando muy bien. Suena el timbre y te das cuenta de que no falta nadie por llegar. Vas hacia la puerta, abres, y la sorpresa es que allí está tu vecino, al que no habías pensado invitar, quien siempre es maleducado, irrespetuoso. Sin que te des cuenta, ha entrado en tu casa, está sirviéndose comida y bebida y actúa de manera extraña. Ahora sientes molestia y enfado. Le pides que se vaya, y se va, pero al rato vuelve. Insiste en entrar y, por no estar discutiendo, le dejas que se quede. Ahora estás por toda la fiesta siguiéndole, intentando que no haga alguna de las suyas, y te das cuenta de que no estás participando de la fiesta. Ahora estás más pendiente de él, y decides que no puedes seguir así. Te

apetece pasarlo bien, por lo que decides relajarte y disfrutar. Después de un rato, te das cuenta de que está más tranquilo y que está hablando con dos personas.

Ejercicios para la ansiedad en adultos

A fin de ver cómo nos encontramos, podemos notar cómo nos sentimos y de qué manera nos afecta. Para ello podemos tratar de llevar un autorregistro.

- Experiencia: identificar qué me está pasando.
- Pensamientos: ¿qué me digo cuando estoy ahí?
- Emociones: ¿qué siento? Identificar las emociones que siento.
- Conducta: identificar qué estoy haciendo en esa situación y qué síntomas me provoca en el cuerpo (mareos, agitación, palpitaciones).
- Ver las consecuencias a corto y a largo plazo.

Cuando la ansiedad es muy intensa, da lugar a trastornos. Podemos ayudar a aliviar la intensidad de la ansiedad con las siguientes pautas:

- **Ejercicios de relajación.** Los ejercicios de relajación son una manera efectiva de reducir la ansiedad. Muchas veces actuamos sin ser conscientes de todo lo que hacemos (trabajar, hacer las compras, limpiar, cuidar a familiares, etc.). La relajación ayuda a estar calmado y ser consciente del presente.

- **Cambiar el foco.** A veces actuamos como si tuviéramos una linterna, una linterna en la que se puede graduar la luz. De manera que el foco puede ser muy estrecho o muy amplio. Cuando este foco es muy estrecho, solo somos capaces de ver una parte de lo que nos rodea, lo cual nos hace enfocarnos en los aspectos negativos de lo que estamos viviendo. Si ampliamos el foco, esto hará que seamos capaces de visualizar todo lo que hay a nuestro alrededor. Ello nos ayudará, en los momentos en que sintamos ansiedad, a visualizar que hay gente que nos puede ayudar, o que podemos realizar actividades que nos pueden hacer sentir bien o que podemos relajarnos….

- **Realizar actividades gratificantes.** Cualquiera que nos guste.

- **Cada persona puede tratar de buscar las actividades que le aporten más gratificación.** No todo funciona para todo el mundo. Imaginemos a alguien que le decimos que practique deporte. Si se trata de una persona que nunca ha practicado ningún deporte o simplemente no le gusta, evidentemente no va a disfrutar con esta actividad. De igual modo, si le pedimos a alguien que haga un puzle y esto no se le da bien, lo único que va a conseguir es estresarse más y sentirse angustiado.

De este modo, se trata de identificar lo que para cada persona es mejor, aquellas actividades que le reportan sentimientos de satisfacción y bienestar, como pueden ser la alegría y la calma. Aquí lo realmente importante es que se puede disfrutar con la actividad que cada uno elija. No se trata de realizar las actividades con prisa para poder sentirse mejor y notar mejoría; se trata de sentir el placer de verdad.

- **Bajar el ritmo.** La sociedad en la que nos hallamos inmersos muchas veces hace que adquiramos responsabilidades y tareas que pueden superar nuestro nivel de rendimiento. El esfuerzo que se lleva a cabo para poder cumplir las expectativas fijadas es tremendo y puede generar un estilo de vida acelerado y estresante.

  Para que esto no afecte a nuestro organismo a nivel físico y emocional, intentaremos fijar cuáles son nuestras metas, aquellas alcanzables, que podemos realizar. Se puede planear cuál sería en cada caso la mejor manera de llevar a cabo las tareas. Cuando bajamos el ritmo, estamos más conectados al presente, dejamos de vivir en automático. Esto afecta a la mejora en la calidad del sueño, al autocuidado, a las relaciones interpersonales. El agotamiento disminuye, así como los síndromes asociados al *burnout*.

- **Compartir con personas.** En ocasiones uno se siente solo y se va guardando lo que le ocurre, y esto puede hacer que las emociones negativas vayan alcanzando cada vez un grado más alto. Poder contarle a alguien qué está ocurriendo y cómo se siente uno ayuda a liberar los sentimientos. Se puede hablar con alguien de la familia, amigos o buscar un terapeuta cuando la ansiedad y el estrés forman parte de la vida.

- **Cuidar el cuerpo y la mente.** Es recomendable mantener una alimentación sana, no tomar sustancias que puedan dañarlo, seguir una higiene del sueño correcta, hacer ejercicio físico, practicar la gratitud, practicar la asertividad y poner límites.

EL CHORRO DE LUZ

Piensa en una pantalla blanca y nota las sensaciones en el cuerpo mientras lo haces. Lleva a tu mente algo que te perturbe, proyéctalo en la pantalla y nota el cambio en las sensaciones corporales.

Hay que concentrarse en las sensaciones corporales. Si la sensación tuviera una forma, ¿cuál sería?, ¿qué tamaño tendría?, ¿qué color tendría?, ¿cuál sería su temperatura?, ¿qué textura tendría?, ¿qué sonido?, ¿qué color haría que la sensación se transformase en positiva?

Se puede imaginar que una luz del cosmos viene con ese color y entra por la punta de la cabeza hasta el lugar donde está la forma que representa la sensación. Imaginar que la luz, cuanto más se usa, más disponible está. La luz entra en la forma, la penetra, vibra. Mientras lo hace, ¿qué le ocurre a la forma, el tamaño, el color? Seguir pensando en esa luz y ver cómo penetra en la forma. Continuar imaginando la luz y ver cómo envuelve a la forma y vibra hasta que la forma desaparece completamente o ha sufrido alguna transformación.

RELAJACIÓN DEL ASCENSOR

Respira profundamente y con cada espiración, nota cómo cada vez que sale el aire disminuye la tensión y la presión. Lentamente el cuerpo se va sintiendo más relajado. Siente que esa relajación invade todo el cuerpo con una sensación de sosiego y paz. La relajación llega a todos los sitios del cuerpo, hasta la punta de los dedos de las manos y de los pies; es una sensación relajante con la que aparece también una sensación de bienestar.

La respiración es tranquila. Ahora hay que imaginar un ascensor. Un ascensor que va a ser de la forma que uno quiera, del tamaño, el color y la forma que se desee. El ascensor comienza a subir despacio, muy despacio, sin prisas. Sigue subiendo y, cuanto más sube, más sensación de relajación aparece. Se siente el cuerpo invadido por una serenidad, una relajación, paz, la sensación de no tener prisa, de estar en calma.

Cuando el ascensor llega a su destino, se abre la puerta. Imagina que no pesas nada y que te encuentras sobre una nube, una nube que te transporta a un lugar fuera de las angustias, fuera de las sensaciones negativas, fuera de los problemas, fuera de uno. Es un paraíso que se puede imaginar como uno desee, como más le guste a uno. Desde la nube se puede ver a lo lejos un lugar maravilloso donde todo es tranquilidad, paz; donde te encuentras fuera de las preocupaciones. La sensación es muy agradable. Todo es tranquilidad, armonía. Se puede hacer lo que uno quiera en ese lugar. Hace sol, un sol caliente y espléndido. Ese sol te hace sentir mejor, más relajado, con ganas de hacer cosas. Se siente tranquilidad, relajación; no existe miedo a nada. Allí estás seguro de ti mismo y, sobre todo, tranquilo. Es un lugar muy tranquilo donde se siente un bienestar absoluto.

Después, vuelves a la nube. Esta se dirige otra vez al ascensor. Mientras flotas puedes notar que te encuentras ligero y en paz. Entras en el ascensor, sientes que estás muy relajado, estás en calma, te sientes en paz contigo. El ascensor baja muy despacio y te lleva al lugar donde partiste. Abres la puerta, haces tres respiraciones profundas y notas que estás donde empezaste. Siente lo bien que te encuentras y las sensaciones de calma en el cuerpo.

EL PAISAJE INTERNO

Busca una posición cómoda en la que no haya que hacer mucho esfuerzo. Nota que los hombros están relajados, la mirada desenfocada. Pon la atención en la respiración y nótala. Respira despacio, percibe una sensación de tranquilidad, nota cómo la relajación va desde los hombros hasta el resto del cuerpo. Vamos a crear un paisaje interior en el que es necesario cumplir tres requisitos: que haya vegetación, que tenga agua que fluye y que haya sol. En este paisaje no hay nadie, solo tú. Se puede llegar fácilmente al agua y puede haber animales que no sean peligrosos. Imagina una puerta por la que pasamos y que nos lleva a ese paisaje que hemos creado. Se trata de observar cada detalle de la vegetación, el agua, el sol. Percibe el olor de la hierba, escucha los sonidos de la naturaleza. El agua corre, la brisa toca la piel…. Camina por el paisaje, acércate al agua, coge un poco del agua cristalina, lávate la cara. Cuando te lavas la cara, todas las preocupaciones se van; es como si las quitáramos de nuestra cabeza. Te tumbas al sol y notas la hierba… Cuando el cuerpo está seco, te levantas y paseas de nuevo hacia la puerta… La puerta tiene un espejo. Imagínate sonriente, feliz, mirándote al espejo. Vuelve a conectar con la respiración, sé consciente de ella.

CAMINAR CON ATENCIÓN PLENA

Busca un lugar, que puede ser al aire libre o cerrado, por el que se pueda caminar por una línea imaginaria. Una vez elegida esa línea, lleva la atención a todo el cuerpo y a la postura que se tiene al caminar. Nota que la columna está recta, que los pies están en paralelo y separados a una distancia igual que las caderas, y las rodillas están ligeramente flexionadas, de forma que se pueden mover con suavidad al andar. Deja los brazos relajados y sueltos a ambos lados y dirige la mirada al frente. Lleva la atención a los pies y percibe la forma de las sensaciones físicas. Nota el contacto de los pies con la tierra, el peso del cuerpo. Sé consciente de cómo a cada paso se apoya un pie, el talón, la punta de los dedos; después, el otro pie, el talón, la punta de los dedos y así sucesivamente todos los pasos. Siente las pantorrillas, los músculos que se utilizan al caminar. Toma conciencia de la planta del pie y del talón. Sé consciente del momento, de la experiencia de andar. Nota las sensaciones que se producen en el cuerpo al caminar y adquiere conciencia de la respiración mientras andas.

RELAJACIÓN DE LA OLA

Imagínate en una playa. En esta playa las olas se acercan a la orilla. El mar es de color azul, un azul profundo. Piénsate flotando y nota cómo el agua está a una temperatura agradable. Las olas pequeñas te envuelven y te notas ligero. El agua tiene una temperatura perfecta y cálida. El color azul envuelve todo tu cuerpo, te sientes completamente relajado, ligero, flotando encima de la ola. Una ola sigue a otra. Cada vez que una ola se acerca a ti y te rodea, atrapa todas tus tensiones acumuladas durante el día; todas las emociones negativas se van muy lejos, para siempre; te sientes bien. Otra ola te envuelve, una ola con un azul más intenso. Una ola que es capaz de relajar cada músculo de tu cuerpo haciendo que este se vuelva ligero y relajado. Esta ola también se aleja, se lleva cualquier resto de tensión o frustración, cualquier problema que puedas tener. Notas serenidad y relajación. Entonces aparece otra ola envolviendo todo tu cuerpo con el calor del mar. El calor es agradable, el agua envuelve tu cuerpo, esta ola te aporta relajación, felicidad, armonía. Ves otra ola que se acerca y toca tu cuerpo y, cuando llega a ti, te sume en una relajación profunda. Sientes una sensación de calma. Puedes oler el mar, el océano. Estás completamente relajado.

RESPIRACIÓN *PRANAYAMA*

Esta respiración es una de las que se utilizan en las prácticas de meditación y yoga. Produce beneficios en momentos de cansancio y tensión o dispersión. Se logra la calma y se puede conectar con uno mismo.

Modo de realización:

Se puede realizar apoyando los dedos índice y corazón de la mano derecha en el entrecejo y, a la vez, apoyando el pulgar en la fosa derecha y el anular en la fosa izquierda.

Se cierra la fosa derecha con el pulgar y se inspira despacio con la izquierda. Se tapa la izquierda y se retiene el aire. Manteniendo la izquierda cerrada, se suelta el aire despacio por la fosa derecha. Luego se mantiene tapada la izquierda con el anular, se inspira despacio con la derecha, se tapa, se retiene el aire y, manteniendo la derecha tapada, se suelta el aire despacio por la izquierda. Esta secuencia se puede repetir varias veces durante cinco minutos.

RESPIRACIÓN 4-7-8

Este método de respiración puede ayudar a dormir mejor, activa el sistema nervioso parasimpático y el cuerpo se encuentra en un estado propicio para el sueño (Vierra *et al.*, 2022). Este método de respiración fue desarrollado por el médico Weil A. Inhalar, y tiene como objetivo disminuir la ansiedad y facilitar el sueño. Con esta técnica se reduce el riesgo de desarrollar enfermedades cardiovasculares y la diabetes tipo 2, y se mejora la función pulmonar.

Modo de realización:

• Se debe estar sentado con la espalda recta o tumbado boca arriba.

• La lengua debe estar colocada en el paladar, detrás de los dientes frontales superiores. Para exhalar el aire debe salir alrededor de la lengua por la boca.

- Se cierra la boca y se inhala por la nariz, contando mentalmente hasta 4.

- Se aguanta la respiración, contando mentalmente hasta 7.

- Se exhala por la boca, colocando la lengua como se ha indicado anteriormente y contando mentalmente hasta 8.

- Al principio, mientras se aprende el ejercicio, puede costar. Es mejor hacerlo más deprisa y, con la práctica, ir haciéndolo más despacio y más profundamente.

VISUALIZAR LA CALMA

Este ejercicio de visualización ayuda a encontrar una sensación de calma. Esto puede ser efectivo en deportistas o cuando hay que realizar algo que conlleva tensión o concentración en algo.

Modo de realización:

Lleva a tu mente una actividad con la que sientas ansiedad. Después, identifica cuándo se empieza a experimentar la sensación de ansiedad y cómo es la sensación que se tiene.

Identifica qué es lo que se hace antes de que empiece la ansiedad, las acciones que se están llevando a cabo, lo que se piensa y lo que se siente.

La visualización consiste en imaginarse en un momento anterior a empezar a sentir ansiedad, totalmente relajado y con tranquilidad. A pesar de saber que la situación en el pasado ha provocado ansiedad, imagínate entrando en la situación de manera calmada y relajada. Observa todas las posibles personas, los objetos, los sonidos y las cosas que se pueden ver alrededor. Se trata de conseguir estar mentalmente en calma mientras visualizas todo. Mientras se realiza este ejercicio puede aparecer ansiedad. Recuerda siempre que es un ejercicio de visualización, por lo cual se puede volver al inicio. Se puede congelar la acción, se puede conectar con un momento en el que uno se siente seguro y en calma y después reanudar la visualización. Hay que estar conectado a la respiración tranquila mientras se lleva a cabo. Esta visualización se puede practicar varias veces imaginándose cada vez más en calma y relajado. Con este ejercicio se alcanza más flexibilidad y se puede estar preparado para cualquier suceso imprevisible que pueda ocurrir en la realidad.

EJERCICIO «¿QUÉ ME AYUDÓ?»

Se encuentran habilidades que han servido en otras ocasiones.

Modo de realización:
Piensa en alguna situación en la que se hayan experimentado las mismas emociones que se sienten ahora ante una situación que sea parecida y que se pudo superar. Pregúntate de qué manera lograste salir e identifica qué te ayudó a superar la situación. Ese recurso o habilidad se puede trasladar al presente y es posible rescatarlo para utilizarlo en la nueva situación problemática. Visualízate utilizando ese recurso ante la nueva situación y logrando salir adelante.

EJERCICIO CONSISTENTE EN CARICATURIZAR
Sirve para disminuir los pensamientos angustiosos.

Modo de realización:
Haz una lista de situaciones, lugares y objetos que puedan causar ansiedad. Intenta caricaturizarlo todo y ponerle voces. Imagina, por ejemplo, a una araña diciendo, como un dibujo animado: «tienes miedo, no eres valiente».

SUPERAR EL PERFECCIONISMO: LA REGLA DEL 70 %
Como ya hemos comentado, la tendencia perfeccionista puede llevar a estar siempre pendiente de que todo salga bien, y eso puede generar estrés y ansiedad cuando se experimenta frustración, fracaso o rechazo. Poder aceptar estas emociones no significa que uno ya no se esfuerce, sino un aprendizaje. La resiliencia y el optimismo aparecen cuando se pueden afrontar los inconvenientes de la vida (Altman, 2014).

Modo de realización:
Ten en cuenta que es imposible que todo lo que realices o te propongas sea 100 % perfecto. Pregúntate:

- ¿Haces más tarde un proyecto porque tiene que ser perfecto?
- ¿Te preocupa que los proyectos no sean lo suficientemente buenos?
- Cuando otros pueden juzgar lo que haces, ¿te preocupa?, ¿y piensas que podrías haberlo hecho mejor?
- ¿Crees que, cuando te esfuerzas en hacer algo, es un fracaso si no has dado el 100 %?
- ¿Eres muy crítico con los demás? ¿Cómo afecta esto a tus relaciones?

Reflexiona, a partir de estas preguntas, sobre si te está afectando a las relaciones que mantienes.

Escribe qué significa fracasar, y si se incluye la importancia del fracaso. Contempla la posibilidad de valorar de qué manera prepara el fracaso para los éxitos posteriores.

- ¿Cómo eliminaría la presión no tratar de tener siempre un resultado perfecto? ¿Y cómo disminuye la preocupación?

- ¿Cómo te podría ayudar poner un 70 % en el objetivo de «muy bueno» o «bastante bueno»?

- Piensa en una experiencia en la que hayas sido muy crítico o hayas quedado insatisfecho con los resultados obtenidos. Vuelve a evaluar lo que haces del 1 al 10, obteniendo un 7 si el 7 es equiparable a un 10.

Situaciones que provocan ansiedad en adultos

En este epígrafe veremos, siguiendo para ello a Vige (2024), que hay una gran diversidad de circunstancias, ámbitos y situaciones que pueden provocar ansiedad en los adultos.

ANSIEDAD LABORAL

Cuando una persona tiene ansiedad laboral, el primer paso es identificarla y reconocerlo. Cuando uno sabe lo que ocurre, se pueden identificar diversas formas de abordarlo. Poder darle nombre a lo que ocurre le da validez a lo que se siente, y ayuda a reconocer los pensamientos que se pueden aceptar como lo que son: solo pensamientos.

- **Practicar una buena gestión del tiempo.** Cuando uno se siente abrumado en el trabajo, puede ser debido a las solicitudes de información a las notificaciones. Esto conlleva agotamiento y ansiedad. Una buena manera de gestionar todo eso es aprender a priorizar las tareas, lo cual hace que la gestión del tiempo sea más efectiva y que se pueda aprender a delegar o eliminar el trabajo que no es esencial.

- **Mantenerse organizado.** El hecho de establecer plazos hace que el trabajo sea más eficiente. Hay varias maneras de organizarse: ordenar el espacio de trabajo, crear listas de tareas, eliminar distracciones, mantenerse concentrado y desarrollar un plan de trabajo y un horario a fin de que se pueda realizar de la manera adecuada.

- **Establecer límites y respetarlos.** Hay unas pautas que se pueden seguir, como poder decir no cuando las tareas sobrepasan la capacidad, tomarse un tiempo para desconectar y recargar energías, poder comunicarse con el equipo cuando se necesita ayuda, establecer horarios de entrada y salida para el trabajo, no poner las notificaciones en el ordenador cuando no se está conectado, no poner aplicaciones relacionadas con el trabajo en el teléfono y el ordenador personal, etc.

- **Establecer plazos y objetivos realistas.** Fijarse objetivos que se puedan alcanzar y empezar por los de corto plazo.

- **Desconectar.** Practicar algunas técnicas, como los ejercicios de respiración profunda, repetir un mantra que ayude a calmarse, alejarse de los aparatos electrónicos como móviles y ordenadores, descansar, reconocer, y admitir y validar los pensamientos sobre la ansiedad.

- **Saber cuándo pedir ayuda** y a quién pedírsela.

ANSIEDAD SOCIAL

Cuando se padece ansiedad o una fobia, es importante comprender lo que está ocurriendo, identificar los síntomas, las creencias que provocan en uno y las emociones que se ponen en marcha (Área Humana, s. f.). Para poder superarlo:

- **Clarificar el motivo.** ¿Qué sentido tiene pasar por eso? ¿Qué motivación se puede encontrar para querer vencer al miedo?

- **No justificarse.** Muchas veces se buscan excusas como: «no quiero tener amigos», o «no necesito tener pareja». Se puede elegir estar solo, pero no se debe permitir que sea la ansiedad la que nos haga estar solos.

- **Fijarse objetivos.** En ocasiones, cuando se intenta vencer un miedo, no se hace de la manera correcta y este se acrecienta. Se trata de ir fijándose objetivos e ir en progresión, de los que menos cuestan a los que más tiempo van a suponer y más cuestan.

- **No huir.** El miedo a estar haciéndolo bien puede hacer huir. La propia vergüenza o timidez hace que la persona se inmovilice y no se atreva a seguir avanzando. Cuando se van consiguiendo objetivos, la seguridad en uno mismo va creciendo, y esto permite que sea más fácil continuar confiando y seguir intentando conectar con los demás a través de las pequeñas metas.

- **Confiar en los demás.** Si uno se relaciona con los demás y empieza a apoyarse a través de las validaciones y la compañía de los demás, la ansiedad irá disminuyendo.

ANSIEDAD POR MUDANZAS

Ante una situación nueva y de cambio como la mudanza, la mejor manera de poder manejar este tipo o ámbito de ansiedad es:

- **Hacerse una lista de tareas** y planificar en qué tiempos se llevan a cabo, desde el embalaje de los enseres que se van a llevar a la nueva vivienda al deshacerse de los no útiles.

- **Organizar** las cosas que van a acompañar a la persona a la nueva vivienda y poder deshacerse de lo innecesario.

- Si se puede **contar con apoyo,** es recomendable hacerlo (con amigos, familia o profesionales de las mudanzas).

- Realizar **ejercicios de relajación** o *mindfulness*.

- **Informarse** sobre el nuevo vecindario. Para ello se pueden realizar visitas.

- **Mantener una actitud positiva** y prepararse para el tiempo que puede conllevar volver a organizar todo. El hecho de anticipar nos puede llevar a plantear un futuro en el que las cosas pueden salir mal y causar más estrés y ansiedad.

ANSIEDAD POR PROBLEMAS FAMILIARES

La ansiedad debida a situaciones familiares puede surgir por el hecho de que algún miembro de la unidad familiar haya perdido el trabajo, por problemas económicos, o bien porque algún miembro sufre adicciones, porque existen diferencias familiares, por problemas legales como las herencias, por conflictos con los hijos, porque alguien está enfermo o por conflictos con la familia política. Como se puede ver, los motivos pueden ser muy variados.

Las maneras de afrontar la ansiedad en estos casos son:

- Escuchar al cuerpo y aprender a manejar los síntomas físicos y a regularse emocionalmente.
- Mejorar la comunicación en el seno de la familia.
- Analizar el problema.
- Poner límites cuando sean necesarios.
- Tratar de tomar decisiones que hagan aminorar el conflicto.
- Pedir ayuda cuando se necesite. Se puede acudir a terapia familiar y grupos de ayuda.

ANSIEDAD EN PERSONAS MAYORES

Los adultos tardíos pueden combatir la ansiedad de muchas maneras. A continuación exponemos las técnicas más efectivas.

- **Ejercicios de respiración.** Hacer ejercicios de respiración ayuda a calmar el sistema simpático y a estar más relajado.

- **Actividad física.** Es importante que las personas mayores eviten el sedentarismo. Una buena manera es proponerse todos los días caminar al menos media hora. Si la persona se encuentra, además, ágil y con ganas, el hecho de buscar una actividad deportiva le puede ayudar a salir y relacionarse con otros en las actividades grupales.

- **Ordenar las tareas.** El hecho de hacer una lista en la que se priorice lo más importante ayuda a organizarse de manera efectiva y evitar que el estrés aparezca.

- **Comunicarse con otros.** Compartir con otros los estados emocionales puede ayudar a encontrar soluciones y afrontar los problemas, disminuyendo así las fuentes de estrés.

- **Actividades sociales.** En esta etapa se dispone de más tiempo libre, al no tener que trabajar, y esto permite ocuparse de tareas familiares como pueden ser cuidar a nietos, organizar eventos familiares, ir al cine o al teatro con amigos, ir a talleres culturales y de ocio, etc.

- **Trabajar la autonomía.** El hecho de poder conservar la independencia y no depender de otros ayuda al bienestar.

- **Descansar.** No siempre es necesario estar realizando actividades. El hecho de tomarse tiempo libre para descansar, echarse la siesta, meditar, hacer ejercicios de relajación, etc., ayuda a tener más perspectiva de las cosas, a centrarse en lo que uno quiere, y facilita el poder organizarse y vivir sin estrés.

EPÍLOGO:
CUANDO LA ANSIEDAD
Y EL ESTRÉS REAPARECEN

Una vez que se ha tenido un trastorno de ansiedad, la persona conoce a la perfección cada uno de sus síntomas y qué supone para ella el nerviosismo: pensamientos intrusivos, malestar general y un largo etcétera. Por eso, una vez superada temporalmente la crisis, el miedo a tener una recaída es normal: haber sufrido ansiedad y haberla superado no implica que esta no vuelva a aparecer nunca.

Cuando una persona ha podido superar la ansiedad, bien sea con ayuda psicológica o de manera autónoma, va dejando de lado las herramientas que ha aprendido para estar bien y, cuando vuelva a sentir estrés y ansiedad, los síntomas pueden volver a aparecer. Las estrategias que ya se aprendieron no se tienen en cuenta y vuelven a aparecer los comportamientos y la sintomatología previos al tratamiento.

Una recaída en la ansiedad o el estrés es un hecho puntual. Por ejemplo, si una persona tiene que cambiar de residencia de nuevo y ha de afrontar otra mudanza ante sí, pueden aparecer un estrés o una ansiedad adaptativos y en algún momento puede aparecer una **crisis de ansiedad puntual.** Podríamos hablar de algo que es normal e inevitable. La ansiedad y el estrés no son enemigos, por lo cual el objetivo no es eliminarlos por completo, sino aprender a convivir con ellos, aceptarlos, controlarlos y disminuir su sintomatología.

Hay que tener muy claro que, cuando hay una recaída, se puede solucionar. Se trata de identificar qué está ocurriendo, cuál es el estímulo o los estímulos que nos están disparando las emociones y sintomatología, a fin de que, con los recursos y estrategias con las que uno cuenta, se puedan afrontar y manejar de manera eficaz, sin tener **miedo al miedo.**

Además de los recursos y estrategias que se han ido planteando a lo largo del libro, siempre se puede acudir a terapia si se necesita ayuda externa. Las principales terapias para tratar la ansiedad son:

- **La terapia de aceptación y compromiso.** Ayuda a aumentar la flexibilidad psicológica y a disminuir la evitación. La aceptación ayuda a no intentar controlar ni cambiar los elementos. Se trata de establecer reglas que guíen su conducta, acordes a los valores de la persona (Twohig y Hayes, 2018). Hay seis procesos como objetivo terapéutico.

    1. **La aceptación.** Implica reconocer los hechos internos, pensamientos, sentimientos y sensaciones físicas en cuanto que experiencias que están teniendo lugar. Se trata de tener receptividad hacia ellos y ser flexible en la reacción a los mismos.

    2. **Defusión cognitiva.** Implica alterar el contexto en el que se experimentan los pensamientos. Es como una deconstrucción del significado que tiene el pensamiento. Se debilita el control que el pensamiento ejerce sobre la conducta.

    3. **Yo como contexto.** Se lleva a la persona a que observe lo que experimenta, cómo era cada vez que ha experimentado un hecho en el pasado. Se trata de tomar consciencia del yo observador, del propio yo.

    4. **Contacto con el momento presente.** Ayuda a tener experiencia del mundo externo e interno.

    5. **Valores.** Con los valores se llega a qué es lo más importante para la persona, a qué guía su vida.

6. **Acción comprometida.** Se establecen objetivos y metas que puedan ser alcanzables y estén asociadas a los propios valores.

- **La terapia cognitivo-conductual.** Las personas aprenden a entender sus pensamientos, cómo les afectan, sus síntomas y sensaciones, y modifican los patrones de conducta ineficaces, para reducir la probabilidad de que ocurran y la intensidad de la emoción. Se utilizan técnicas conductuales para afrontar y tolerar las situaciones de temor con control y seguridad.

- **Terapia de Modelo de Procesamiento Adaptativo de la Información (EMDR)** (Shapiro, 2014). Se centra en las heridas que están conectadas con la ansiedad que se siente, ayuda a disminuir la sintomatología y se transforman las creencias y emociones desadaptativas. Se procesa la información hacia una creencia nueva y positiva. Se realiza mediante estimulación bilateral. Consta de ocho fases:

  1. **Historial.** Se realiza el historial de la persona y se fijan los objetivos del tratamiento.

  2. **Preparación.** Se enseñan recursos y habilidades y se realiza psicoeducación.

  3. **Evaluación.** Se identifica el evento a reprocesar, la imagen que lo representa, la emoción y la sensación corporal, la creencia negativa asociada sobre uno mismo y la creencia positiva que sería más adecuada. Se evalúa el nivel de perturbación en una escala de 0 a 10.

  4. **Desensibilización.** Se presta atención a la emoción, la sensación, imagen y creencia negativa y se realiza la estimulación bilateral hasta que la perturbación disminuye a 0 o 1.

  5. **Instalación.** Se enfoca en la creencia positiva y se fortalece. El nivel alcanzado debe ser en una escala de 1 a 7 un 6 o 7.

  6. **Exploración corporal.** Se explora si existe alguna tensión corporal o sensación física negativa y se procesa hasta que disminuya.

  7. **Cierre.** Se retoma el estado de calma en el presente.

  8. **Reevaluación.** Se revisa el evento procesado en la sesión anterior, de manera que este sea neutral. Se establece el siguiente evento a procesar.

- **Mindfulness.** A través de la conexión con el presente, se transforma el modo en que se experimentan los factores estresantes. Conecta con la resiliencia, la aceptación y la compasión. Tomando conciencia se proporciona equilibrio y se liberan las emociones y hábitos irracionales para vivir con conciencia y libertad.

- **Terapias humanistas.** Buscan facilitar los cambios que hacen que la persona tenga herramientas necesarias a fin de lograr su equilibrio emocional. Se guía a la persona a que por sí misma avance y logre la felicidad. Sus pilares son la capacidad de elección, la creatividad y la autorrealización.

- **Terapia dialéctico-conductual.** Ayuda a desarrollar una perspectiva dialéctica, opuesta; se trabajan la aceptación y el cambio. Se aprende a aceptar la ansiedad y el estrés mientras se trabaja para manejarlos.

Por último cabe decir que hay muchas más terapias. El objetivo de todas ellas es ayudar a comprender por qué se siente malestar, cuáles son los desencadenantes y cómo se pueden cambiar las reacciones a ellos. Las terapias se pueden realizar de manera individual, familiar, en pareja o en grupo. Cada persona puede buscar aquella con la que se sienta más cómodo y crea que puede ayudarle. Cuando se realiza una terapia, a veces se piensa que enseguida puede uno sentirse bien. En algunas ocasiones es así, pero una terapia se realiza en varias sesiones y el cambio se produce de manera gradual.

Cuando llegamos a la vida, tenemos un camino por delante. Cada uno tiene un camino propio que seguir. A veces ese camino será recto y fácil de recorrer, y otras veces será complicado seguirlo, veremos bifurcaciones y tendremos que tomar decisiones sobre por dónde continuar, y encontraremos obstáculos y pendientes que tendremos que afrontar. Para recorrer el camino portamos una mochila donde van todos nuestros recursos. Está bien saber qué hay en nuestra mochila y poder conocer con qué contamos.

En ese camino nos iremos cruzando con muchas otras personas. Algunas de ellas nos acompañarán todo el camino, y otras solo parte de él. Algunas se volverán a cruzar en nuestro camino, y a otras no las volveremos a ver nunca más.

El camino no será siempre fácil. En algún momento nos podemos encontrar con piedras que obstaculicen el paso y nos provoquen preocupaciones y malestar. Ante esas piedras podemos tomar varias decisiones: no saber qué hacer y quedarnos inmovilizados, o bien examinarlas y decidir cómo sortearlas. Para ello, podemos utilizar los recursos que tenemos en la mochila. Si no encontramos ninguno, siempre podemos pedir ayuda en el camino. Algunas personas deciden guardar esas piedras y portarlas durante todo o parte del camino. La decisión de qué hagamos con ellas es nuestra.

Mientras recorremos el camino de la vida, también podemos ir observando lo que hay a nuestro alrededor, disfrutando de los paisajes, de las experiencias que iremos viviendo, porque, a pesar de que experimentemos ansiedad, estrés u otros síntomas, podremos afrontarlos de la manera más eficaz tratando de utilizar los recursos y habilidades que tengamos.

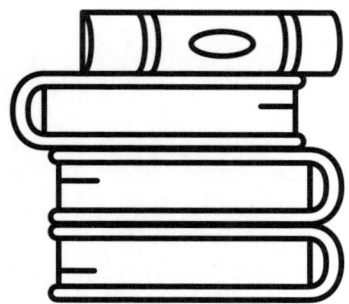

BIBLIOGRAFÍA

- **Abba-Aji, A., Li, D., Hrabok, M., Shalaby, R., Gusnowski, A., Vuong, W., Surood, S., Nkire, N., Li, X.-M. y Greenshaw, A. J.** (2020). COVID-19 pandemic and mental health: prevalence and correlates of new-onset obsessive-compulsive symptoms in a Canadian province. *International journal of environmental research and public health, 17*(19), 6986.

- **Agüera, L. y Cervilla, J.** (2002). Trastornos de ansiedad. *Psiquiatría geriátrica,* 551-574.

- **Aguilar Maza, C.** (2022). *El trastorno obsesivo compulsivo y la importancia de trabajar la ansiedad para su tratamiento.*
https://hospiten.com/blog/post/9159/el-trastorno-obsesivo-compulsivo-y-la-importancia-de-trabajar-la-ansiedad-para-su-tratamiento

- **Albert, D., Chein, J. y Steinberg, L.** (2013). The teenage brain: Peer influences on adolescent decision making. *Current directions in psychological science, 22*(2), 114-120.

- **Alfaro de Prado Sagrera, A.** (2009). Estrés tecnológico: medidas preventivas para potenciar la calidad de vida laboral. *Temas laborales: Revista andaluza de trabajo y bienestar social, 103,* 123-155.

- **Almirante, J. (1869).** *Diccionario militar: etimológico, histórico, tecnológico, con dos vocabularios francés y alemán.* Imprenta y litografía del Depósito de la Guerra.

- **Altman, D.** (2014). *50 Técnicas de Mindfulness para la ansiedad, la depresión, el estrés y el dolor.* Editorial Sirio.

- **Alvord, M. y Halfond, R.** (2022). *How to help children and teens manage their stress.*
  https://www.apa.org/topics/children/stress

- **Ambriz, M. G. J.** (2011). La resiliencia, el tesoro de las personas mayores. *Revista española de geriatría y gerontología, 46*(2), 59-60.

- **American Psychological Association.** (2010). *Los distintos tipos de estrés.* https://www.apa.org/topics/stress/tipos

- **Amorós-Reche, V., Morales, A., Espada, J. P. y Tomczyk, S.** (2023). ¿Qué eventos estresantes afectaron a los niños y adolescentes durante la pandemia? Psicothema.

- **Anderson, S. F., Salk, R. H. y Hyde, J. S.** (2015). Stress in romantic relationships and adolescent depressive symptoms: Influence of parental support. *Journal of Family Psychology, 29*(3), 339.

- **Andrasik, M. P., Maunakea, A. K., Oseso, L., Rodriguez-Diaz, C. E., Wallace, S., Walters, K. y Yukawa, M.** (2022). Awakening: The unveiling of historically unaddressed social inequities during the COVID-19 pandemic in the United States. *Infectious Disease Clinics, 36*(2), 295-308.

- **Andreo, A., Hilario, P. S. y Rivadeneira, F. J. O.** (2020). Ansiedad y estrategias de afrontamiento. *European Journal of Health Research:(EJHR), 6*(2), 213-225.

- **Angustia: por qué tengo crisis de angustia y cómo tratarla. (s. f.).** https://www.masferriol.com/es/adicciones/tienes-alguno-de-estos-sintomas/angustia.html

- **Área Humana. (s. f.).** *La Ansiedad social. Cuando nuestros miedos son los demás.* https://www.areahumana.es/ansiedad-social/

• **Arica, R.** (2015). *Afrontamiento de los hijos frente al divorcio de sus padres.* Trabajo de titulación. Unidad Académica de Ciencias Sociales, Machala, Ecuador.

• **Arraez, M. A., Herruzo, I., Acha, T. y Benavides, M.** (2003). Tumores del sistema nervioso central en el adulto y en la infancia. *Nova Sidonia Oncología y Hematología.*

• **Ask, H., Cheesman, R., Jami, E. S., Levey, D. F., Purves, K. L. y Weber, H.** (2021). Genetic contributions to anxiety disorders: where we are and where we are heading. *Psychological medicine, 51*(13), 2231-2246.

• **Asociación Americana de Psiquiatría** (2014a). *Trastornos de Ansiedad en Manual Diagnóstico y Estadístico de los Trastornos Mentales* (5.ª). Arlington VA.

    • (2014b). *Trastornos depresivos en Manual Diagnóstico y estadístico de los Trastornos mentales. DSM-5* (5.ª). Arlington VA.

    • (2014c). *Trastornos Obsesivo Compulsivos en el Manual Diagnóstico y Estadístico de los Trastornos Mentales* (5ª). Arlington VA.

    • (2014d). *Trastornos relacionados con traumas y factores de estrés en Manual Diagnóstico y Estadístico de los Trastornos Mentales* (5.ª). Arlington VA.

• **Ausín, B., Castellanos, M. Á. y Muñoz, M.** (2022). Análisis de redes de síntomas del trastorno de agorafobia en personas mayores de 65 años. *Behavioral Psychology/Psicologia Conductual, 30*(3).

• **Ayuda a domicilio en Burgos** (2023). *El manejo del estrés y la ansiedad en la tercera edad.* https://ayudaadomicilioenburgos.com/el-manejo-del-estres-y-la-ansiedad-en-la-tercera-edad/

• **Ayuso, J. L.** (1988). *Trastornos de angustia.* Ediciones Martínez Roca.

• **Azurin Gonzales, V. del C., y Grajeda León, G. L.** (2021). *Factores asociados a ansiedad en adultos mayores.* Tesis doctoral, Universidad Científica del Sur.

• **Bandura, A.** (1982). Self-efficacy mechanism in human agency. *American psychologist, 37*(2), 122.

• **Baron, C.** (2003). *Ansiedad infantil: Los trastornos explicados a los padres.* LD Books.

- **Barrell, A.** (2020). *Stress vs. Anxiety: Differences, Symptoms, and Relief*. MedicalNewsToday.

- **Barrio, J. A., García, M. R., Ruiz, I. y Arce, A.** (2006). El estrés como respuesta. *International Journal of Developmental and Educational Psychology, 1*(1), 37-48.

- **Basso, L. A., Fortes, A. B., Steinhorst, E. y Wainer, R.** (2019). The effects of parental rearing styles and early maladaptive schemas in the development of personality: a systematic review. *Trends in psychiatry and psychotherapy, 41*, 301-313.

- **Bastida, A. M.** (2018). *Miedos, Ansiedad y Fobias: diferencias, ¿normalidad o patología?* https://www.psicologia-online.com/miedos-ansiedad-y-fobias-diferencias-normalidad-o-patologia-3140.html#anchor_4

- **Berger, K. S.** (2009). *Psicología del desarrollo: adultez y vejez*. Editorial Médica Panamericana.

- **Berman, G.** (2023). *10 consejos para criar niños con ansiedad*. Child Mind Institute. https://childmind.org/es/articulo/10-consejos-para-criar-ninos-con-ansiedad/

- **Bhui, K., Dinos, S., Galant, M., De Jongh, B. y Stansfeld, S.** (2016). Percepciones de las causas del estrés laboral e intervenciones efectivas en empleados que trabajan en organizaciones públicas, privadas y no gubernamentales: un estudio cualitativo. *Br J Psych Bull, 40*(6), 318-325.

- **Blum, D.** (2022). Anatomía de un ataque de pánico. *The New York Times*. https://www.nytimes.com/es/interactive/2022/11/29/espanol/ataque-panico-sintomas-causas.html

- **Brill, N.** (2021). *La somatización en niños y adolescentes*. https://www.canvis.es/la-somatizacion-en-ninos-y-adolescentes/

- **Broudy, O.** (2023). *El estrés y sus efectos en el organismo de los mayores de 50 años*. AARP. https://www.aarp.org/espanol/salud/vida-saludable/info-2023/efectos-del-estres-en-personas-mayores.html

• **Buitrago-Orjuela, L. A., Barrera-Verdugo, M. A., Plazas-Serrano, L. Y. y Chaparro-Penagos, C.** (2021). Estrés laboral: una revisión de las principales causas consecuencias y estrategias de prevención. *Revista Investigación en Salud Universidad de Boyacá, 8*(2), 131-146.

• **Campo, J. V. y Fritsch, S. L.** (1994). Somatization in children and adolescents. *Journal of the American Academy of Child & Adolescent Psychiatry, 33*(9), 1223-1235.

• **Capdevila, N. y Segundo, M. J.** (s. f.). Estrés. *Offarm.* https://www.elsevier.es/es-revista-offarm-4-articulo-estres-13078580

• **Carter, J. S., Garber, J., Ciesla, J. A. y Cole, D. A.** (2006). Modeling relations between hassles and internalizing and externalizing symptoms in adolescents: a four-year prospective study. *Journal of abnormal psychology, 115*(3), 428.

• **Castellana Rosell, M., Sánchez-Carbonell, X., Graner Jordana, C. y Beranuy Fargues, M.** (2007). El adolescente ante las tecnologías de la información y la comunicación: Internet, móvil y videojuegos. *Papeles de Psicología,* 196-204.

• **Centro de Psicología Integral** (2021). *La ansiedad en las personas mayores.* https://centrodepsicologiaintegral.com/ansiedad-en-personas-de-la-tercera-edad/

• **Clark, D. A. y Beck, A. T.** (1982). *Terapia cognitiva para trastornos de ansiedad: Ciencia y práctica.*

• **Clínica de la Ansiedad** (2021). *Ansiedad y otras emociones asociadas.* https://clinicadeansiedad.com/soluciones-y-recursos/regulacion-emocional/ansiedad-y-otras-emociones-asociadas/

• *Cómo manejar un ataque de pánico* (s. f.). https://www.mentesabiertaspsicologia.com/blog-psicologia/blog-psicologia/como-manejar-un-ataque-de-panico

• **Cortés, C.** (s. f.). *EMDR en niños y adolescentes.* Asociación EMDR. https://www.emdr-es.org/Sobre-EMDR/EMDR-en-niños-y-adolescentes

• **Cortés Romero, C. E., Escobar Noriega, A., Cebada Ruiz, J., Soto Rodríguez, G., Bilbao Reboredo, T. y Vélez Pliego, M.** (2018). Estrés y cortisol: implicaciones en la ingesta de alimento. *Revista Cubana de Investigaciones Biomédicas, 3*(37).

241

http://scielo.sld.cu/scielo.php?script=sci_arttext&pid=S0864 - 03002018000300013

- **Damasio, A. R.** (2004). Emotions and feelings. *Feelings and emotions: The Amsterdam symposium, 5,* 49-57.

- **Delval, J. (**1994). *El desarrollo humano.* Siglo XXI de España Editores.

- **Diago, R. L., y Mascaraque, P. S.** (2023). *Actualización sobre el aumento de trastornos mentales en la adolescencia y estrategias de manejo clínico en Atención Primaria.*

- **Dinse, H. R., Kattenstroth, J. C., Lenz, M., Tegenthoff, M. y Wolf, O. T.** The stress hormone cortisol blocks perceptual learning in humans. *Psychoneuroendocrinology, 77,* 63-67. https://pubmed.ncbi.nlm.nih.gov/28024270/

- **Edelwich, J. y Brodsky, A.** (1980). *Burn-out: Stages of disillusionment in the helping professions* (vol. 1). Human Sciences Press New York.

- **Ehmke, R.** (2023). *¿Qué es la ansiedad social?* https://childmind.org/es/articulo/que-es-la-ansiedad-social/

- **Ekman, P.** (1973). Universal facial expressions in emotion. *Studia Psychologica.*

- **Enciclopedia Médica A. D. A. M.** (s. f.). *Enciclopedia Médica A.D.A.M.* https://medlineplus.gov/spanish/ency/article/000924.htm

- **Endler, N. S. y Okada, M.** (1975). A multidimensional measure of trait anxiety: The SR Inventory of General Trait Anxiousness. *Journal of Consulting and Clinical Psychology, 43*(3), 319.

- **Engemann, K., Pedersen, C. B., Arge, L., Tsirogiannis, C., Mortensen, P. B. y Svenning, J.-C.** (2019). Residential green space in childhood is associated with lower risk of psychiatric disorders from adolescence into adulthood. *Proceedings of the national academy of sciences, 116*(11), 5188-5193.

- **Equipo de la OMS** (2023). *Estrés.* https://www.who.int/es/news-room/questions-and-answers/item/stress

- **Equipo de Understood** (s. f.). *Cómo ayudar a su hijo de primaria a manejar el estrés.*

https://www.understood.org/es-mx/articles/10-ways-to-help-your-grade-schooler-manage-stress

- **Equipo editorial Etecé** (2021). *Percepción*.
https://concepto.de/percepcion/

- **Estévez López, E., Jiménez Gutiérrez, T. I., Musitu Ochoa, G., Martínez Ferrer, B., GUARINOS PIQUERES, M., Cava Caballero, M. J., Buelga Vásquez, S., Estévez García, J. F. y Moreno Ruiz, D.** (2016). *Intervención psicoeducativa en el ámbito familiar, social y comunitario//Colección: Didáctica y Desarrollo*. Ediciones Paraninfo.

- **Fernández, R.** (2024). *El uso de Internet a nivel mundial– Datos estadísticos*. Statista.
https://es.statista.com/temas/9795/el-uso-de-internet-en-el-mundo/#editorsPicks

- **Folkman, S. y Lazarus, R. S.** (2013). Stress and coping theory applied to the investigation of mass industrial psychogenic illness. En *Mass psychogenic illness* (pp. 237-255). Routledge.

- **Fonseca Pedrero, E.** (2023). *ESTUDIO PSICE Psicología basada en la evidencia en contextos educativos*.
https://www.cop.es/pdf/ESTUDIO-PSICE.pdf

- **Fox, N. A., Henderson, H. A., Marshall, P. J., Nichols, K. E. y Ghera, M. M.** (2005). Behavioral inhibition: Linking biology and behavior within a developmental framework. *Annu. Rev. Psychol., 56*, 235-262.

- **Freud, S.** (1978). *Obras completas* (v. VII). Amorrortu Editores.

- **Friedman, A.** (2013). *Blind to sameness: Sexpectations and the social construction of male and female bodies*. University of Chicago Press.

- **Froment, F. A. P. y González, A. J. G.** (2018). Beneficios de la actividad física sobre la autoestima y la calidad de vida de personas mayores. *Retos: nuevas tendencias en educación física, deporte y recreación, 33*, 3-9.

- **García-Herrera, J. M. y Nogueras Morillas, E. V.** (2013). *Guías de Autoayuda. ¿En qué consiste el trastorno de pánico?* Consejería de Salud y Bienestar Social. Servicio Andaluz de Salud.
https://www.sspa.juntadeandalucia.es/servicioandaluzdesalud/sites/default/files/sincfiles/wsas-media-mediafile_sasdocumento/2019/11_guia_panico.pdf

- **García-Mina Freire, A.** (2006). *Anatomía del estrés.*

- **García-Rodríguez, D. y García-Rodríguez, C.** (2021). Funcionamiento familiar y ansiedad estado-rasgo en adolescentes. *Journal of neuroscience and public health, 1*(1), 19-26.

- **Ginsburg, G. S., Pella, J. E., Pikulski, P. J., Tein, J.-Y. y Drake, K. L.** (2020). School-based treatment for anxiety research study (STARS): A randomized controlled effectiveness trial. *Journal of abnormal child psychology, 48*(3), 407-417.

- **Ginsburg, K. R., Jablow, M. M. y Pediatrics, A. A. of** (2011). Building resilience in children and teens: Giving kids roots and wings.

- **Gobierno de México** (2022). *Guía de gestión del estrés.* https://www.gob.mx/cms/uploads/attachment/file/816626/Guia_Gestion_Estres.pdf

- **González, A.** (2017). *No soy yo.*

- **Gratacòs, M., Nadal, M., Martín-Santos, R., Pujana, M. A., Gago, J., Peral, B., Armengol, L., Ponsa, I., Miró, R. y Bulbena, A.** (2001). A polymorphic genomic duplication on human chromosome 15 is a susceptibility factor for panic and phobic disorders. *Cell, 106*(3), 367-379.

- **Guerrero, R. P.** (2006). El niño hospitalizado, su familia y el equipo de salud. *Revista Unimar, 24*(2).

- **Haidt, J.** (2024). *The anxious generation: How the great rewiring of childhood is causing an epidemic of mental illness.* Random House.

- **Halpern, M.** (2003). Trastornos adaptativos en niños y adolescentes. *BOLETIN ESPECIAL SOCIEDAD DE PSIQUIATRIA Y NEUROLOGIA DE LA INFANCIA Y ADOLESCENCIA, 19.*

- **Hayes, S. C. y Greco, L. A.** (2008). Acceptance and mindfulness for youth: It's time. *Acceptance and mindfulness treatments for children & adolescents: A practitioner's guide,* 3-13.

- **Health, E. A. B.** (2021). *Anger, impulsivity, sleep, and teens: the serotonin connection.* https://evolvetreatment.com/blog/anger-impulsivity-sleep-serotonin/

- **Herman, J. L.** (1992). Complex PTSD: A syndrome in survivors of prolonged and repeated trauma. *Journal of traumatic stress, 5*(3), 377-391.

- **Hinton, D. y Kirk, S.** (2016). Families' and healthcare professionals' perceptions of healthcare services for children and young people with medically unexplained symptoms: a narrative review of the literature. *Health & social care in the community, 24*(1), 12-26.

- **Hofmann, W., Schmeichel, B. J. y Baddeley, A. D.** (2012). Executive functions and self-regulation. *Trends in cognitive sciences, 16*(3), 174-180.

- **Holmes, A., Yang, R. J., Lesch, K.-P., Crawley, J. N. y Murphy, D. L.** (2003). Mice lacking the serotonin transporter exhibit 5-HT1A receptor-mediated abnormalities in tests for anxiety-like behavior. *Neuropsychopharmacology, 28*(12), 2077-2088.

- **Holmes, T. H. y Rahe, R. H.** (1967). The social readjustment rating scale. *Journal of psychosomatic research*.

- **Homayuni, A.** (2023). Investigating the correlation between perceived stress and health anxiety with obsessive–compulsive disorder and quality of life during COVID-19 pandemic. *BMC psychology, 11*(1), 54.

- **Infante Caballero, D.** (2022). *Las 7 fobias más comunes en niños y niñas en edad escolar*. Portal Psicología y Mente. https://psicologiaymente.com/desarrollo/fobias-mas-comunes-ninos-ninas-edad-escolar

- **Instituto Nacional de Estadística** (2023). *Población que usa Internet*. https://www.ine.es/ss/Satellite?L=es_ES&c=INESeccion_C&cid=1259925528 782&p=1254735110672&pagename=ProductosYServicios%2FPYSLayout

- **ITAE Infantil** (s. f.). *Ansiedad infantil*.

- **Janis, I. L. y Mann, L.** (1977). *Decision making: A psychological analysis of conflict, choice, and commitment*. Free press.

- **Kagan, J.** (2018). *Galen's prophecy: Temperament in human nature*. Routledge.

- **Kierkegaard, S.** (1959). *El concepto de la angustia: una sencilla investigación psicológica orientada hacia el problema dogmático del pecado original* (Número 158). Espasa-Calpe.

- **Kong, X., Brook, C. A., Li, J., Li, Y. y Schmidt, L. A.** (2023). Shyness subtypes and associations with social anxiety: A comparison study of Canadian and Chinese children. *Developmental Science*, e13369.

- **Kotov, R., Gamez, W., Schmidt, F. y Watson, D.** (2010). Linking «big» personality traits to anxiety, depressive, and substance use disorders: a meta-analysis. *Psychological bulletin*, *136*(5), 768.

- **Kumareswaran, S.** (2023). Burnout among employees: a narrative review. *European Journal of Humanities and Social Sciences*, *3*(2), 15-20.

- **Labad, J., Menchon, J. M., Alonso, P., Segalas, C., Jimenez, S., Jaurrieta, N., Leckman, J. F. y Vallejo, J.** (2008). Gender differences in obsessive–compulsive symptom dimensions. *Depression and anxiety*, *25*(10), 832-838.

- **Landry, N., Gifford, R., Milfont, T. L., Weeks, A. y Arnocky, S.** (2018). Learned helplessness moderates the relationship between environmental concern and behavior. *Journal of Environmental Psychology*, *55*, 18-22.

- **Latas, M., Starcevic, V., Trajkovic, G. y Bogojevic, G.** (2000). Predictors of comorbid personality disorders in patients with panic disorder with agoraphobia. *Comprehensive Psychiatry*, *41*(1), 28-34.

- **Lazarus, R. S. y Folkman, S.** (1984). *Stress, appraisal, and coping*. Springer publishing company.

- **Leiter, M. P. y Maslach, C.** (1988). The impact of interpersonal environment on burnout and organizational commitment. *Journal of organizational behavior*, *9*(4), 297-308.

- **Londoño, N. A., Vargas, C. Á., Bustamante, P. L. y Gómez, S. P.** (2005). Distorsiones cognitivas asociadas al trastorno de ansiedad generalizada. *Informes psicológicos*, *7*, 123-136.

- **Lua Psicología.** (s. f.). *La evitación: cuando la solución se convierte en el problema.*
https://luapsicologia.com/evitacion-miedo-y-ansiedad/

- **Luo, J., Zhang, B., Cao, M. y Roberts, B. W.** (2023). The stressful personality: A meta-analytical review of the relation between personality and stress. *Personality and social psychology review*, *27*(2), 128-194.

• **Luque, L. E., González Verheust, M. C. y Burba Pons, M. C.** (2006). Estudio sobre el miedo a la tecnología en adultos mayores. *XIII Jornadas de Investigación y Segundo Encuentro de Investigadores en Psicología del Mercosur.*

• **Macías, M. A., Madariaga Orozco, C., Valle Amarís, M. y Zambrano, J.** (2013). Estrategias de afrontamiento individual y familiar frente a situaciones de estrés psicológico. *Psicología desde el Caribe, 30*(1), 123-145.

• **MacLean, P. D.** (1990). *The triune brain in evolution: Role in paleocerebral functions.* Springer Science & Business Media.

• **Mandil, J., Quintero, P. y Maero, F.** (2017). *ACT Terapia de Aceptación y Compromiso con Adolescentes.* Librería Akadia Editorial.

• **Marín Cruz, C. y Vargas Fernández, L.** (1998). Estrés: entenderlo es manejarlo. En *Estrés: entenderlo es manejarlo* (p. 133).

• **Marks, I. y Tobeña, A.** (1986). What do the neurosciences tell us about anxiety disorders? A comment1. *Psychological Medicine, 16*(1), 9-12.

• **Marras, A., Fineberg, N. y Pallanti, S.** (2016). Obsessive compulsive and related disorders: comparing DSM-5 and ICD-11. *CNS spectrums, 21*(4), 324-333.

• **Martín, R.** (2021). *¿Cuáles son las principales causas del estrés?* Forbes. https://forbes.es/lifestyle/5454/cuales-son-las-principales-causas-del-estres/

• **Martin, R. C. y Dahlen, E. R.** (2005). Cognitive emotion regulation in the prediction of depression, anxiety, stress, and anger. *Personality and individual differences, 39*(7), 1249-1260.

• **Martínez, C., Fernández, L. y García, P.** (2020). *Abordaje clínico de la angustia: Teoría y práctica.* Editorial Manual Moderno.

• **Martinón, J. M., Fariña, F., Corras, T., Seijo, D., Souto, A. y Novo, M.** (2017). Impacto de la ruptura de los progenitores en el estado de salud física de los hijos. *European Journal of Education and Psychology, 10*(1), 9-14.

• **Maslach, C. y Jackson, S. E.** (1981). The measurement of experienced burnout. *Journal of organizational behavior, 2*(2), 99-113.

• **Mayo Clinic** (2018). *Los ataques de pánico y el trastorno de pánico.* https://www.mayoclinic.org/es/diseases-conditions/panic-attacks/symptoms-causes/syc-20376021

- **McEwen, B. S.** (2007). Physiology and neurobiology of stress and adaptation: central role of the brain. *Physiological reviews, 87*(3), 873-904.

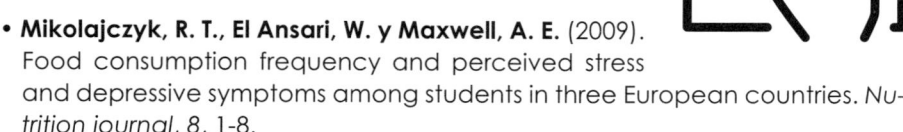

- **McGregor, N. W.** (2014). *The identification of novel susceptibility genes involved in anxiety disorders.* Stellenbosch: Stellenbosch University.

- **Mikolajczyk, R. T., El Ansari, W. y Maxwell, A. E.** (2009). Food consumption frequency and perceived stress and depressive symptoms among students in three European countries. *Nutrition journal, 8*, 1-8.

- **Miller, C.** (2023). *Ataques de pánico y cómo tratarlos.* https://childmind.org/es/articulo/ataques-de-panico-y-como-tratarlos/

- **Millet, E.** (2019). *Niños, adolescentes y ansiedad:¿ un asunto de los hijos o de los padres?* Plataforma.

- **Montes, M. O.** (2009). *Estrés laboral: Causas y estrategias de intervención.* Klinik.

- **Morrison, J.** (2015). *Trastornos relacionados con traumas y factores de estrés en DSM-5. Guía para el Diagnóstico Clínico.* Editorial Manual Moderno.

- **Moscoso, M. S.** (1998). Estrés, salud y emociones: estudio de la ansiedad, cólera y hostilidad. *Revista de la Facultad de Psicología de la Universidad Nacional Mayor de Sar Marcos, 2*(2), 47-68.

- **Nakamura, M., Miura, A., Nagahata, T., Shibata, Y., Okada, E. y Ojima, T.** (2019). Low zinc, copper, and manganese intake is associated with depression and anxiety symptoms in the Japanese working population: findings from the eating habit and well-being study. *Nutrients, 11*(4), 847.

- **National Institute of Mental Health** (2020). *Trastorno obsesivo-compulsivo: Cuando los pensamientos no deseados o comportamientos repetitivos toman control.* https://www.nimh.nih.gov/health/publications/espanol/trastorno-obsesivo-compulsivo

- **NIH** (s. f.). *Cómo ayudar a los niños y adoleslescentes a superar los acontecimientos catastróficos y otras experiencias traumáticas.* (s. f.). National Institute of Mental Health.

https://www.nimh.nih.gov/sites/default/files/documents/health/publications/espanol/como-ayudar-los-ninos/19-mh-8066s_helpingchildrencopewithdisaster_spanish.pdf

• **Nitschke, J. B., Heller, W., Imig, J. C., McDonald, R. P. y Miller, G. A. (2001).** Distinguishing dimensions of anxiety and depression. *Cognitive Therapy and Research*, *25*, 1-22.

• **Nummenmaa, L., Glerean, E., Hari, R. y Hietanen, J. K.** (2014). Bodily maps of emotions. *Proceedings of the National Academy of Sciences*, *111*(2), 646-651.

• **Observatorio Español de las Drogas y las Adicciones** (2023). *Alcohol, tabaco y drogas ilegales en España*.

• **Organización Mundial de la Salud (OMS)** (2023). *Salud mental de los adultos mayores*.
https://www.who.int/es/news-room/fact-sheets/detail/mental-health-of-older-adults

• **Orgilés Amorós, M., Espada Sánchez, J. P., Delvecchio, E., Francisco, R., Mazzeschi, C., Pedro, M. y Morales Sabuco, A.** (2021). Anxiety and depressive symptoms in children and adolescents during COVID-19 pandemic: A transcultural approach. *Psicothema*.

• **Orientak** (2022). *La presión de grupo en los adolescentes*.
https://orientak.com/blog/la-presion-de-grupo-en-los-adolescentes

• **Osma, J., García-Palacios, A. y Botella, C.** (2014). Personalidad y trastorno de pánico: un estudio de revisión. *anales de psicología*, *30*(2), 381-394.

• **Palacio, O. M., Palacio, A. M., Blanco, Y. O. V., Palacio, M. M. y Roblejo, Y. P.** (2016). Estrés académico: causas y consecuencias. *Multimed*, *17*(2).

• **Papalia, D. E.** (2017). *Desarrollo humano*. McGraw-Hill.

• **Pascual, M. P. y Mascaraque, P. S.** (2022). Ansiedad en la infancia y adolescencia. *Pediatría Integral*, *7*, 31.

• **Pauls, D. L., Abramovitch, A., Rauch, S. L. y Geller, D. A.** (2014). Obsessive–compulsive disorder: an integrative genetic and neurobiological perspective. *Nature Reviews Neuroscience*, *15*(6), 410-424.

• **Pearce, J.** (1995). *Ansiedades y miedo: Cómo aumentar la autonomía de tu hijo y su seguridad en sí mismo* (vol. 13). Grupo Planeta (GBS).

• **Plaza de la Hoz, J.** (2018). Ventajas y desventajas del uso adolescente de las TIC: visión de los estudiantes. *Revista complutense de educación*.

• **Plummer, D. M.** (2013). *Cómo ayudar a los niños a superar el estrés y la ansiedad* (Vol. 21). Narcea Ediciones.

• **Pozos-Radillo, B. E., De Lourdes Preciado-Serrano, M., Campos, A. R. P., Acosta-Fernández, M. y Aguilera, M. Á.** (2015). Estrés académico y síntomas físicos, psicológicos y comportamentales en estudiantes mexicanos de una universidad pública. *Ansiedad y estrés, 21*(1).

• **Pujante, B.** (s. f.). *Tipos de fobias*. https://somosestupendas.com/tipos-de-fobias/

• **Racine, N., McArthur, B. A., Cooke, J. E., Eirich, R., Zhu, J. y Madigan, S.** (2021). Global prevalence of depressive and anxiety symptoms in children and adolescents during COVID-19: a meta-analysis. *JAMA pediatrics, 175*(11), 1142-1150.

• **Ramya, S., Poormima, P., Jananisri, A., Geofferina, I. P., Bavyataa, V., Divya, M., Priyanga, P., Vadivukarasi, J., Sujitha, S., Elamathi, S., Anand, A. V. y Balamuralikrishnan, B.** (2023). Role of Hormones and the Potential Impact of Multiple Stresses on Infertility. *Stresses, 3*(2), 545-474. https://www.mdpi.com/2673-7140/3/2/33

• **Raone, M. F. y Zanassi, S. R.** (2016). Antecedentes y revisión crítica del denominado» Ataque de pánico". *Perspectivas en Psicología: Revista de Psicología y Ciencias Afines, 13*(2), 57-66.

• **Redacción de Educaweb** (2018). *El mindfulness: beneficios y pautas para aplicarlo en el aula*. https://www.educaweb.com/noticia/2018/11/06/beneficios-mindfulness-aula-18600/

• **Regalado-Chamorro, M., Medina-Gamero, A. y Rosario-Pacahuala, E.** (2021). Agorafobia en tiempos de confinamiento:¿ miedo a perder el control? *Atenciòn primaria, 53*(9).

- **Resnik, P.** (2016). *Ansiedad, estrés, pánico y fobias: 100 preguntas, 101 respuestas.* B DE BOOKS.

- **Reti, I. M., Samuels, J. F., Eaton, W. W., Bienvenu Iii, O. J., Costa Jr, P. T. y Nestadt, G.** (2002). Adult antisocial personality traits are associated with experiences of low parental care and maternal overprotection. *Acta Psychiatrica Scandinavica, 106*(2), 126-133.

- **Rodríguez Pecino, B.** (2022). *¿Qué es la ecoansiedad? Cinco consejos para combatirla.* Ayuda en Acción.
  https://ayudaenaccion.org/blog/sostenibilidad/ecoansiedad/

- **Rovira Salvador, I.** (2018). *Trastorno de relación social desinhibida: síntomas, causas y tratamiento.* Psicología y Mente. https://psicologiaymente.com/desarrollo/trastorno-relacion-social-desinhibida

- **Salva Casanovas, A.** (1997). Consecuencias Psicológicas: Síndrome postcaída. *Evaluación del anciano con caídas de repetición, 69-76.*

- **Sandin, B., Rodero Fernández, B., Santed Germán, M. A. y García Campayo, J.** (2006). *Sucesos vitales estresantes y trastornos de pánico: relación con el inicio del trastorno, la gravedad clínica y la agorafobia.*

- **Schluger, A. E.** (2024). *Ansiedad en niños y adolescentes: Una guía para padres.*
  https://www.helpguide.org/es/ansiedad/ansiedad-en-ninos-y-adolescentes-una-guia-para-padres

- **Schneiderman, N., Ironson, G. y Siegel, S. D.** (2005). Stress and health: psychological, behavioral, and biological determinants. *Annu. Rev. Clin. Psychol., 1,* 607-628.

- **Schreiber, M.** (2021). Addressing climate change concerns in practice. *American Psychological Association, 1.*

- **Shapiro, F.** (2014). *Supera tu pasado: Tomar el control de la vida con el EMDR.* Editorial Kairós.

- **Shriyan, P., Sudhir, P., Van Schayck, O. C. P. y Babu, G. R.** (2023). Association of high cortisol levels in pregnancy and altered fetal growth. Results from the MAASTHI, a prospective cohort study, Bengaluru. *The Lancet Regional Health – Southeast Asia.*
  https://pubmed.ncbi.nlm.nih.gov/37461746/

- **Sierra, J. C., Ortega, V. y Zubeidat, I.** (2003). Ansiedad, angustia y estrés: tres conceptos a diferenciar. *Revista mal-estar e subjetividade, 3*(1), 10-59.

- **Solari, B. F.** (2015). Trastornos del sueño en la adolescencia. *Revista Médica Clínica Las Condes, 26*(1), 60-65. https://doi.org/https://doi.org/10.1016/j.rmclc.2015.02.006

- **Solís, E.** (2012). *Venciendo tu ansiedad.*

- **Spielberger, C. D.** (1966). Theory and research on anxiety. *Anxiety and behavior, 1*(3), 413-428.

- **Spielberger, C., Tuma, H. y Maser, J.** (1985). Anxiety, cognition and effect. *Anxiety and anxiety disorders*, 351-376.

- **Teo, R. H., Cheng, W. H., Cheng, L. J., Lau, Y. y Lau, S. T.** (2023). Global prevalence of social isolation among community-dwelling older adults: A systematic review and meta-analysis. *Archives of gerontology and geriatrics, 107*, 104904.

- **Terin, H., Açıkel, S. B., Yılmaz, M. M. y Şenel, S.** (2023). The effects of anxiety about their parents getting COVID-19 infection on children's mental health. *European Journal of Pediatrics, 182*(1), 165-171.

- **Terr, L. C.** (1991). *Acute responses to external events and posttraumatic stress disorders.*

- **Torgersen, S.** (1983). Genetic factors in anxiety disorders. *Archives of general psychiatry, 40*(10), 1085-1089.

- **Tuccillo, R.** (s. f.). *El Trastorno por Ataques de Pánico, los ataques de pánico y el punto de vista holístico.* https://ipitia.com/trastorno-ataques-panico-los-ataques-panico-punto-vista-holistico/

- **Twohig, M. y Hayes, S.** (2018). ACT En la práctica clínica para la Depresión y la Ansiedad. *Bilbao: Desclée De Brouwer.*

- **Unicef** (s. f.-a). *¿Cómo se desarrolla el cerebro de un adolescente?* https://www.unicef.org/uruguay/crianza/adolescencia/como-se-desarrolla-el-cerebro-de-un-adolescente

  - *Cómo reconocer las señales de estrés en los niños.*

https://www.unicef.org/parenting/es/cuidado-infantil/como-recono-cer-senales-estres-ninos

- **Valls-Llobet, C.** (2019, febrero 18). *El Periódico.*
https://www.elperiodico.com/es/opinion/20190218/codeina-opioi-deos-adolescencia-ansiedad-adiccion-articulo-opinion-carme-valls-llo-bet-7311386

- **Vandergriendt, C.** (2022). *¿Cuál es la diferencia entre un ataque de pánico y un ataque de ansiedad?* Healthline.
https://www.healthline.com/health/es/ataque-de-panico-vs-ataque-de-ansiedad

- **Vázquez, I. N. y Pérez, R. C.** (2016). La ansiedad como variable predictora de la autoestima en adolescentes y su influencia en el proceso educativo y en la comunicación. *Revista Iberoamericana de Educación, 71*(2).

- **Vierra, J., Boonla, O. y Prasertsri, P.** (2022). Effects of sleep deprivation and 4-7-8 breathing control on heart rate variability, blood pressure, blood glucose, and endothelial function in healthy young adults. *Physiological reports, 10*(13), e15389.

- **Vige, W.** (2024). *¿Qué es la ansiedad laboral? 10 consejos para combatir tus preocupaciones laborales.* Asana.
https://asana.com/es/resources/work-anxiety

- **Villano, M.** (2024). *Cómo los teléfonos móviles están matando a nuestros hijos y qué podemos hacer al respecto.* CNN.
https://cnnespanol.cnn.com/2024/04/16/telefonos-moviles-matando-a-nuestros-hijos-que-hacer-trax/

- **Ward, R. T., Smith, S. L., Kraus, B. T., Allen, A. V, Moses, M. A. y Simon-Dack, S. L.** (2018). Alpha band frequency differences between low-trait and high-trait anxious individuals. *Neuroreport, 29*(2), 79-83.

- **Wen, J., Yang, H., Zhang, Q. y Shao, J.** (2022). Understanding the mechanisms underlying the effects of loneliness on vulnerability to fraud among older adults. *Journal of Elder Abuse & Neglect, 34*(1), 1-19.

- **World Health Organization** (2022). *COVID-19 pandemic triggers 25% increase in prevalence of anxiety and depression worldwide.*
https://www.who.int/news/item/02-03-2022-covid-19-pandemic-triggers-25-increase-in-prevalence-of-anxiety-and-depression-worldwide

- **Walters Wright, L.** (s. f.). *Señales de ansiedad en preadolescentes y adolescentes.*
  https://www.understood.org/es-mx/articles/teen-anxiety-symptoms

- **Wright, P. A. y Kloos, B.** (2007). Housing environment and mental health outcomes: A levels of analysis perspective. *Journal of environmental psychology, 27*(1), 79-89.

- **Young, J. T. N.** (2014). "Role magnets"? An empirical investigation of popularity trajectories for life-course persistent individuals during adolescence. *Journal of Youth and Adolescence, 43*(1), 104-115.

- **Zhang, L., Pan, R., Cai, Y. y Pan, J.** (2021). The prevalence of post-traumatic stress disorder in the general population during the COVID-19 pandemic: a systematic review and single-arm meta-analysis. *Psychiatry investigation, 18*(5), 426.